Arduinoで学ぶ組込みシステム入門

第2版

猪股 俊光 著

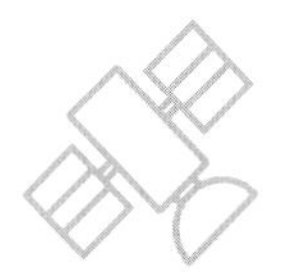

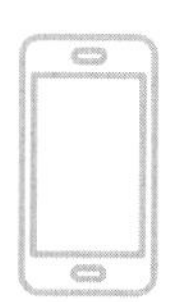

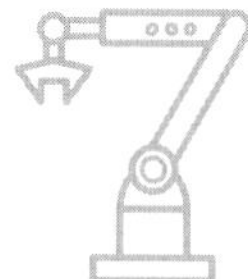

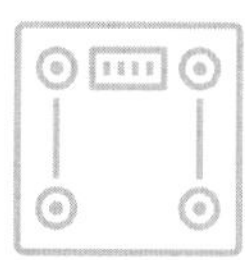

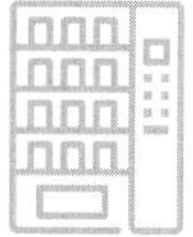

森北出版

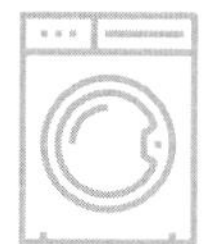

●本書のサポート情報を当社 Web サイトに掲載する場合があります．下記の URL にアクセスし，サポートの案内をご覧ください．

https://www.morikita.co.jp/support/

●本書の内容に関するご質問は下記のメールアドレスまでお願いします．なお，電話でのご質問には応じかねますので，あらかじめご了承ください．

editor@morikita.co.jp

●本書により得られた情報の使用から生じるいかなる損害についても，当社および本書の著者は責任を負わないものとします．

JCOPY 〈(一社)出版者著作権管理機構 委託出版物〉
本書の無断複製は，著作権法上での例外を除き禁じられています．複製される場合は，そのつど事前に上記機構（電話 03-5244-5088，FAX 03-5244-5089，e-mail: info@jcopy.or.jp）の許諾を得てください．

 第2版の発行にあたって 

本書は，Arduino を用いて，組込みシステムの基礎，設計から実装までを系統的に説明するモデルベース開発，実践的な組込みシステム開発の 3 つのステップを通して，組込みシステム開発の手法や流れを学べるようにまとめたものである．

初版出版からここ数年，通信機能をもつ多数のデバイスがインターネットを通じて，他のデバイスやサーバとデータのやりとりをしながらサービスを提供する IoT (Internet of Things) 実現のための技術開発や環境整備が進んでいる．それにともない，Arduino のプログラムと互換性があり，通信機能を有するマイクロコンピュータも入手しやすくなった．

この状況をふまえ，IoT 実現の基礎となる知識や技術が習得できるように，「組込みシステムとインターネット」（第 10 章）を新設し，改訂することとした．新たな章の特徴はつぎのとおりである．

- マイクロコンピュータとして，Arduino の開発環境が利用でき，通信機能をもつ ESP32-DevKitC を取りあげた．
- 組込みシステムを，無線通信 (Bluetooth, Wi-Fi) によってパソコンと通信する方法や，インターネット上のサーバと通信する方法について述べた．
- 組込みシステムをクラウド (Arduino Cloud) に接続し，データを送受信する方法について述べた．

引き続き，本書が組込みシステムの学びの助けになれば幸いである．

2023 年 3 月

著　者

まえがき

■身の回りの組込みシステム

一般に，コンピュータ制御によって動作する装置は「組込みシステム」とよばれている．身近なものでいえば，携帯電話，携帯音楽プレーヤー，ゲーム機，自動販売機，家庭電化製品などの製品があてはまる．このほかにも，人工衛星，自動車，航空機，工作機械，医療機器など，コンピュータが内蔵された製品は数多く存在する．これらの組込みシステムは大きさ，利用目的，動作環境に違いはあるものの，共通点も多い．たとえば，人工衛星と携帯電話を比べてみると，ともに，通信装置，入力装置（カメラ，GPS など），演算装置（コンピュータ）などの部品からできている．もちろん，両者の構成部品には大きさや性能などの点で違いはあるものの，いずれの構成部品もコンピュータによって制御されていること，制御の内容はすべてプログラムに記述されていることは共通である．

■ソフトはハードのために，ハードはソフトのために

組込みシステムは多くの構成部品からできており，それらは総じてハードウェアとよばれる．ハードウェアを制御しながら望みのサービスを実現するための作業手順書がプログラムであり，ソフトウェアとよばれる．組込みシステムでは，ハードウェアはソフトウェアを効率よく高速に実行できるように設計され，ソフトウェアはハードウェアの性能を十分に引き出すように設計される．つまり，「ソフトウェアはハードウェアのために，ハードウェアはソフトウェアのために」設計されたのち実装されるものが組込みシステムである．

たとえば，人工衛星の場合，部品の故障に見舞われると，残されたハードウェアを駆使してミッションを継続させるためにソフトウェアが見直された．また，宇宙空間では宇宙線などの影響からメモリ上のプログラムが書き変わったりすることがある．そのため，プログラムを保護するために特別なハードウェアが開発された．このように，ハードウェアとソフトウェアが互いに助け合いながら協調動作できるように，設計，実装，さらには運用されている．

■ 組込みシステム開発の基礎

ハードウェアとソフトウェアの協調動作を実現するためには，それぞれの動作原理，設計法，実装法などの習得が必要不可欠である．具体的には，ハードウェア（入出力装置，演算装置，通信装置）の動作原理，ハードウェアの制御の仕方，プログラムを構成する命令の種類，命令の実行順序の指定方法などである．

冒頭で述べたように，人工衛星と携帯電話をともに組込みシステムとしてとらえた場合，構造や動作原理は類似している．これらに限らず，さまざまな組込みシステムについて調べてみると，組込みシステム全般に共通の基礎知識や基礎技術が浮かび上がる．本書は，このような組込みシステム開発の基礎となる知識や技術を習得するための入門書である．

■ Arduino による組込みシステム開発

本書は，これから組込みシステムを学ぼうとする読者を対象としている．そのために，教材として取りあげるハードウェア（シングルボードコンピュータ）やソフトウェア（プログラミング言語や開発環境）はできるだけシンプルなもので，シングルボードコンピュータや言語の使い方を学ぶ時間が少なくて済むものが望ましい．そのため，本書では Arduino（アルドゥイーノ）を用いることにした．

Arduino は 2005 年にイタリアの Massimo Banzi 氏らによって開発されたマイクロコンピュータ（シングルボードコンピュータ）とソフトウェア開発環境，プログラミング言語の総称であり，次の特徴をもっている．

- 初心者向け：電子工学やプログラミングの経験のないデザイナー，アーティストでも使える教材として開発されている．
- 設計情報が公開：シングルボードコンピュータのアーキテクチャ（設計図）や統合開発環境（ソースコード）が公開されているので，内部の仕組みを勉強することもできる．
- 入手しやすい：シングルボードコンピュータを通販などにより購入しやすい．統合開発環境はインターネット上から無償でダウンロードして，macOS，Windows，Linux のいずれのもとでも利用できる．

■ 本書の構成

本書は，Arduino を使った電子工作を説明する本ではなくて，Arduino を使って，組込みシステムの開発手法（技法）を説明する本である．以下のような構成としている．

- 第 I 部（1〜4 章）：組込みシステム開発に必要とされるハードウェアとソフトウェアの両者の基礎を説明する．
- 第 II 部（5〜8 章）：組込みソフトウェアの設計から実装，検査までを系統的に行う「モデルベース開発手法」を説明する．
- 第 III 部（9，10 章）：組込みシステムと PC の協調動作（有線および無線による通信）による実践的な組込みシステム開発を説明する．

PC のもつ多様なインタフェースと Arduino との協調動作を理解するために，Processing についても説明している．

本書の各章の関連を下図に示す．第 I 部（1〜4 章）で，「組込みシステム」と「Arduino」の基礎について学ぶ．すでに Arduino の使用経験がある場合には，1 章を中心にして，2 章と 3 章の必要な箇所を読むとよい．

第 II 部（5〜8 章）にかけては，「モデルベース開発」について，順序機械をモデル，実装先を Arduino として，モデリング，実装，テスト技法について学ぶ．

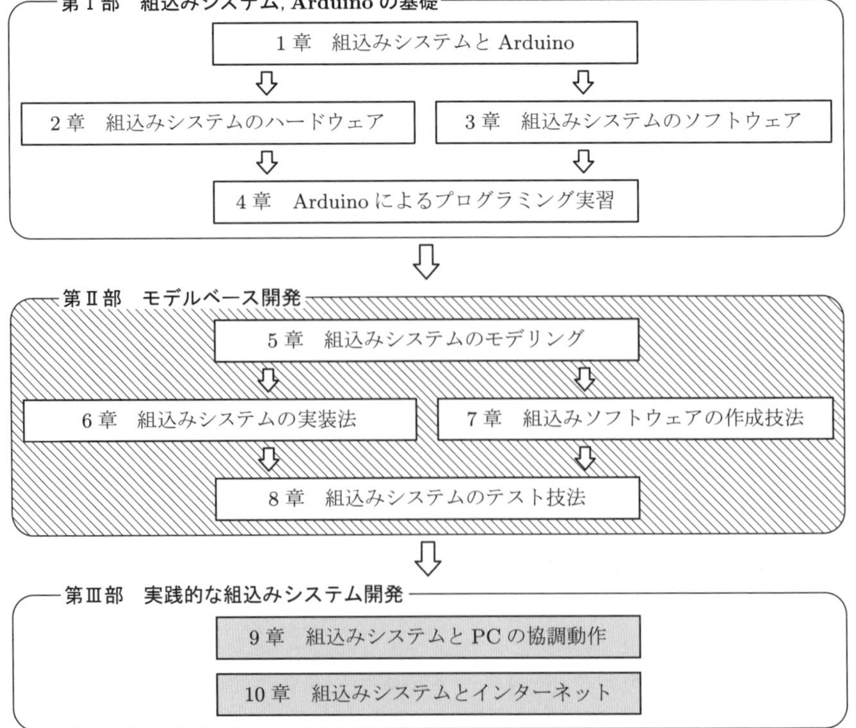

第Ⅲ部（9，10 章）では，組込みシステム（Arduino ＋電子回路）と PC（Processing）との協調動作（計測，制御，有線による通信操作），無線による PC やインターネット上のサーバの利用法について学ぶ．

本書のもとになったのは，著者が岩手県立大学ソフトウェア情報学部において担当している『組込みシステム論』（平成 25 年度～）の講義資料です．この講義資料の一部は，一関工業高等専門学校電気情報工学科『ソフトウェア工学』（平成 27, 28 年度），高専生を対象とした体験実習（岩手県立大学ソフトウェア情報学部主催の夏季インターンシップ）『数理的アプローチによる組込みソフトウェア開発』（平成 26 年度～）でも活用しております．これらの実践を通じて，本文での説明内容，例題，章末問題などの手直しを繰り返してきました．また，筆者の研究室に所属していた菅原 誠（平成 28 年博士前期課程修了）氏と徐斐（平成 29 年博士前期課程修了）氏には，本書でのプログラムの一部を作成していただきました．

みなさま方にこの場を借りてお礼申し上げます．

著　者

目 次

第I部 組込みシステム，Arduinoの基礎

1 組込みシステムと Arduino 2
1.1 身の回りの組込みシステム 2
1.2 組込みシステムの仕組み 4
1.3 組込みシステムでのデータの取り扱い 7
1.4 Arduino を用いた組込みシステム 10
1.5 組込みシステムと PC の協調動作 11
1.6 組込みシステムと無線通信 12
章末問題 14

2 組込みシステムのハードウェア 15
2.1 マイクロコンピュータの概要 15
2.2 マイクロコンピュータのアーキテクチャ 17
2.3 メモリの種類と入出力インタフェース 22
2.4 入出力のための主な電子部品 26
章末問題 29

3 組込みシステムのソフトウェア 30
3.1 組込みソフトウェアの構成 30
3.2 組込みシステムが立ち上がるまで 33
3.3 組込みソフトウェアの生成，転送 34
3.4 組込みソフトウェアのメモリへの配置 38
3.5 プログラムの状態 42
章末問題 44

4 Arduino によるプログラミング実習 45
4.1 Arduino のハードウェアとソフトウェア 45
4.2 Arduino プログラムの構造 47
4.3 Arduino の開発環境 49
4.4 データ構造 52
4.5 Arduino と電子回路の接続 55
4.6 ブレッドボードによる電子回路の実装 57
章末問題 63

第Ⅱ部 モデルベース開発

5 組込みシステムのモデリング 66
5.1 組込みシステムのモデルベース開発 66
5.2 順序機械 67
5.3 順序機械の表現法 70
章末問題 76

6 組込みシステムの実装法 77
6.1 モデルの実装 77
6.2 制御対象への出力 78
6.3 計測装置の制御 81
6.4 シリアル通信 85
6.5 電子回路の実装法 86
6.6 順序機械の配列による実装 88
章末問題 96

7 組込みソフトウェアの作成技法 98
7.1 データ入力の技法 98
7.2 割込み処理 101
7.3 タイマ割込み 105
7.4 組込みソフトウェアにおけるビット演算 110
7.5 コーディング作法 112
章末問題 113

8 組込みシステムのテスト技法 114
8.1 モデルベース開発と品質 114
8.2 プログラムのテスト 116
8.3 ブラックボックステスト 117
8.4 ホワイトボックステスト 118
8.5 モデルのテスト 122
8.6 実装時のよくある誤り 123
章末問題 125

第Ⅲ部 実践的な組込みシステム開発

9 組込みシステムと PC の協調動作 128
9.1 組込みシステムと PC 128
9.2 組込みシステムと PC による計測 132
9.3 PC による組込みシステムの制御 135
9.4 GUI による組込みシステムの制御 140
9.5 列車運転制御システム 143
章末問題 153

10 組込みシステムとインターネット 155
10.1 組込みシステムと通信 155
10.2 Bluetooth による通信 157
10.3 Wi-Fi による通信 161
10.4 インターネットへつながる組込みシステム 164
10.5 クラウドへつながる組込みシステム 168
章末問題 172

付 録

A インストールと使用法 173
A.1 Arduino のインストール 173
A.2 Processing のインストール 173
A.3 Processing の使用法 174
A.4 ESP32 使用のための準備 175
A.5 Arduino Cloud の利用手順 176

B Arduino と Processing のリファレンス 179

C 論理演算とビット演算 183
C.1 論理演算 183
C.2 ビット演算 184

D 抵抗値の算出法 188
D.1 LED 回路の抵抗値 188
D.2 抵抗値の作り方 189

章末問題の解答　190
参考文献　201
索　引　203

学習の手引

■ プログラムの表記

本書では，Arduino と Processing のプログラムを区別して，次のように記す．

```
const int LED_A = 11;
void setup( )
{ pinMode(LED_A,OUTPUT); //D11を出力設定
}
```

行番号　コメント

（a）Arduino プログラム

```
void setup()
{ size(100,100);              //初期画面の設定
  background(255);            //背景色(白)
  fill(255,0,0);              //点灯色(赤)
  ellipse(50, 50, 40, 40);    //中心(50,50) 半径20
}
```

（b）Processing プログラム

行番号はプログラムの説明の都合上追記したもの，《//》ではじまる行末までの文字列はコメント（注釈）であって，いずれもプログラムの一部ではない．

また，本文中の《 》はプログラムなどの出力を表し，なかにプログラムによって画面に表示されるものなどを記載している．たとえば，《200+T》の出力は「200+T」というかたまりが画面に表示されることを表している．

■ 動作環境

本書の実行例の動作環境は次のとおりである．

- OS：macOS X バージョン 12.6.2
- Arduino：UNO　R3，IDE 2.0.3（https://www.arduino.cc/）
- Processing：バージョン 4.1.1（https://processing.org/）
- ESP32：ESP32-DevKitC（https://www.espressif.com/en/）

■ 本書で利用する主な電子部品

第 I，II 部で用いる部品は次のとおりである．

- Arduino UNO R3 × 1
- USB ケーブル（A タイプ—B タイプ）× 1
- ブレッドボード × 2
- 抵抗器（330 k × 4，10 k × 1）
- LED × 4
- CdS セル × 1
- タクトスイッチ × 2
- 圧電スピーカ × 1
- 可変抵抗器 × 1
- サーボモータ × 1
- ジャンパ線（電子部品接続用導線）

上記に加えて，第 III 部では次の部品が必要である（章末問題で必要な部品は除く）．

- ESP32-DevKitC × 2
- USB ケーブル（A タイプ—マイクロ B タイプ）× 2
- 温度・湿度センサ × 1
- 抵抗器（10 k × 3）※
- CdS セル × 2 ※
- 超音波距離センサ × 4 ※
- サーボモータ × 1 ※
- マイクロスイッチ × 1 ※

※ は 9.5 節「列車運転制御システム」で用いる．

■ 本書のサポートページ

本書のソースコード（本文，解答例）などは次の URL から参照できる．

https://www.morikita.co.jp/books/mid/081832

第 I 部

組込みシステム，Arduinoの基礎

1 組込みシステムと Arduino

1.1 身の回りの組込みシステム

1.1.1 部品としてのコンピュータ

社会生活のなかに見られる，部屋の温度調節，店舗での自動精算，駅での自動改札などはいずれもコンピュータを内蔵した機器によって実現されている．このように，コンピュータが部品として組み込まれた製品（システム）は，**組込みシステム** (embedded system) とよばれている．スマートフォン，ゲーム機，オーディオ機器などに代表される「電気で動く製品」のほとんどが組込みシステムである．これらの製品に組み込まれているコンピュータは，ワープロや表計算ソフトを動かす**パーソナルコンピュータ（PC）**と動作原理は同じではあるが，大きさ，性能，機能などは異なる．とくに，組込みシステム用のコンピュータは，小型，軽量，省電力などといった特性を備えており，**マイクロコンピュータ** (micro computer)，あるいは単に**マイコン**▶▶2.1節ともよばれる．

マイクロコンピュータが部品として使われている電子機器（道具）には，図 1.1 に示す，ディジタルカメラ，エアコン，組立てロボット，自動券売機に加えて，次のような事例がある．

- 携帯機器：スマートフォン，携帯音楽プレーヤー，ゲーム機
- 家庭用電化製品：ディジタルテレビ，炊飯器，電子レンジ，電気ケトル

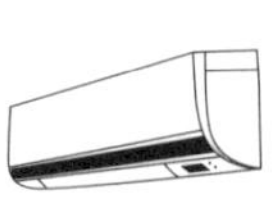

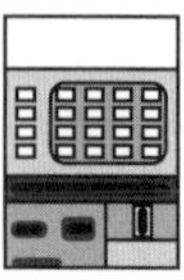

図 1.1　組込みシステムの例

- OA，販売機器：コピー機，バーコードリーダー，自動販売機，ATM
- 産業，医療機器：塗装ロボット，溶接ロボット，医療モニタ
- 輸送機器：車両の自動運転装置，列車自動停止装置

1.1.2 マイクロコンピュータの役割

マイクロコンピュータは，人間が日常生活のなかで行う「見る，聴く，話す，動かす，計算する，記憶する」といったはたらきを，図 1.2 に示すような，カメラ，マイク，スピーカ，各種センサなどの周辺装置を利用して実現している．

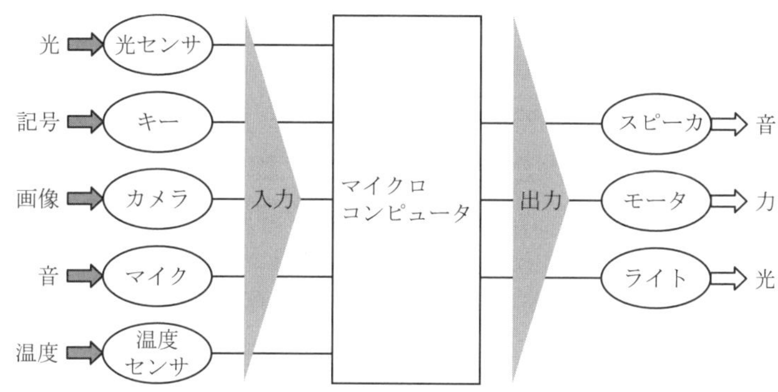

図 1.2 マイクロコンピュータと周辺装置

マイクロコンピュータには，光センサ，キー，カメラなどの機器を通して得られた光，記号（文字，数字），画像などが入力される．反対に，マイクロコンピュータからは，スピーカやモータなどの機器を通して，音，力などが出力される．記号，画像，音などを入力するタイミング，それらの計算方法や記録方式などの処理の仕方，出力すべき音，光，力，記号，画像などの生成方法，出力するタイミングなどは，マイクロコンピュータにあらかじめ格納されているプログラムによって定められている．このプログラムが**組込みソフトウェア** (embedded software) であり，マイクロコンピュータは，このプログラムを台本 (script) として，その筋書きどおりに動作する．

また，マイクロコンピュータの用途は次の 2 つに大別される．

- 情報処理系：音声，音楽，画像，動画などのマルチメディアを対象とする信号処理
- 制御系：センサやモータなどの制御

1.1.3　組込みシステムの特徴

情報処理系あるいは制御系のいずれの用途であっても，組込みシステムは次の特徴をもつように，設計，実装されている．

- 専用化されたシステム：汎用性をもたせる必要はないので，提供すべきサービスに必要な機能だけに専用化されている．
- 厳しい動作環境で使える：組込みシステムは，車や列車など移動するものや，農場や海中といった野外で使われることも多い．その場合，供給される電力が限られる，激しい振動を受ける，低温や高温にさらされる，微弱電波や妨害電波などの電波障害を受けることもある．そのような環境でも正常に動作するようにされている．
- 高い信頼性：輸送機器や医療機器などでは，誤動作，故障が人命に関わる事故につながることもある．また，駅の自動改札システムに誤動作や故障が生じると，経済的損失が膨大になる．そのため，組込みシステムには高い信頼性が求められる．
- 時間制約（リアルタイム性）：自動運転，姿勢制御，追跡監視，温度制御，生命維持，映像録画・再生などのサービスを実現するためには，あらかじめ設定された時間内に処理を終える必要がある．このような時間制約を**リアルタイム性**という．**リアルタイムシステム** (real-time system) は，センサやユーザなどからの入力に対し，限られた時間内に反応して，機器の制御やサービスを提供するシステム，すなわち，リアルタイム性を備えたシステムである．すべての組込みシステムにリアルタイム性が求められるわけではなく，すべてのリアルタイムシステムが組込みシステムであるわけでもない．しかし，組込みシステムの大部分にはリアルタイム性が求められる．

1.2　組込みシステムの仕組み

1.2.1　組込みシステムの構成要素

組込みシステムの構成要素は，図 1.3 のように，計測装置，制御装置，制御対象に大別される．

- **計測装置**：外界からの音や光などの物理量，ユーザからのコマンドや目標値などの指示を計測，入力する装置
- **制御装置**：計測装置からの計測値やコマンド，目標値をもとに，制御対象が

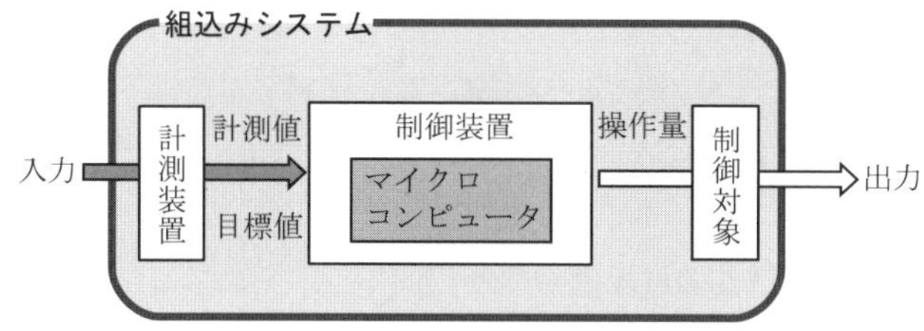

図 1.3　組込みシステムの構成要素

サービスを実現するために必要とされる操作量の算出，計測値の記録などをする装置

- **制御対象**：制御装置から指示された操作量に従ってサービスを提供する装置

これら 3 つの装置でやりとりされるデータを表したのが図 1.4 である．

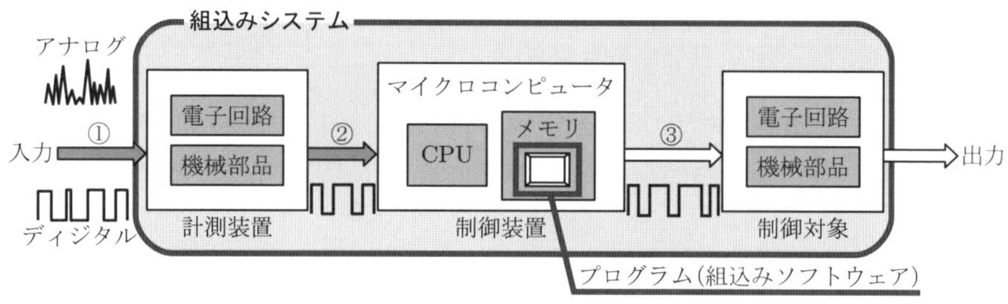

図 1.4　組込みシステムの信号（データ，命令）の流れ

計測装置は，図 1.4 ①の音，光，温度などの物理量をアナログ信号として，コマンド，目標値（設定値）をディジタル信号としてそれぞれ読み取る．読み取られた信号は必要に応じてディジタル化されて，②の**計測値**（入力信号ともよぶ）として制御装置に伝えられる．そのため，計測装置は，スイッチ，超音波距離センサ，光センサ，タッチパネル，キーなどに加えて，アナログ信号をディジタル信号にする▶▶1.3.1項ための電子回路も含む．

制御装置は，マイクロコンピュータとプログラム（組込みソフトウェア）からなる．マイクロコンピュータは，**マイクロコントローラ** (micro controller：**MCU**) とよばれることもある▶▶2.1節．マイクロコンピュータのなかのメモリには，計測装置から入力信号を受け取るタイミング，入力信号から操作量を算出する手順，図 1.4 ③の制御対象へ操作量を伝えるタイミングなどが記述されたプログラムが格納される．

制御対象は，モータや LED（発光ダイオード），スピーカなどであり，とくに電気エネルギーなどを機械的な動きに変換するモータに代表される駆動装置は**アクチュエータ** (actuator) とよばれる．制御対象は制御装置からの操作量（出力信号ともよぶ）に従った動作をする．

■1.2.2　組込みシステムの基本動作

組込みシステムは，リセットしたのち，次の 3 つの動作を繰り返しながらサービスを提供する．

- 入力：計測装置による物理量などの読み取り
- 処理：制御装置による操作量の算出など
- 出力：制御対象によるサービス提供

たとえば，湯沸かし器やエアコンのような温度調節の機能をもつ製品の場合，次の一連の処理を繰り返す．

- 入力：温度の計測と設定値（目標値）
- 処理：計測値と設定値との差（偏差）をもとに操作量の決定
- 出力：操作量をもとにヒーターなどの運転を制御（ON/OFF，風量調整）

これらをプログラムのフローチャートとして表したのが図 1.5 である．図の①～③ は図 1.4 中のそれぞれに対応している．

図 1.5 に示すように，組込みシステムのプログラムは，リセットしたのち，計測値の入力（読み込み），入力値に応じた処理，操作量の出力（書き込み）を繰り返す．この基本動作をプログラムとして実装する方法を 3 章以降で述べる．

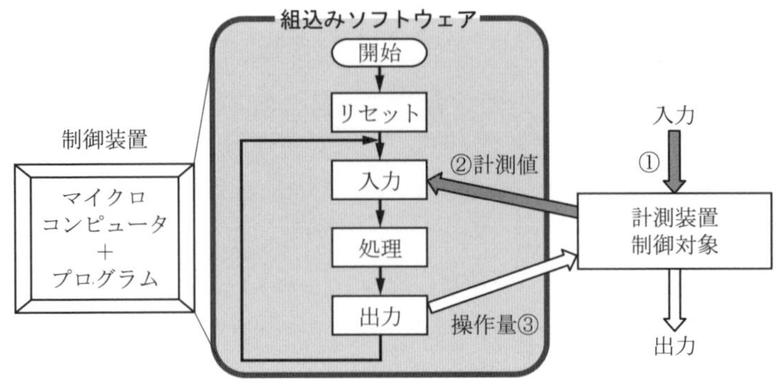

図 1.5　組込みシステムの基本動作

1.3 組込みシステムでのデータの取り扱い

1.3.1 アナログとディジタル

一般に，音，光，熱，力，動きといった物理量は，時間の経過とともに連続的に変化する．このような値を**連続値** (continuous value) あるいは**アナログ値** (analog value) とよぶ．一方，人，椅子，車などの量（数）は $0, 1, 2, 3, \ldots$ である．これらは飛び飛びの値であることから**離散値** (discrete value) とよばれる．また，離散値は**ディジタル値** (digital value) ともよばれる．

ディジタル値を「0」と「1」に限ったのが **2 値** (binary value) であり，「0」と「1」だけを用いて数を表す方法を **2 進法**，表された数を **2 進数**▶▶付録C.2節という．この 0 と 1 は表 1.1 のように用途によって別の名前で使われることもある．

表 1.1　2 値のよび方

		主な用途
1	0	論理演算，ディジタル回路，プログラム
HIGH	LOW	電子回路，ディジタル回路
ON	OFF	電子回路，ディジタル回路
真	偽	論理演算，プログラム
true	false	論理演算，プログラム

なお，表 1.1 の 2 値 (1,0) の電子素子（スイッチ，LED）や電子回路への対応例を表 1.2 に示す．たとえば，入力としての 1 (HIGH) はスイッチの ON，出力としての 1 (HIGH) は LED の点灯に対応する．

以下，ディジタル値としては 2 値ならびに 2 進法を対象とし，アナログ値とディジタル値を，それぞれ単にアナログとディジタルともよぶ．

表 1.2　電子素子の操作の 2 値化

2 値	スイッチ	LED	電圧
1, HIGH	(ON)	(HIGH)	5 V (5 V)
0, LOW	(OFF)	(LOW)	(0 V)

■ 1.3.2　アナログ入力とディジタル化

図 1.4 に示したように，組込みシステムでは入力信号をコンピュータが処理する．コンピュータの内部ではディジタル値のみが処理の対象となるため，アナログ形式の入力信号をディジタル形式に変換（**ディジタル化**）する必要がある．ディジタル化の方法の 1 つが，図 1.6(a) に示す閾値（しきいち）を用いて，1 (HIGH) と 0 (LOW) への大別である．たとえば，図 (a) のように，ある閾値未満を 0，それ以上を 1 とする．同様にして，光や力などもディジタル化できる．

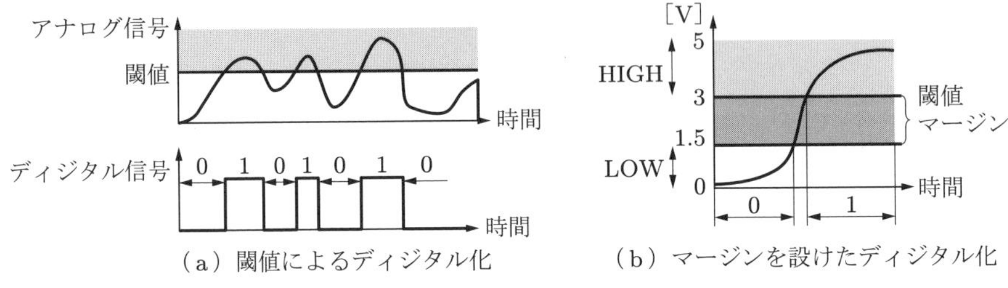

（a）閾値によるディジタル化　（b）マージンを設けたディジタル化

図 1.6　アナログのディジタル化

しかし，この方法では計測時の測定器（センサ）の精度やノイズ（外乱）に影響を受けやすく，1 と 0 の判別が不安定になりやすい．この問題点に対しては，**マージン**を設けて，たとえば，図 1.6(b) のように，「1.5 V 未満」に 0，「3 V 以上」に 1 というように割り当てる方法が有効である．この場合のマージンは「1.5 V 以上 3 V 未満」であり，この範囲の場合の対応としては，直前の状態を維持する方法などがある．

図 1.6 で示した方法によって，アナログ信号の大きさは，0 または 1 に 2 分割された．一般に，n 桁の 2 進法を用いれば 2^n 分割できる．アナログ信号の大きさをディジタル値に近似する操作は**量子化**とよばれる．たとえば，$n = 2, 3, 4$ として，最大 5 V の電圧を 4, 8, 16 分割してある周期で計測し，それぞれ，2, 3, 4 ビットのディジタル信号として近似した例が図 1.7 である．このときの n を**量子化ビット数**とよぶ．量子化ビット数を大きくすればするほど，近似された値とアナログ信号との誤差は小さくなる．また，ある周期で計測する操作は**サンプリング**とよばれ，周期を短くすることでも誤差を小さくできる．

Arduino の場合，アナログ信号としての入力値は，量子化ビット数 10 として 1024 分割される ▶▶4.5.3項．

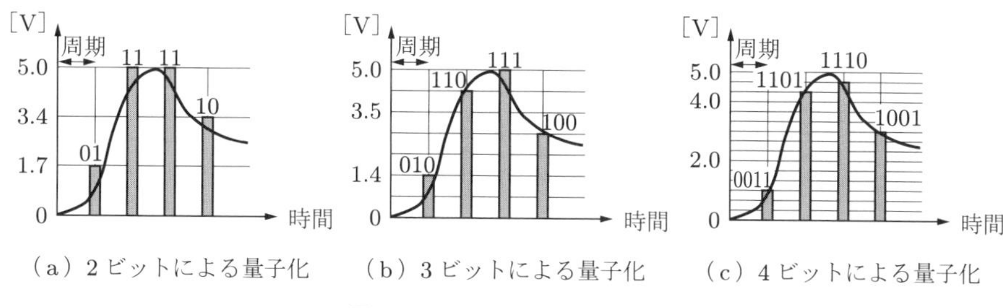

図 1.7 量子化ビット数の効果

1.3.3 PWM によるアナログ出力

たとえば，出力としてライトの点滅（ON/OFF）を行う場合は，2 値（ディジタル値）をそのまま用いることができる．これに対し，ライトの明るさを調整したい場合や，音声信号を出力する場合にはアナログ値が必要となる．

マイクロコンピュータの場合，2 値（ディジタル値）を図 1.8 のようにして出力することでアナログ値を近似することが多い．図 (a) では「1」の出力時間よりも「0」の出力時間のほうが長い．この出力で LED を光らせるとほんの少し明るくなる．図 (b) のように「1」の出力時間が長くなれば，LED はもっと明るく光る．さらに，図 (c) のように「1」の時間がほとんどであれば，LED はほぼ最大の明るさで光る．この方法のように「1」を出力する時間の長短によって，アナログ信号の大きさを近似的に制御する方法は**パルス幅変調** (pulse width modulration : **PWM**) とよばれ，LED の調光やモータの回転数などの制御に用いられる．以下，この方法による出力をアナログ出力とよぶ．

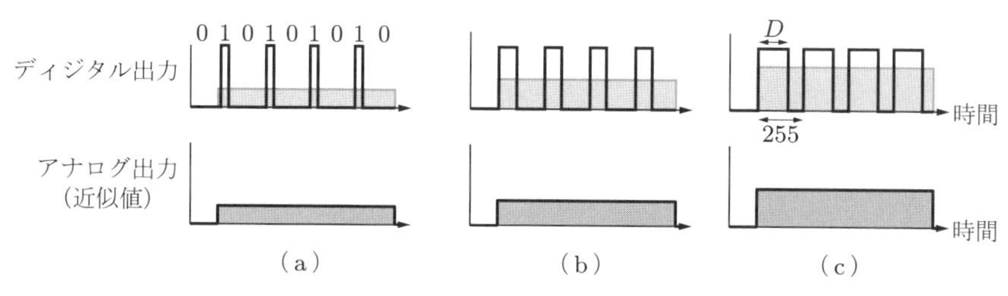

図 1.8 PWM とデューティ比

出力されるアナログ信号の大きさは，デューティ比で制御される．デューティ比とは，方形波におけるパルス幅 D と周期の比である．Arduino においては，デューティ比 $D/255$ が用いられる．たとえば，D を 0, 64, 127, 255 とすれば，デューティ比はそれぞれ 0，約 0.25，約 0.5，1 となる．また，図 1.8 におけるデューティ

比は図 (a)，(b)，(c) の順に大きくなる．

1.4　Arduino を用いた組込みシステム

1.4.1　Arduino の概要

本書では，マイクロコンピュータとしてArduino（アルドゥイーノ）を取りあげる．Arduino は，ハードウェアとしての Arduino 本体（シングルボードコンピュータ）に加えて，Arduino 用ソフトウェア開発のための言語や開発環境 (integrated development environment) IDE，プログラミング言語（以下，Arduino 言語とよぶ）も含めた総称である．IDE は，**オープンソース** (open source) であり，また無償で利用できる．

組込みシステムの役割や実装法の基礎を学ぶための有効な方法の 1 つが，Arduino を使ったプロトタイプ（試作品）作りである．

そのため，本書では，図 1.9 のように，電子回路を制御する役目を果たす組込みソフトウェアを PC で作成し，そのプログラムを USB ケーブルを介して Arduino へ転送（**アップロード**とよぶ）する．そのときの電子回路は，試作が容易な**ブレッドボード** (bread board)▶▶4.6節を用いて組み立てることにする．

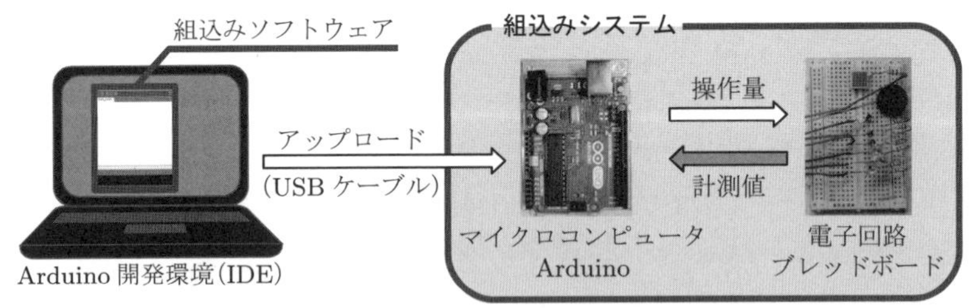

図 1.9　Arduino の開発環境

Arduino のボードコンピュータには何種類かあり，第 4 章以降では，「UNO」を取りあげる．以下，断りのない限り，Arduino といえば「UNO」を指すものとする．なお，第 10 章では無線通信機能を有し，Arduino の開発環境 IDE が利用できる「ESP32-DevKitC」を取りあげる．

1.4.2　Arduino と電子回路との接続

Arduino と電子回路（ブレッドボード）は，電子回路とディジタル信号をやりとり（入力および出力）するために図 1.10 ①の **DIGITAL ピン**▶▶4.1.1項を用いる．一

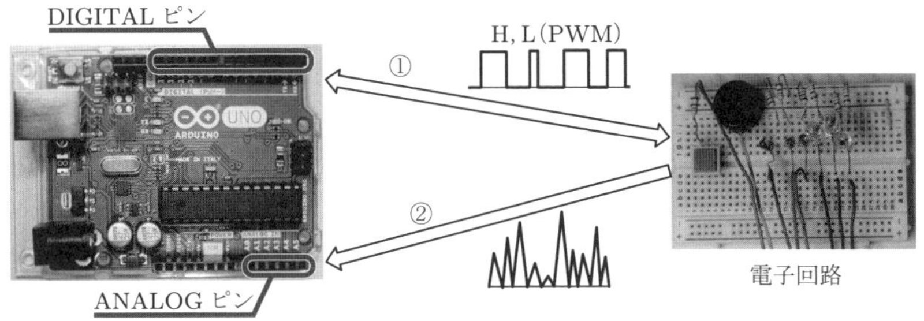

図 1.10　Arduino と電子回路のデータのやりとり

方，電子回路からアナログ信号を読み取るためには，②のように **ANALOG ピン**を用いる．なお，電子回路へ PWM▶▶1.3.3項 によるアナログ信号を送るためには，DIGITAL ピンのうち D3, D5, D6, D9, D10, D11 を用いる．

Arduino ならびに電子回路を動作させるには，起動電圧 (5 V) の供給▶▶4.5.1項が不可欠である．

1.5　組込みシステムと PC の協調動作

1.5.1　組込みシステムと PC

組込みシステムは特定のサービスを提供するために必要なだけの計算資源からなるため，それ自体ではプログラム開発に必要とされるエディタ，コンパイラなどの環境をもつことができない．たとえば，Arduino の場合には，図 1.9 に示したように，Arduino のもとで実行されるプログラムは PC 上で作成しなければならない．このように，実行環境と開発環境が異なる開発は**クロス開発**とよばれる[▼1]．

また，交通機関の運転管理システムや，製造現場の生産管理システムなどでは，システムを構成している機器のほとんどが組込みシステムである．このような場合，各組込みシステムの動きを監視，制御するために PC が用いられる．PC であれば，マウスやキーボードを入力装置とし，モニタを出力装置としたグラフィカルユーザインタフェース (GUI) によってシステム全体を監視，制御できる．PC をインタフェースとすることは，大規模システムに限らず，単独の組込みシステムに対しても有用である．

さらに，PC は，組込みシステムによって観測されたデータの保存のためにも利

▲1　実行環境と開発環境が一致する場合はセルフ開発とよばれる．

用される．各種センサを備えた組込みシステムは，遠隔地で無人運転されていることも多く，観測データは通信によって定期的に PC に送られる．

以上のように，組込みシステムと PC は協調動作する場合が多い．

1.5.2 Arduino と PC の協調動作

本書では，Arduino の開発環境として PC を活用するだけではなく，キーボードやマウス，モニタをインタフェースとした GUI 機能をもつ PC と Arduino との協調動作についても述べる．そのために，図 1.11 に示すように，ビジュアルプログラミング機能に優れたアプリケーションの 1 つである Processing を PC 上で起動し，Arduino との間でデータのやりとりを実現する．これにより，ユーザは組込みシステムの操作を，PC のキーボードやマウス，モニタによっても行えるようになるとともに，Arduino によって観測されたデータを PC 上でリアルタイムに取得できる．

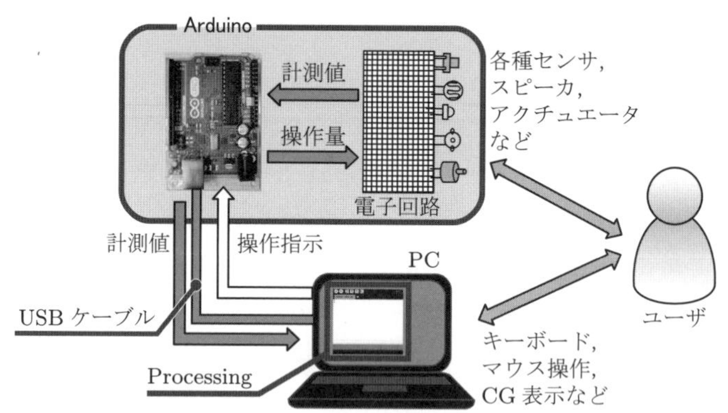

図 1.11　Arduino のインタフェースとしての PC

さらに，Arduino から送られてきたデータをハードディスクに保存する方法や，ハードディスクに保存されているデータに従って Arduino を制御する方法についても述べる．

1.6 組込みシステムと無線通信

1.6.1 無線でつなぐ組込みシステム

Arduino UNO には無線通信機能がないため，PC と通信するには前節で述べたように有線（USB ケーブル）で接続する必要がある．組込みシステムに用いられるマイクロコンピュータのなかには，**Wi-Fi**（ワイファイ）や**Bluetooth**（ブルートゥース）などの無線通信機能を有するものもある．たとえば，Arduino のシリーズ製品の「MKR WiFi 1010」などはこれらの機能を有している．また，Arduino のソースコードと互換性があって，Arduino の開発環境 IDE が活用できる「**ESP32-DevKitC**」などもある．これらマイクロコンピュータからなる組込みシステムの場合，図 1.12(a) のように PC やスマートフォンなどと計測値や操作指示のやりとりを Bluetooth を利用して無線で行える．さらに，Wi-Fi を利用すれば，図 (b) のように組込みシステムの計測値を PC やスマートフォンのブラウザ上に表示したり，組込みシステムへの操作指示をブラウザ上から行えるようになる．

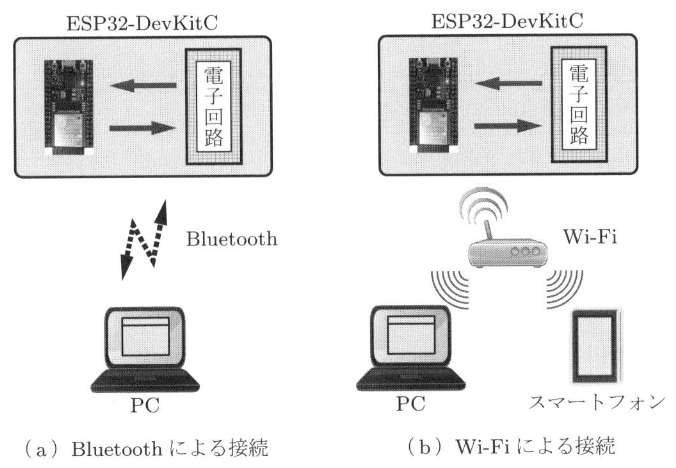

（a）Bluetooth による接続　（b）Wi-Fi による接続

図 1.12　無線でつながる組込みシステム

1.6.2　インターネットにつながる組込みシステム

Wi-Fi 機能を有するマイクロコンピュータ ESP32-DevKitC などからなる組込みシステムの場合，図 1.13 のようにルータを経由すれば，ほかの組込みシステムや PC，スマートフォンなどと通信できるばかりでなく，クラウドで提供される各種サービスが利用できるようになる．

このように，インターネットに通信機能をもつ組込みシステムが接続されることにより，いわゆる **IoT**（internet of things：モノのインターネット）ができあがる．当初，ここでいう**モノ** (thing) は，情報を機械的に読み取り可能とする **RFID**(raio frequency identification) が付いたオブジェクト（展示物，商品，生産物など）の

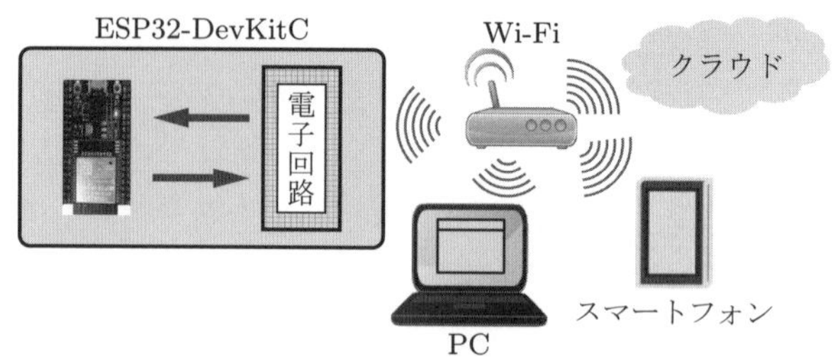

図 1.13　インターネットにつながる組込みシステム

ことを指していた．その後，計算能力をもつ情報機器（本書で取りあげる組込みシステムなど）も含められている．必要最小限の機能をもつモノをインターネットに多数接続することで，これらのモノから収集される膨大なデータを高性能サーバで管理・分析する形態が有効なサービスが実現できる．このように，インターネットを経由して各種専用サーバを利用する形態は，**クラウドコンピューティング** (cloud computing) あるいは単に**クラウド**とよばれる．

第 10 章では，ESP32-DevKitC をマイクロコンピュータとする組込みシステムを対象として，インターネットへの接続法やクラウドの利用方法について述べる．

章末問題

1.1 組込みシステムの例を 1 つ選び，そのなかで使われている主な部品を図 1.3 の 3 つの構成要素（計測装置，制御装置，制御対象）に大別せよ．

1.2 デューティ比が 0.75, 0.5, 0.25 のディジタル波形をそれぞれ描け．

1.3 Arduino において，UNO 以外のシリーズ製品を調べ，CPU の種類，入出力のためのピン数などを比較せよ．

1.4 Arduino UNO と ESP32-DevKitC について，CPU クロック数，メモリサイズ，量子化ビット数，通信機能の違いを調べよ．

2 組込みシステムのハードウェア

2.1 マイクロコンピュータの概要

2.1.1 ハードウェア構成

一般に，コンピュータは，入力装置，出力装置，記憶装置，制御装置，演算装置から構成される▼1．入力装置にはキーボード，マウスなど，出力装置にはモニタ，プリンタなどがあたる．入力装置と出力装置は合わせて周辺装置ともよぶ．制御装置と演算装置を合わせたものを CPU (central processing unit) とよぶ．記憶装置はプログラムやデータを格納する主記憶装置（主メモリともよぶ），ストレージなどの補助記憶装置に分類される．

1970 年代以降には，制御装置と演算装置，記憶装置，周辺装置とのインタフェース回路を 1 つの集積回路としてチップ化したものは，**マイクロプロセッサ**あるいは **MPU** (micro processing unit) とよばれるようになった．

さらに，近年では，組込みシステムに対しては，制御系のみならず情報処理系としての用途も要求されるため，図 2.1 に示すように，キャッシュ▶▶2.3.3項などの内部記憶装置▼2，タイマやモータ制御回路，センサ，信号処理，画像処理などの拡張機能を実現する拡張回路も内蔵した MPU が製品化されており，それらはマイクロコンピュータあるいは MCU▼3とよばれる．

たとえば，移動ロボットの自動運転などの場合，画像，音声認識（信号処理）をともなうリアルタイム処理が必要となる．このように，情報処理系と制御系が融合された処理形態もある．なお，信号処理の高速化のためには，MPU に加えて，浮

▲1　これらを 5 大装置とよび，各装置によって実現される機能を 5 大機能という．

▲2　説明の都合上，図 2.1 では主記憶装置と補助記憶装置を外部記憶装置とし，キャッシュなどを内部記憶装置とした．

▲3　MPU や MCU といった呼び名は半導体メーカーに依存する場合もあるため，本書ではとくに区別せずに用いる．

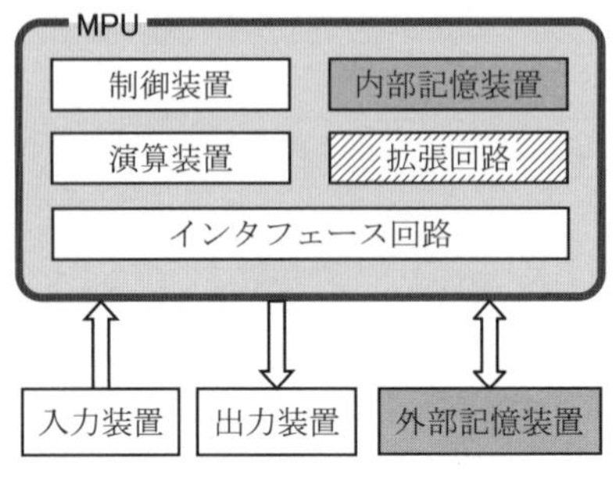

図 2.1　マイクロコンピュータの構成図

動小数点計算用コプロセッサ，DSP (digital signal processor)[▼1]，グラフィックアクセラレータなどを併用することが有効ではあるが，コスト増，電力増加なども考慮する必要がある．一方，コプロセッサによらず，ソフトウェア（高速アルゴリズムなどの利用）によって高速化を図る方法もあるが，MPU の稼働率上昇，応答低下などにつながることもある．

2.1.2　マイクロコンピュータに求められる性能

組込みシステム用のマイクロコンピュータの性能を評価するための主な項目は，次のとおりである．

① 消費電力：省電力であれば，バッテリーで長時間稼働できる
② 実装面積：チップサイズが小さければ，小型化できる
③ 価格：チップが安価であれば，低価格化できる
④ 割込み応答：割込み処理▶▶3.4.4項時の応答が速ければ，即応性が向上する
⑤ 演算速度：数値計算，画像・音声処理を高速計算できる
⑥ 使いやすさ：命令セットが最適コード生成に適していれば，コンパイラの最適化が容易になる

これらのうちのいくつの項目について，組込みシステムの適用される分野に応じて，高い能力が求められる．たとえば，マイクロコンピュータが携帯機器の場合，①や②に優れている必要がある．加えて，大量に使用される機器では，③も求められる．自動運転システムなどのためにリアルタイム性を実現するには，④や⑤が重要である．

また，組込みシステムにおいて，使用可能メモリサイズに厳しい制限が加えられ

▲1　画像や音声処理など積和演算を高速に処理できる演算装置である．

る場合，サイズの小さい実行ファイルが必要となる．あるいは，リアルタイム性を高速アルゴリズムにもとづいたソフトウェアで実現するには，⑥のコンパイラの最適化が容易な命令セットが有効である．

なお，これらの6つの性能のなかには，トレードオフの関係にあるものもある．たとえば，⑤の演算速度を上げるにはマイクロプロセッサの動作周波数を高くすればよい▶▶2.2.7項が，それにともなって①の消費電力は大きくなってしまう．こういったことを考慮しながら，組込みシステムが適用される分野で必要とされる特定の性能において，優れたマイクロコンピュータを選定することが大切である．

PCやサーバなどで用いられているマイクロコンピュータにおいても，上記の項目のいくつかが求められることもあるが，組込みシステムのほうがマイクロコンピュータに求められる性能が高い場合もある．また，PCでは低価格で互換性の高いインタフェースに対応していること，サーバでは高速計算に加えて入出力性能で高い能力が求められることなど，組込みシステム用のマイクロコンピュータとは異なる観点での性能が求められる．

2.2　マイクロコンピュータのアーキテクチャ

2.2.1　アーキテクチャ

マイクロコンピュータは，MPUのほかに，記憶装置（以下，**メモリ**ともよぶ）や各種コントローラなどから構成されている▶▶2.3節．ここでは，MPUとメモリに着目した2種類の構成方式（アーキテクチャ）について述べる．

- **ノイマン型**：図2.2(a)のように，プログラムとデータを1つのメモリに格納することから，原理的にはプログラムの領域とデータの領域を必要に応じて調整できる．ただし，プログラムとデータの読み込みを同時に行えず，いわゆる

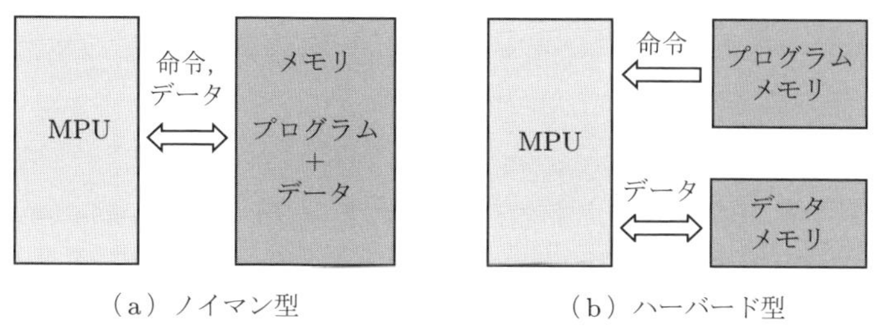

図2.2　MPUのアーキテクチャ

「フォン・ノイマン・ボトルネック」とよばれる現象が起こる．**プログラム内蔵方式**ともよばれる．

- **ハーバード型**：図 2.2(b) のように，プログラムの格納場所とデータの格納場所を独立させることで，プログラムやデータの高速アクセスを実現している．たとえば，信号処理向けのプロセッサである DSP では，ハーバード型を採用することで大量のデータ処理が可能になっている．ただし，プログラムとデータをそれぞれ転送するための回路が必要となり，ノイマン型に比べて複雑な回路となる．

2.2.2 命令を実行するための構成要素

MPU が命令を実行するためには，図 2.3 に示す構成要素が用いられる．

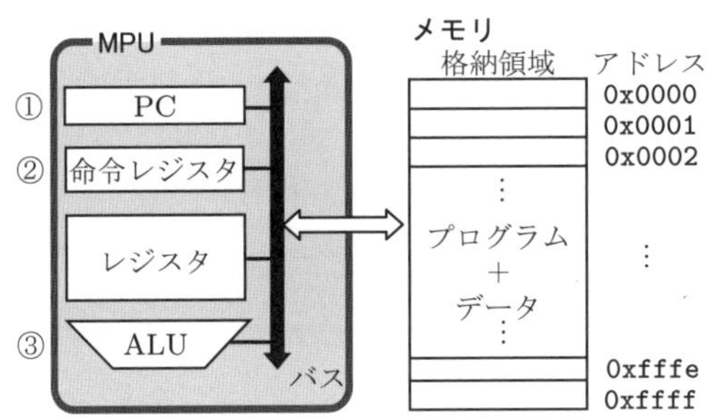

図 2.3　命令実行のための MPU の主な構成要素

- **メモリ** (memory)：一定サイズ（例：8 ビット）に区切られており，1 つ 1 つはアドレス（番地）で特定され，命令やデータがすべて 2 進法で表されて格納される．
- **算術論理演算装置** (arithmetic logical unit：**ALU**) 算術演算（例：+, −, ×, ÷），論理演算（例：AND, OR, NOT），比較演算（例：=, <, >）などが行われる．
- **レジスタ** (register)：演算に必要なデータや演算結果などの一時記憶装置である．利用目的に応じて次に示す種類に分類される．
  - **プログラムカウンタ** (program counter：**PC**)：次に実行する命令の格納場所（アドレス）を記憶する．インストラクションポインタ (instruction pointer：IP) とよばれることもある．
  - **命令レジスタ** (instruction register)：実行する命令コードを格納する記憶装置である．

プログラムカウンタと命令レジスタのほかに，レジスタには次の種類がある．

- **アキュムレータ**：累算器ともよばれ，メモリから読み込まれたデータや ALU による演算結果などが格納される．
- **汎用レジスタ**：データやアドレスなどのデータの格納のために汎用的に用いられる．
- **ステータスレジスタ**：演算結果に応じた状態が格納される．レジスタのなかに，「オーバーフロー」，「演算結果ゼロ」，「桁上がり（キャリー）」などの状態がビット単位で記憶される．それぞれ，オーバーフローフラグ，ゼロフラグ，キャリーフラグとよばれる．
- **スタックポインタ**：関数（サブルーチン）呼び出しや割込み処理のときに，計算の状態を一時保存するための**スタック領域**▶▶3.4.3項 の先頭アドレスが保存される．

2.2.3　命令の種類

MPU がもつ命令の集まりは**命令セット**とよばれ，それらは，次の 3 つに大別される．

- **算術論理演算命令**：算術演算，論理演算，比較演算が行われる（例：加算，減算命令）．
- **実行制御命令**：プログラムカウンタの内容を更新することによって，命令の実行順序を制御する（例：ジャンプ命令）．
- **メモリアクセス命令**：アドレスで指定した格納場所に対して，内容の読み込みや，データの書き込みをする（例：ロード命令，ストア命令）．

2.2.4　命令実行サイクル

プログラムに含まれている命令は，次の①～③を繰り返す命令実行サイクルによって順番に実行される▼1．

① **命令フェッチ** (fetch)：メモリから，プログラムカウンタで指定されたアドレスに格納されている**命令コード**（2 進法表記された命令）を読み込み，命令レジスタに格納する．プログラムカウンタの内容を更新（アドレスを +1）する．

② **命令解読** (decode)：命令レジスタに格納された命令コードから，命令の種類，

▲1　命令の並び順と，命令の実行順序とは必ずしも一致しない．

オペランド（命令に対するパラメータ）を識別する.

③ **命令実行** (execution)：解読された命令の種類に応じて，オペランドをメモリから読み込んだあと，算術論理演算命令であれば ALU が命令を実行し，その結果がレジスタやメモリに書き込まれる．また，実行制御命令の場合，プログラムカウンタの内容が更新され，次に実行される命令が格納されているアドレスとなる．計算の結果が 0 になったり，負の数になったりしたときには，ステータスレジスタに反映される．命令の種類によっては，「演算」と「演算結果の書き込み」に細分化されることもある.

命令実行サイクル中，図 2.3 の各構成要素は，バス（信号線の束）を通じてデータをやりとりする.

この命令実行サイクルの実行速度は，MPU の動作周波数に比例する．たとえば，1 クロックあたり 1 つの命令が実行される．そのため，高速計算が求められる場合には動作周波数の高い MPU を用いる必要がある．しかし，動作周波数が高いほど消費電力は大きくなる▶▶2.2.7項.

2.2.5 命令体系

命令数，命令の種類やデータを指定するのに必要なビット数などといった命令体系は，次の 2 つに大別される.

- **CISC** (complex instruction set computer)
  - ・メモリ上のデータを対象とし，高機能な命令セットにより演算する
  - ・多くの種類の命令がある
  - ・命令サイズは一定サイズではなく，可変長である
- **RISC** (reduced instruction set computer)
  - ・多数のレジスタを用意し，レジスタにデータを格納して演算する
  - ・命令は単純化されたものだけからなる
  - ・命令サイズは固定長である

このような特徴から，RISC のほうが，論理回路を単純化しやすく，パイプライン処理▶▶2.2.6項の実現が容易であり，低消費電力化も実現しやすい．しかし，単純化された命令を組み合わせて，複雑な計算を実現するために，コードサイズは CISC よりも大きくなる傾向にある.

2.2.6 パイプライン処理

MPU の高速化手法の 1 つが**パイプライン処理**である．主メモリ上の通常処理は，命令フェッチ，命令解読，命令実行の 3 クロックで実行されるが，パイプライン処理では，図 2.4 のように 1 つ目の命令 code1 に対する命令解読の最中に次の命令 code2 の命令フェッチを行う．このように，1 クロックの間に複数の命令の処理が行われる．これにより，図に示すように 3 個の命令を実行し終えるのに，通常処理では 9 (= 3 × 3) クロックかかるところが 5 クロックで済む．この処理を 3 段のパイプライン処理とよぶ．

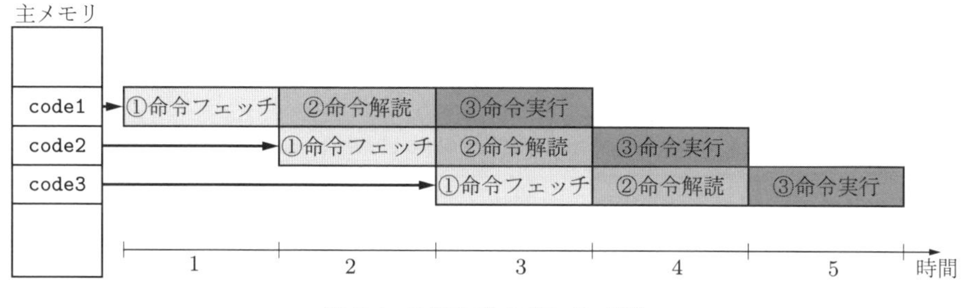

図 2.4 3 段のパイプライン処理

さらに，命令を同時に並列実行する機構をもたせたものを**スーパースカラ** (superscalar) という．

主メモリに格納されている命令，たとえば，図 2.4 の code1 が分岐命令（ジャンプ命令など）で，図の 3 のときに実行すべき命令が code2 でなくなった場合には，code2 の命令解読や code3 の命令フェッチといった先行処理が無駄になる．この現象は**パイプラインハザード** (pipeline hazard) とよばれる．パイプラインハザードのこのほかの要因には，直前の命令の計算結果に依存した命令の選択（条件分岐），共有資源に対する複数個の命令の同時アクセス（排他制御）などがある．

2.2.7 MPU の消費電力

MPU は，集積回路としてチップ化されている▶▶2.1節．CMOS 構造の場合，この集積回路の消費電力（漏れ電流による消費電力を除く）P は，次式のように起動電圧 V_{dd} の 2 乗と，**動作周波数** f に比例する．

$$P = k \times (V_{\mathrm{dd}})^2 \times f \qquad (k : \text{係数}) \tag{2.1}$$

そのため，組込みシステムの省電力化を実現するためには，MPU の動作周波数や起動電圧を低くすることが有効である．このような観点から，MPU によっては，省エネモードとして，動作周波数を低くする機能をもつものなどもある．

2.3 メモリの種類と入出力インタフェース

マイクロコンピュータを構成する部品の一例を図 2.5 に示す．

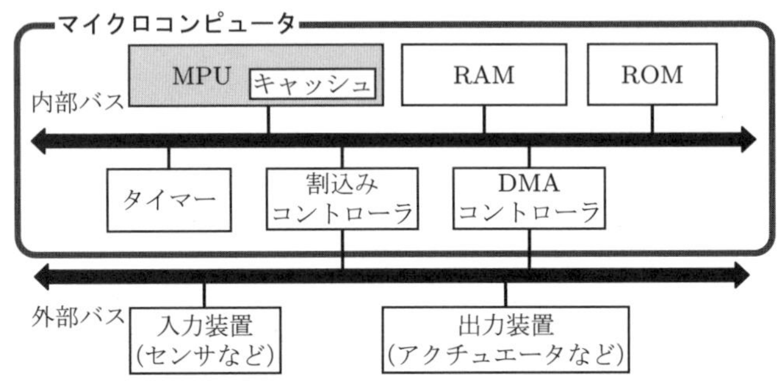

図 2.5　マイクロコンピュータの構成部品

2.3.1 ROM

ROM (read only memory) は読み込み専用の記憶装置であり，電源を切ってもデータが消えないメモリが用いられている▼1．ROM のなかでも，製造時にデータを書き込み，データを書き換えることができないものが**マスク ROM** であり，次の 2 種類がある．

- EPROM (erasable programmable ROM)：紫外線によりデータを消去でき，データを書き換えられる．
- EEPROM (electrically erasable programmable ROM)：電気的にデータを消去でき，バイト単位でデータを書き換えられる．

さらに，EEPROM を改良して，ブロック単位（数キロバイト程度）で書き換えできるようにしたものが**フラッシュメモリ** (flash memory)▼2である．

組込みシステムの構成要素として用いられるマイクロコンピュータの ROM には，基本的には変更の必要のない固定されたプログラムであるブートローダ▶▶3.2節，

▲1　不揮発性メモリ (nonvolatile memory) ともよばれる．
▲2　USB メモリや SD カードはフラッシュメモリの一種である．

ファームウェア▶▶3.1.5項，アプリケーションなどが保存される▼1.

2.3.2 RAM

RAM (random access memory) は，データを書き換えられる記憶装置であり，通常は電源を切ったら消えてしまうメモリ▼2が用いられている．代表的な種類が次の 2 つである．

- SRAM (static RAM)：低消費電力，高速，高価
- DRAM (dynamic RAM)：低速，安価，定期的にリフレッシュが必要

組込みシステムの場合，RAM には，計算途中の結果，画像や音声などの一時的に記憶しておくデータが格納される．

2.3.3 キャッシュ

一般に，演算に必要なデータを主メモリからレジスタに読み込むには時間がかかる．そこで，主メモリから一度読み込んだデータを，図 2.5 に示す MPU 内の**キャッシュ** (cache) とよばれる SRAM に記憶しておけば，再び利用するときに主メモリからではなく，キャッシュから読み込むことで，計算の高速化が図られる．必要なデータがキャッシュに存在しているときを**キャッシュヒット**といい，そうではないときを**キャッシュミス**という．キャッシュミスの場合は，必要とするデータを主メモリから読み込む．

ノイマン型の MPU のなかには，命令格納用のキャッシュとデータ格納用のキャッシュをもつものもあり，その場合，ハーバード型の利点を併せもつ．

2.3.4 DMA コントローラ

メモリと入出力装置の間でデータ転送を行う方式には，プログラムによる方式と **DMA** (direct memory access) 方式がある．プログラムによる方式は MPU のデータ転送用の命令を実行する方式で，特別なハードウェアを必要としない．一方，DMA 方式はデータ転送用のハードウェア（図 2.5 の **DMA コントローラ**）が，MPU とは独立に動作する．そのため，MPU は DMA コントローラによるデータ転送中でも MPU としての処理を進められる．ただし，データ転送中はバスが

▲1 汎用コンピュータの場合，BIOS▶▶3.2節 は ROM に格納されるが，OS やアプリケーションなどは RAM に格納される．

▲2 揮発性メモリ (volatile memory) ともよばれる．

DMA コントローラに占有されるため，MPU がバスを使うことはできない．

2.3.5　割込みコントローラ

マイクロコンピュータが通常処理の最中に，入力装置などからの通知によって，通常処理を中断し，通知の種類に応じた処理を行う動作を**割込み処理**という．割込みコントローラは，入力装置などからの割込み通知（**割込みイベント**▶▶3.4.4項）の許可，禁止，優先度の設定，受け付けた割込みイベントの MPU の割込み入力端子への入力を行っている．

2.3.6　内部バスと外部バス

マイクロコンピュータ内部や外部の要素どうしは**バス**とよばれる信号線の束によって命令コード，アドレス，データ，制御信号（読み出し・書き込み信号，要求・確認信号など）をやりとりする．

図 2.5 では，マイクロコンピュータ内の要素どうしが接続される内部バスとマイクロコンピュータと外部の周辺機器とが接続される外部バスとに分類した▼1．マイクロコンピュータによっては，MPU と主メモリを高速なバスで接続するものもある．

2.3.7　メモリマップ

MPU では，図 2.5 の ROM や RAM などの物理的記憶装置は，たとえば図 2.6

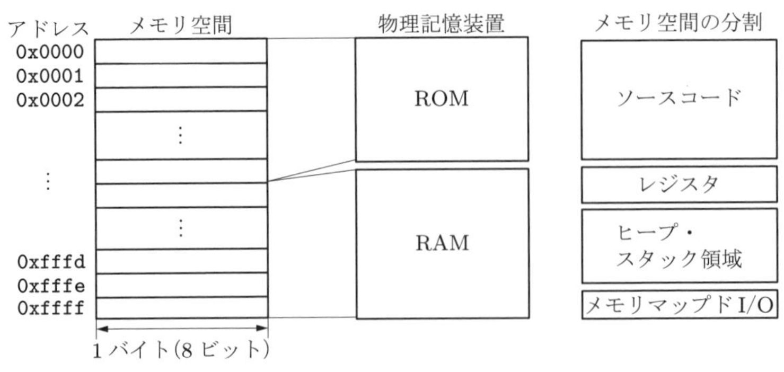

図 2.6　メモリマップ

▲1　バスには，MPU 内部のバスや，MPU と主メモリと入出力装置をすべて接続できるようにしたバスもある．

のような論理的なアドレスが割り当てられて管理されている．この論理的なアドレス割り当ては**メモリマップ** (memory map) とよばれる．

メモリマップによって構成された記憶領域は**メモリ空間**（または，アドレス空間）ともよばれ，いくつかの区画に分割され，プログラムやデータが格納される．

2.3.8 メモリと I/O 処理

MPU が周辺装置と入出力データをやりとりするための方式には，次の 2 つがある．

- **メモリマップド I/O**：図 2.6 の「メモリマップド I/O」へのデータの書き込みが周辺装置への出力に，データの読み込みが周辺装置からの入力に対応する方式である．通常の読み込みや書き込みなどのメモリ操作のための命令を使うことで，周辺装置に対する入出力操作が実現される．メモリ空間の一部を I/O 操作のために使用するため，ソースコードやヒープのための領域が狭くなるが，I/O 操作のための専用の命令は必要ない．
- **I/O マップド I/O**：周辺装置への入出力のための専用の I/O 命令と装置が用意されていて，通常のメモリ空間の命令とは区別する方式である．I/O 操作のためにメモリ空間の一部を占有する必要はないが，専用の命令のための回路が必要となる．

2.3.9 シリアルインタフェース

マイクロコンピュータと入出力装置でデータの送受信を行うときに用いられる方式の 1 つが**シリアルインタフェース**である．たとえば，USB，Bluetooth などがこの方式にあたる．

シリアルインタフェースでは，データは 1 ビットずつ順に送受信されるため，信号線が少なくて済み，長距離通信に対応している．シリアルインタフェースには，クロック信号に合わせて，データを送信する**同期式シリアル通信**と，スタートビットとストップビットをデータの前後に加えて送信する**非同期式シリアル通信**がある．

2.3.10 パラレルインタフェース

複数ビットからなるデータを送受信するのが**パラレルインタフェース**である．パラレルインタフェースは，距離が短いときの高速データ通信に適しており，SCSI（スカジー）

(small computer system interface) などがこの方式である．

2.4 入出力のための主な電子部品

2.4.1 スイッチ

スイッチは，外部の力を受けて，接点の接触/非接触によって回路の開閉や切り替えを行う部品である．外部の力によって接点が接触するのか，非接触となるのかの関係は接触仕様とよばれ，図 2.7 に示す **a 接点**と **b 接点**が代表的な種類である▼1．

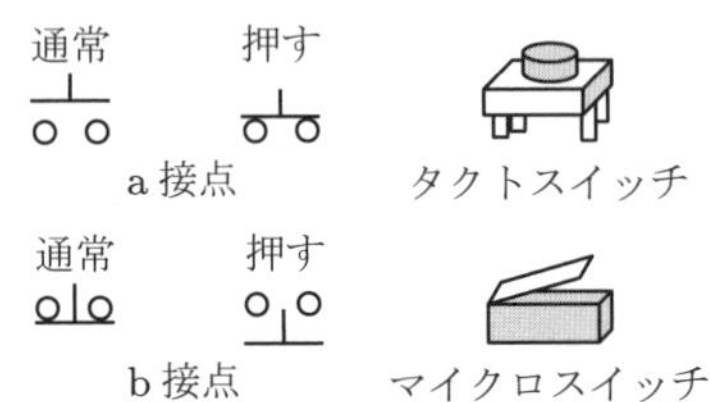

図 2.7　スイッチの種類

a 接点は，外部の力がない，すなわちスイッチ操作がないときに接点が離れた状態（OFF）で，外部から力を与えたときに接点が接触した状態（ON）になる▶▶4.5.2項．一方，b 接点は，外部の力がないときに ON で，外部から力を与えたときに OFF になる．

スイッチは，その用途から「設定」，「検出」に大別され，それぞれのために，図 2.7 のタクトスイッチとマイクロスイッチが用いられる．**タクトスイッチ**は人手による設定（入力）用（電源の ON/OFF，機能の選択など）▶▶6.3節に，**マイクロスイッチ**は物体の位置の検出用（ドアの位置，ふたの開閉など）▶▶9.5節に，それぞれ用いられる．

2.4.2 超音波距離センサ

超音波を使って，ある物体までの距離を非接触で計測するためのセンサが超音波距離センサである▶▶9.5.2項．

たとえば，図 2.8 に示す HC-SR04 の場合，4 本のピンがあり，このうち Trig（ピン）へパルス（10 マイクロ秒）を入力すると，超音波パルス（8 個の HIGH）が送信される．超音波パルスが対象物に当たって，反射パルスが返ってくるまでの時間

▲1　このほかに，回路の切り替えに用いられる c 接点がある．

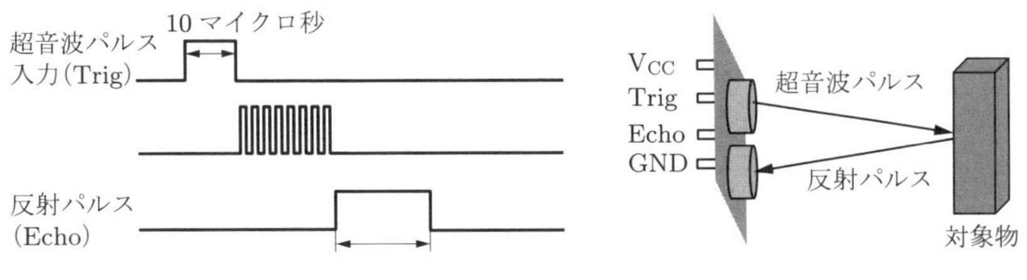

図 2.8 超音波距離センサ HC-SR04

を，Echo（ピン）への入力（HIGH の時間長 T_{HL}）をもとに計測すれば，対象物までの距離 L が次式で算出される．

$$L = \frac{T_{\mathrm{HL}}\,[\text{マイクロ秒}]}{2} \times 340\,[\mathrm{m}/\text{秒}] = 17T_{\mathrm{HL}} \times 10^{-2}\,[\mathrm{mm}] \qquad (2.2)$$

■ 2.4.3 光センサ

図 2.9(a) は，光が当たるほど抵抗値が小さくなる特性をもつ**光センサ**である．たとえば，CdS（硫化カドミウム）を使用した光センサの抵抗値は，センサに当たる光が暗いときには 1 MΩ，明るいときには 10〜20 kΩ になる▼1．光センサの利用法▶▶4.5.3項の 1 つは，閾値に当たる明るさを設定し，それよりも「明るい」あるいは「暗い」と大別することである．

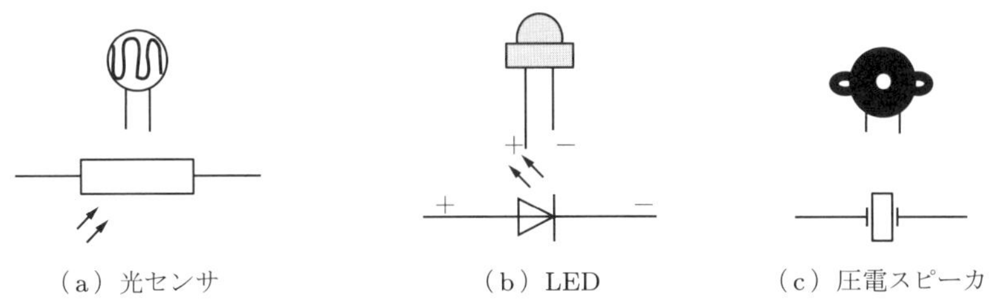

図 2.9 主な電子部品

■ 2.4.4 LED

図 2.9(b) は**発光ダイオード** (light emitting diode：LED) であり，+ 端子（長いほうのリード線）から − 端子への方向のみに電流を流すことができ，そのときに発光する▶▶4.5.2項．

▲1 直径 5 mm シリーズ CdS センサ MI1527 の場合である．

2.4.5　圧電スピーカ

図 2.9(c) の圧電スピーカ（サラウンダ）は，電圧がかかると変形する圧電振動板を利用して，たとえば 5 V と 0 V のように電圧を変化させることで，音を鳴らす電子部品である ▶▶6.2.1項．電圧の変化する速さに応じて音に違いが出る．

2.4.6　モータ

- DC モータ：乾電池などの直流電圧によって回転するモータであり，回転速度は電圧に比例する ▶▶4.6節．接続する際の電極 (+, −) を入れ替えると逆回転する．なお，Arduino と接続する場合，Arduino から電子回路へ流れる電流の大きさは，DC モータを回転させるのには不足しているため，モータを制御するための増幅回路が必要となる．
- **サーボモータ**：サーボモータは，PWM によって回転角度を指定できる ▶▶9.5節．たとえば，マイクロサーボモータ 9 g SG-90 の場合，図 2.10 に示すように PWM のサイクルは 20 ミリ秒（50 Hz）で，この間の HIGH の時間（0.5〜2.4 ミリ秒）に応じて，回転角度 −90〜+90° が定まる．

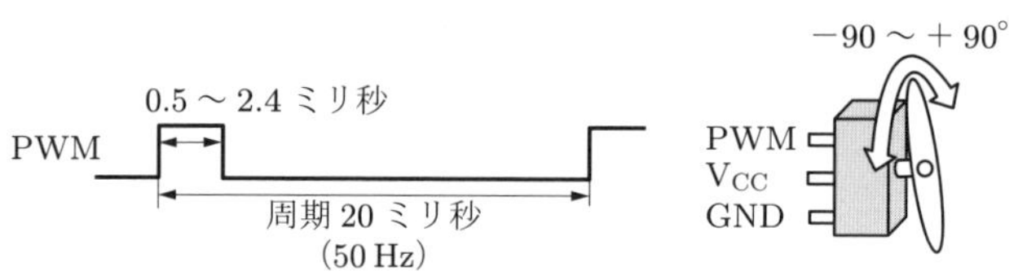

図 2.10　サーボモータ SG-90

2.4.7　抵抗器

抵抗器は，回路に流れる電流や回路の一部にかかる電圧を制限するために使用され，抵抗値は図 2.11 のように 4 本の帯の色（**カラーコード**）で表されている ▶▶4.6節, 6.5.1項．図 (a) のように，太い帯（金または銀）を右側とし，左端の帯から A, B, C, D としたとき，抵抗値 R は次式で求められる．なお，D は精度（誤差の割合）を表す．

$$R = (10 \times A + B) \times 10^C$$

たとえば，「橙橙茶」は，$(10 \times 3 + 3) \times 10^1 = 330[\Omega]$ である．また，10 kΩ は「茶黒橙」である $(10\,\mathrm{k} = 10 \times 10^3 = (10 \times 1 + 0) \times 10^3)$．

なお，回路図では抵抗器は単に図 2.11(b) のように描かれる．

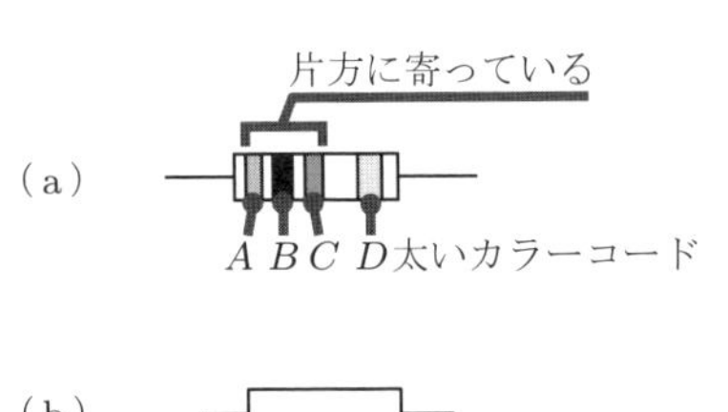

A, B, C		D	
黒	0	金	± 5 %
茶	1	銀	± 10 %
赤	2		
橙	3		
黄	4		
緑	5		
青	6		
紫	7		
灰	8		
白	9		

図 2.11　抵抗器（カラーコード）

参考　EPROM や EEPROM などのように書き換え可能なメモリであっても，「xxxROM」とよばれるのは，書き換え可能な RAM に比べて，書き換えがブロック単位に限られる，消去のための専用の装置が必要であるなどの書き換えに制限があるためである．

　また，メモリマップのうちで，書き込み禁止領域を ROM ともよぶこともある．

章末問題

2.1　Arduino に組み込まれている ATmega328P の特性と，MPU に求められる性能（2.1.2 項の①～⑥）との関係について調べよ．

2.2　パイプラインやキャッシュは，高速化のための機構であるが，期待どおりの性能が得られないこともある．その要因と対策をそれぞれ調べよ．

2.3　アクセス速度とメモリサイズの違いをもとに，各種メモリを上位のものほどアクセス速度が高速となるように，次のなかから図 2.12 の各空欄にあてはまるメモリを選べ．また，各メモリのアクセス速度を調べよ．

　補助記憶装置（例：USB メモリ），キャッシュ，主メモリ，レジスタ

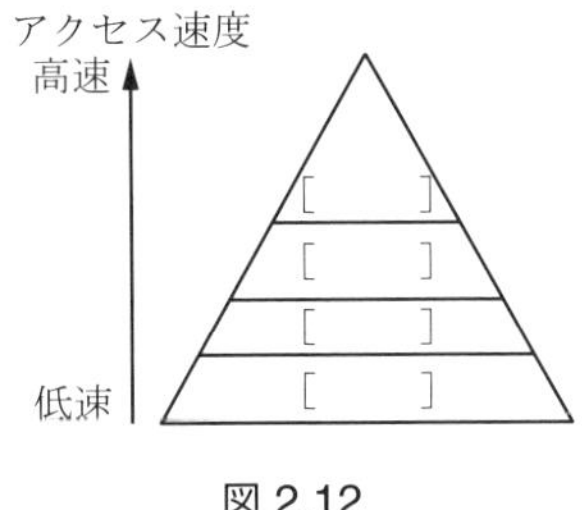

図 2.12

3 組込みシステムのソフトウェア

3.1 組込みソフトウェアの構成

■ 3.1.1 アプリケーションの基本動作

組込みシステムは，図 1.5 で示したように，リセットのあとで，入力（計測値の読み取り），処理（操作量の計算），出力（操作量の書き込み）を繰り返すことでサービスを提供する．この一連の動作を実現するためのプログラムを，図 3.1(a) の処理手順（フローチャート）に従って C 言語でコーディングした例が図 (b) である．

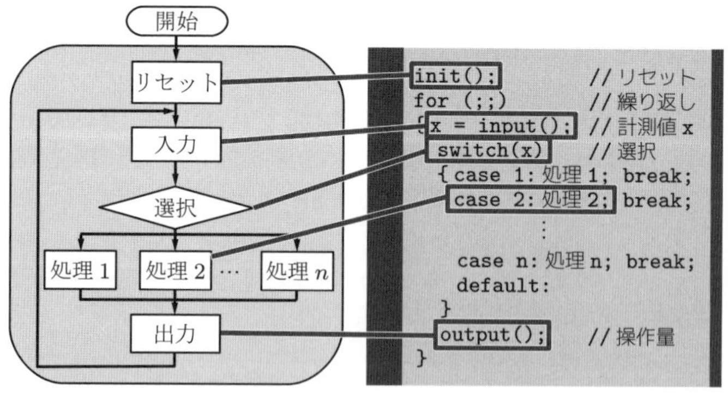

（a）基本動作のフローチャート　（b）C 言語による記述例

図 3.1 組込みシステムの基本動作のコーディング例（一部）

「リセット」，「入力（計測値の読み取り）」，「処理（操作量の算出）」，「出力（操作量の書き込み）」を，それぞれ関数 `init()`, `input()`, 処理 i, `output()` で実現している．

以下では，図 3.1 の処理手順に従って組込みシステムが提供すべきサービスを実現しているプログラムを**アプリケーション** (application) とよぶ．

3.1.2 デバイスドライバによるハードウェアの制御

図 3.1 における関数 `input()` や `output()` は，センサやアクチュエータなどのハードウェアと，計測値や操作量などのデータのやりとりをする．このハードウェアの制御は，図 3.2 に示すように，ハードウェアに固有な**デバイスドライバ** (device driver) とよばれるモジュール（ライブラリ）を経由して行われる．このデバイスドライバは，ハードウェアを制御するための **API** (application programming interface) を提供する．そのため，ハードウェアの仕組みや動作原理について詳しく理解していなくても，アプリケーションのなかでの API の利用法（呼び出し方）がわかっていればハードウェアを活用できる．

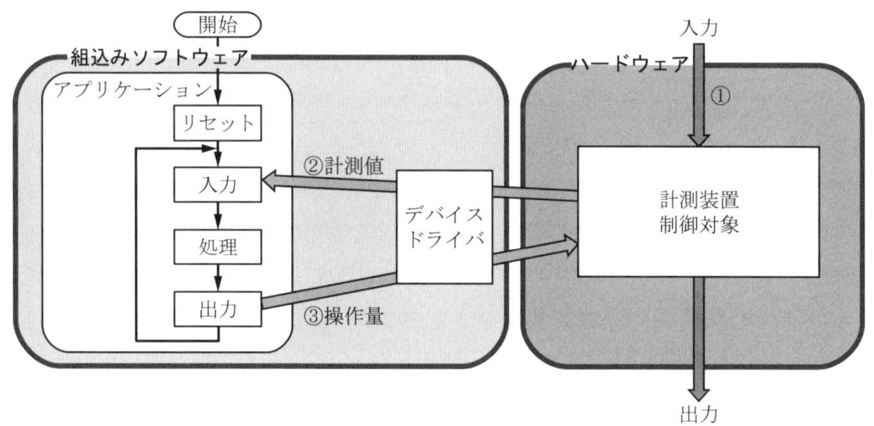

図 3.2 デバイスドライバの利用

3.1.3 デバイスドライバとマルチタスク

組込みシステムが提供すべきサービスが，単独のアプリケーションによって提供される場合，図 3.2 に示すデバイスドライバが活用される．

これに対して，複数個のアプリケーションが同時に動きながらそれぞれのサービスを提供する場合には，図 3.3 に示す**カーネル** (kernel) が用いられる．カーネルによって管理されるアプリケーションは，しばしば**タスク** (task) とよばれ，複数個のタスクの処理（実行）は**マルチタスク**とよばれる[▼1]．カーネルが実現する機能の 1 つがこのマルチタスクであり，このほかにはメモリ管理，デバイス管理などの機能を実現する．

▲1 図 3.2 の単独のアプリケーションの実行方式をシングルタスクとよぶこともある．

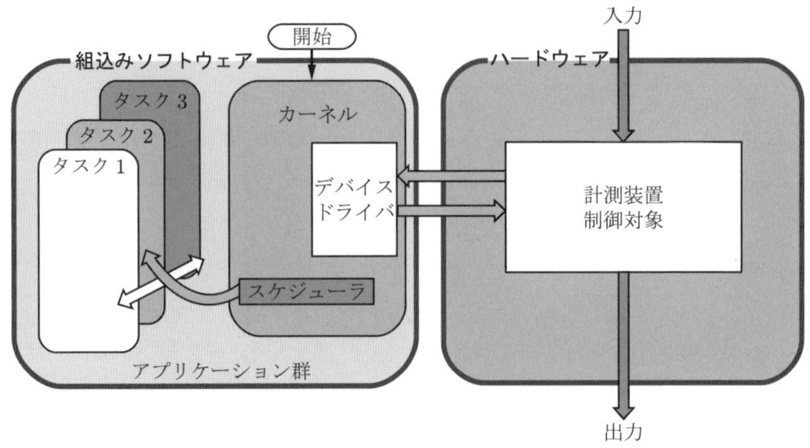

図 3.3　マルチタスク

■ 3.1.4　組込みソフトウェアの階層

アプリケーションがデバイスドライバを利用する図 3.2 の構成は，図 3.4(a) のようにソフトウェアの階層構造として表すことができる．もし，ハードウェアを変更したときは，デバイスドライバを新しいハードウェアに対応したものに変更することで，アプリケーションの大規模な変更をせずに利用できる．

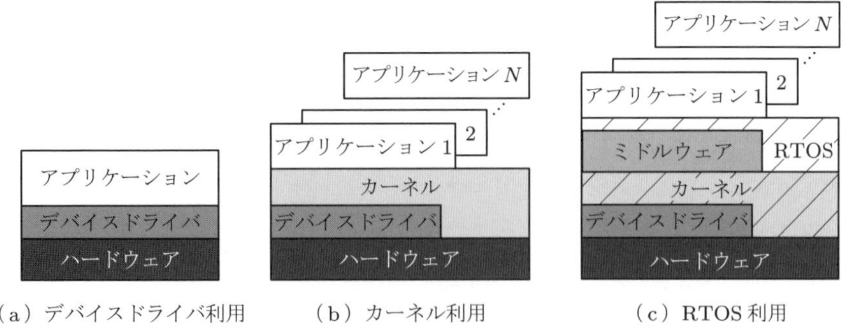

（a）デバイスドライバ利用　（b）カーネル利用　（c）RTOS 利用

図 3.4　組込みシステムのためのソフトウェアの階層構造

同様に，図 3.3 のカーネルによるマルチタスクの実現法は図 3.4(b) のように表される．カーネルのはたらきによって，ハードウェア（MPU, RAM など）が複数個のアプリケーションの間で共有される．カーネルはハードウェアに依存する部分もあるが，アプリケーションはハードウェアからは独立している．

たとえば，GUI，データベース，ファイル管理のように，高性能，高機能なサービスが求められる際には，**オペレーティングシステム** (operating system：**OS**) が利用される．OS の利用によって，図 (a)，(b) よりもアプリケーションはハードウェアからの独立性が高くなる．とくに，リアルタイム処理を実現するためには図 3.4(c) に示す**リアルタイムオペレーティングシステム** (real-time operating system：**RTOS**) が用いられる．RTOS では，リアルタイム処理を実現するために優先度に応じたタスクのスケジューリングが行われる．

なお，GUI，データベース，ウィンドウシステムなどを実現するためのサービスプログラムは**ミドルウェア** (middleware) とよばれる．

3.1.5 ファームウェア

ROM などに書き込まれ，プログラムの変更が頻繁には行われない制御ソフトウェアは**ファームウェア** (firmware) ともよばれる▼1．ファームウェアには，カーネルやデバイスドライバのほかに，ブートローダ▶▶3.2節などがある．

3.2 組込みシステムが立ち上がるまで

PC の場合，電源を入れたとき，ROM に書き込まれている **BIOS**(バイオス)(basic input/output system) が起動され，ハードウェア（内部装置および外部装置）のリセットのあとで，外部記憶装置（ハードディスクや CD-ROM など）から OS を読み込んでサービスが開始される．

これに対して，組込みシステムの場合，電源を入れたときやリセットボタンが押されたときなどには ROM に格納されているプログラム（**ブートローダ** (boot loader)，**スタートアップルーチン** (startup routine) ともよばれる）が起動し，ハードウェアのリセットのあとで，ROM に書き込まれているアプリケーションあるいはカーネルや OS が起動される．SD カードなどの外部記憶装置をもつ組込みシステムの場合には SD カードに格納されたアプリケーションなどが読み込まれることもある．これら一連の手順は次のようになる．

① 組込みシステムのリセット：電源を入れたとき，リセットボタンが押されたとき，ウォッチドッグタイマ▶▶7.3.3項のリセットが生じたときには，実行中のアプ

▲1 一般的なソフトウェアに比べてハードウェアを直接制御するための固定されたプログラムであることから，ファーム（堅い，固定した）ウェアとよばれている．

リケーションがあれば，それを中断して，あらかじめ指定されたアドレス[▼1]がプログラムカウンタにセットされる．

② ブートローダの起動：プログラムカウンタで指定されたアドレスを開始アドレスとするプログラム（ブートローダ）が実行され，組込みシステムのハードウェアやアプリケーション実行のために必要とされるリセット（各種レジスタの初期設定，スタック領域の確保など）が行われる．

③ アプリケーションの起動：ブートローダによって，アプリケーションあるいはカーネルや OS が起動し，組込みシステムとしてのサービスが開始される．

3.3 組込みソフトウェアの生成，転送

3.3.1 実行プログラムの生成

組込みソフトウェアは PC 上で編集，作成されたのち，MPU へアップロードされる．このとき，ユーザ（プログラマ）がプログラミング言語（たとえば，C 言語，Java，Arduino 言語）を使って書いたプログラムは**ソースプログラム** (source program) あるいは**ソースコード** (source code) とよばれる．

ソースコードのままでは，組込みシステムの MPU は実行できない．そのため，最初の段階として，図 3.5 に示す**コンパイラ** (compiler) によって，ソースコードを MPU の命令コードへ翻訳して，**オブジェクトモジュール** (object module) を生成する必要がある．オブジェクトモジュールは MPU の種類に依存した命令からなる 2 進法表記のバイナリファイルの機械語プログラムである．このとき，ソースコードは，図 3.6(b) のように，次に示すオブジェクトモジュールの各セクションに分割される．

● データセクション（.data セクション）：0 以外の初期値をもつ大域変数，0 以外

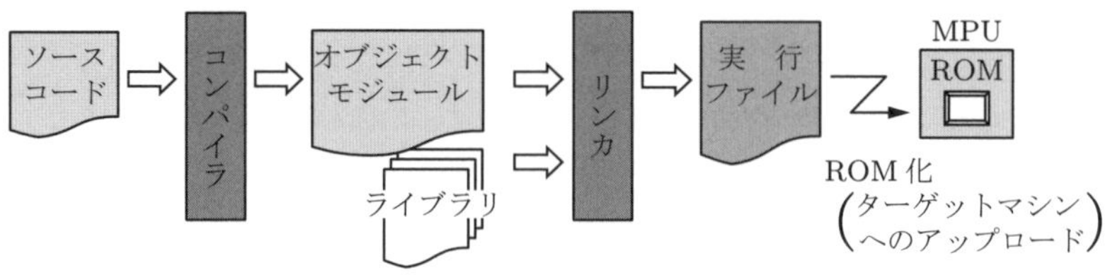

図 3.5　実行ファイルの生成過程

▲1　リセットベクタテーブルとよばれる領域にアドレスが格納されている．

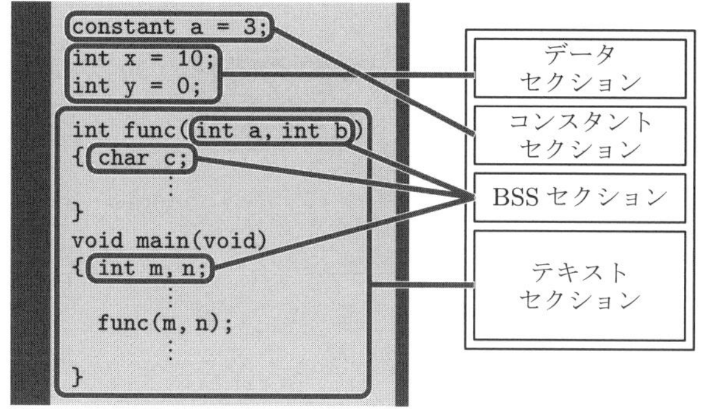

（a）ソースコード例　（b）オブジェクトモジュール

図 3.6　ソースコードとセクション単位との対応

の初期値をもつ静的局所変数（メモリの同じ場所に割り当てられる局所変数）

- コンスタントセクション（.rodata セクション）：文字列などの定数
- BSS セクション（.bss セクション）：初期値が 0 または指定されていない大域変数，初期値が 0 または指定されていない静的局所変数
- テキストセクション（.text セクション）：命令文の並び

もし，ソースコードに関数や変数のスペルミス，構文違反のコードなどの誤りが含まれている場合，コンパイラは**エラーメッセージ** (error message) を表示して，オブジェクトモジュールの生成は中断される．この場合，エラーメッセージで指定された行番号を中心にエラーの原因を特定してソースコードを修正しなければならない▼1．

次の段階として，**リンカ** (linker) が，ソースコードのなかで利用しているデバイスドライバなどのライブラリ（オブジェクトモジュール）の結合，転送先の MPU のメモリマップへの対応などを行うことによって，**実行ファイル** (executable file) が生成される．プログラム全体が複数のソースコードに分割されているアプリケーションの場合，各ソースコードが，セクションごとに結合される．すなわち，たとえば，ソースコード A のテキストセクションと，ソースコード B のテキストセクションとが結合されて 1 つのテキストセクションが構成される．

リンカの実行中に，ソースコードで使用している関数や変数の宣言，定義がないときには，エラーが発生する．この場合，関数名や変数名のスペルミスの有無を確

▲1　エラーメッセージに含まれる行番号は，エラーを特定したときに読み込んでいた行番号であり，エラーの原因はこの行も含めてファイルの先頭方向にある．

かめたり，未定義の関数を定義したりして対応するとよい．

実行ファイルが得られたらMPUへアップロードする．アップロード方法には，「ROMライタ」，「外部記憶装置」，「セルフプログラミング」による方法がある．次にこれらについて順に述べる．

3.3.2 ROMライタによる書き込み

PCで作成した実行ファイル（アプリケーション）を，図3.7のようにROMライタを使ってROMに書き込んでおき，そのROMを組込みシステムのシングルボードコンピュータ上に挿し込む方法である．

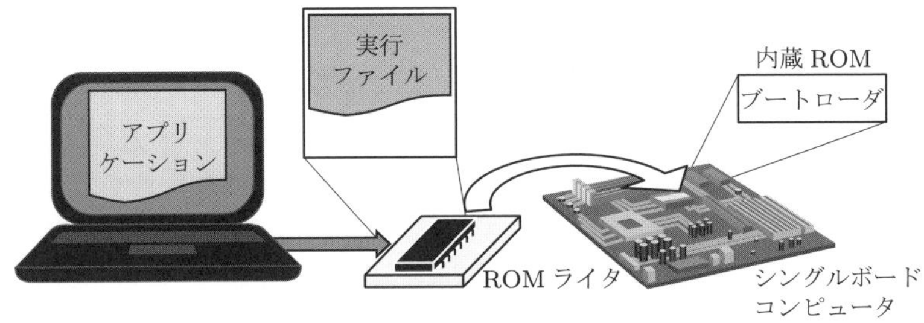

図3.7 ROMライタによる書き込み

組込みシステムの起動時やリセット時には，ブートローダによってROMに書き込まれたアプリケーションが実行される．

3.3.3 外部記憶装置からの転送

たとえば図3.8のように，外部記憶装置としてSDカードが利用できる場合には，

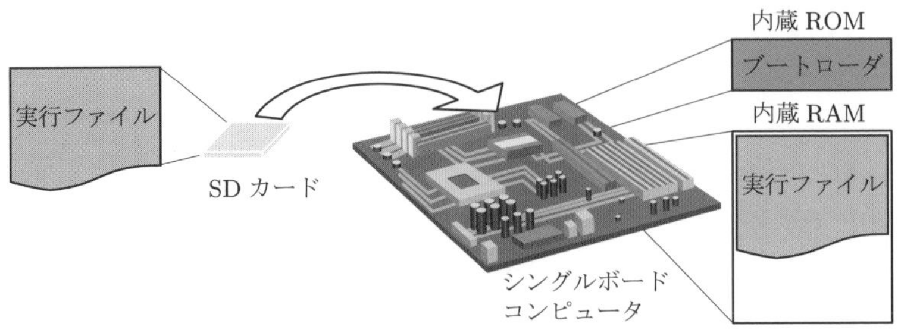

図3.8 外部記憶装置からの転送

PC 上で作成された実行ファイルを書き込み装置▼1を通じて SD カードに書き込んでおき，その SD カードを組込みシステムの読み取り装置に挿し込む方法がある．

組込みシステムの起動時やリセット時に，ブートローダが SD カード内のアプリケーションを RAM にコピーしたのち，アプリケーションを実行する．

3.3.4 Arduino のセルフプログラミング

Arduino の場合，図 3.9 のように，**セルフプログラミング**とよばれる方法により，PC で作成したアプリケーションを Arduino 内蔵のフラッシュメモリ (32 KB) ▶▶2.3節 に転送できる．

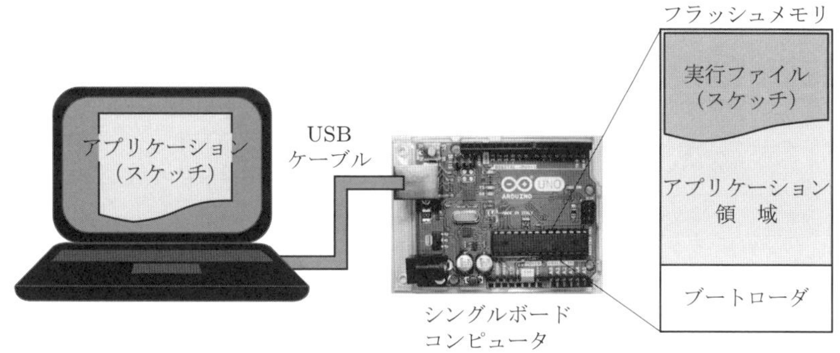

図 3.9 Arduino のセルフプログラミング

具体的には，次の手順による．

① PC 上の IDE ▶▶4.3.1項 のダウンロードのためのアイコンをクリックすると，Arduino へリセット信号が送られる．

② リセット信号を受け取った Arduino はブートローダを起動する．

③ ブートローダは，PC からアプリケーションが USB ポート経由で転送されるかどうかを監視し▼2，送られてきたアプリケーションをフラッシュメモリ上の既存のアプリケーションに上書きして書き込む．

④ フラッシュメモリへの書き込みが終了すると，書き込まれたアプリケーションの先頭アドレスから実行が開始される．

▲1 PC の SD カード専用ソケット，あるいは USB ポートに接続された SD カード読み書き装置を利用する．

▲2 リセットボタンを押したときのように，PC からの転送信号がない場合には，フラッシュメモリ上のアプリケーションの先頭アドレスから実行する．

3.4 組込みソフトウェアのメモリへの配置

3.4.1 プログラムの配置方法

たとえば，図 3.10(a) のソースコードは，MPU が**ノイマン型**アーキテクチャ▶▶2.2.1項の場合，図 (b) のように配置される．このような配置を**メモリマップ**という．

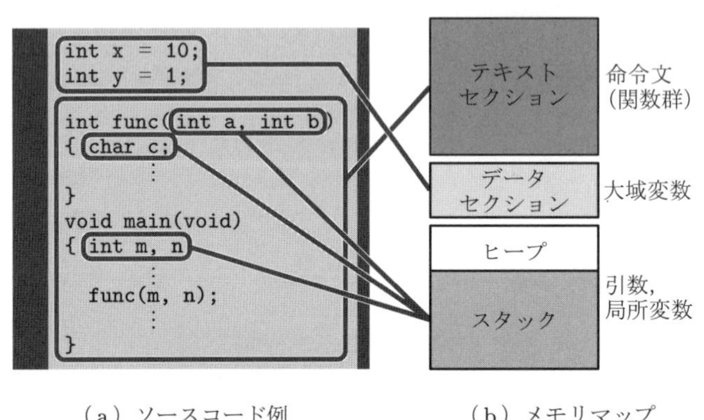

（a）ソースコード例　　（b）メモリマップ

図 3.10 プログラムのメモリマップ（ノイマン型）

ソースコードのうち，命令文（関数定義）は「テキストセクション」，大域変数は「データセクション」にそれぞれ配置される．関数の引数や局所変数はプログラムの実行時にスタック領域に配置されて，関数の呼び出しが終わると，領域は開放される．

一方，**ハーバード型**▶▶2.2.1項の場合（たとえば，Arduino の ATmega328P），図 3.10(a) のソースコードは，図 3.11 のように，プログラムとデータが分かれて配置される．

3.4.2 エンディアン

複数のバイトからなるデータを格納する順序のことを**エンディアン**という．たとえば，4 バイト（$4 \times 8 = 32$ ビット）の定数 `0xAABBCCDD` をメモリに格納するとき，次の 2 通りの方法が考えられる．

- **ビッグエンディアン** (big endian)：図 3.12(a) のように，最上位バイトである `AA` から順に格納する．
- **リトルエンディアン** (little endian)：図 3.12(b) のように，最下位バイトであ

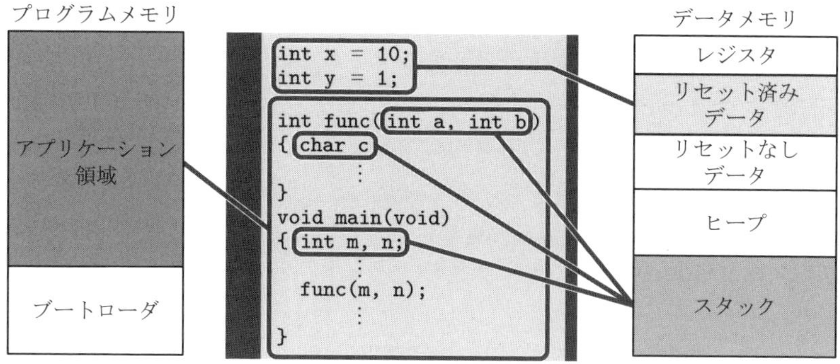

図 3.11 プログラムのメモリマップ（ハーバード型）

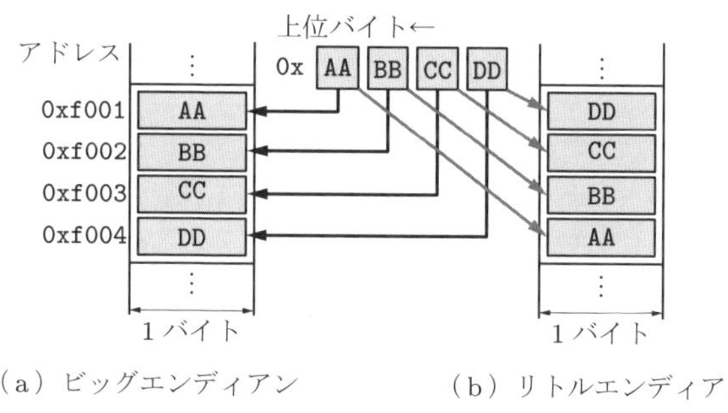

図 3.12 エンディアン

る DD から順に格納する．

MPU のメーカーごとに採用しているエンディアンの方式が異なるため，異なるメーカーの MPU にプログラムを移植する場合や，ネットワークでバイトデータをやりとりする場合には注意が必要である．

3.4.3 スタック領域

スタック (stack) はデータ構造の一種で，データは「後入れ先出し (last in first out：**LIFO**)」，すなわち，あとから格納されたデータほど先に取り出される方式[▼1]で管理される．スタックに対するデータの出し入れ操作は，**pop 命令**（取り出し）と **push 命令**（格納）によって行われる．メモリ空間のもとでは，データは，push 命令によって，高位アドレスから低位アドレスに向かって積み上げられる．このとき，直近に格納された一番上のデータの位置（アドレス）は，**スタックポインタ**

▲1 先入れ先出し (first in first out：FIFO) のデータ構造はキュー (queue) とよばれる．

(stack pointer：**SP**) で参照される．pop 命令が実行されるたびに，取り出されたデータの分だけ，SP の値（アドレス）が更新される．

図 3.10，3.11 のメモリマップのもとでは，スタックにはある一定サイズのメモリ領域（**スタック領域**）が割り当てられる．

プログラムの実行中に，関数呼び出しや割込み処理▶▶3.4.4項が行われるときには，その時点で行われていた計算は中断される．ここでは，関数呼び出しの場合について図 3.13 を用いて説明する．

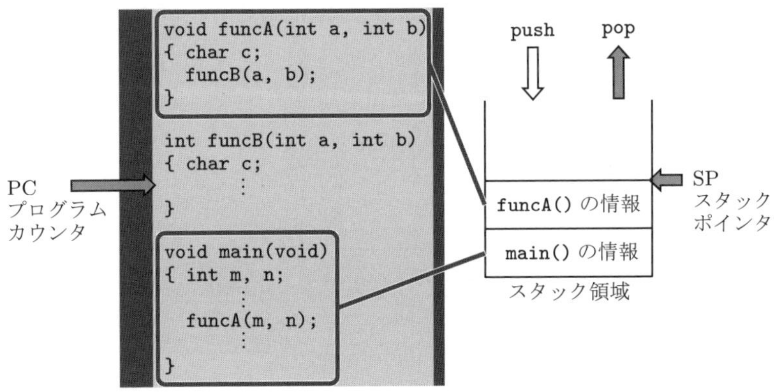

図 3.13　関数呼び出しとスタック

図 3.13 は main() の実行中に，funcA() が呼び出された場合である．funcA() が呼び出されると，それまで，main() で計算されていた状態（各種データ）は再開に備えて，push 命令によってスタック領域に保存される．このとき，保存されるのは関数を実行（再開）するのに必要なプログラムカウンタ（再開するときのアドレス），アキュムレータ，ステータスレジスタ，局所変数などの値であり，これらは**コンテキスト** (context) とよばれる▼1．次に，funcA() が実行されているなかで funcB() が呼び出されると，funcA() で計算されていた状態（各種データ）が push 命令によって保存される．そして，funcB() の処理が終わると，pop 命令によってスタック領域から「funcA() の情報（コンテキスト）」が取り出され，保存されたコンテキストが復元されて，funcA() の処理が再開される．さらに，funcA() の処理が終わると，pop 命令によって「main() の情報」が取り出され，main() の処理が再開される．

▲1　スタックに格納されることからスタックフレームともよばれる．

もし，関数呼び出しが繰り返されて，`push` 操作が多数回行われると，スタック領域を使い切ってしまう，すなわち，SP がスタック領域の最低位アドレスを超えてしまう▼1．このことを**スタックオーバーフロー** (stack overflow) という．

3.4.4 割込み処理

たとえば，スマートフォンを使って Web ページを読んでいる最中に，メールが届き，そのメールを読みはじめたら，今度は電話がかかってくることがあるかもしれない．このように，作業中（サービスを提供中）にほかの作業（サービス）が割り込んでくることは，スマートフォンに限らず，多くの組込みシステムでしばしば起こる．現在の作業を中断し，割り込んできた作業に取りかかり，それが終わってから中断していた作業が再開するための一連の処理は**割込み処理**とよばれ，割込み処理のきっかけにあたる「メールが届く」，「電話がかかる」などを**割込みイベント**とよぶ．そして，割込みによって実行される処理は**割込みルーチン**（**ハンドラ**）とよばれる．

組込みシステムは，MPU に備わっている割込み機構のほかに，割込みコントローラ▶▶2.3.5項を利用して割込み処理を実現する．このとき，MPU は割込みイベントを MPU の内部からのものと外部からのものに区別して処理している．

- 内部割込み：割込みを発生させる命令の実行による場合（**ソフトウェア割込み**）と，ゼロ除算やアドレスエラーといった命令の実行に失敗した場合（**例外割込み**）がある．
- 外部割込み：タイマや入出力装置などからの通知によるものである．とくに，電源異常時など，組込みシステムにとって緊急度の高い割込みは**ノンマスカブル割込み**として最優先で割込み処理される▼2．

たとえば，図 3.14 の関数 `main()` が実行中に割込みイベントが発生したときには，実行中のコンテキストが `push` 命令によってスタック領域に保存されるとともに，発生した割込みイベントの種類に応じて，割込みルーチンの先頭アドレスがプログラムカウンタの値となり，割込みルーチンが実行される．なお，割込みイベントの種類（番号）と，割込みルーチンとの対応は，MPU の**割込みベクタテーブル**に記録される．そして，割込みルーチンの実行が終わると，`pop` 命令によってスタック領域からコンテキストが取り出され，関数 `main()` の処理が再開される．

▲1 スタック領域は高位アドレスから低位アドレスに向かって使われる．
▲2 同時に複数のノンマスカブル割込みが発生した場合には，優先度などを考慮して選択される．

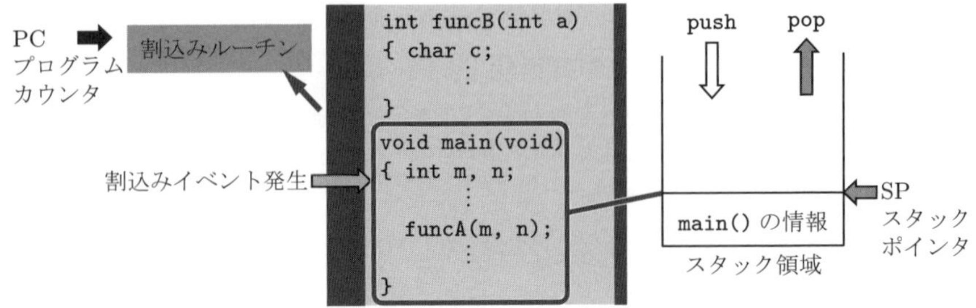

図 3.14　割込み処理とスタック

3.5 プログラムの状態

3.5.1 メモリの状態とプログラムの状態

一般には，プログラムのなかには複数の変数が使われている．それらの変数は，図 3.15 に示すようなメモリマップとなっている．プログラム中の代入文などの実行によって，これらの変数の値の一部が変化する．そのため，各変数にどんな値が代入されているのか，すなわち，メモリ上の各領域にどんな値が格納されているのかをプログラムの実行に合わせて観測すれば，プログラムの実行の様子を追跡（トレース）することができる．**プログラムの状態**をメモリに格納されている変数の値の集まりとみなすことは，プログラムの実行の効果を状態の遷移（変数の値の組が変化する）ととらえることに相当し，プログラムのデバッグ（誤り検出，修正作業など）において非常に大切なことである．

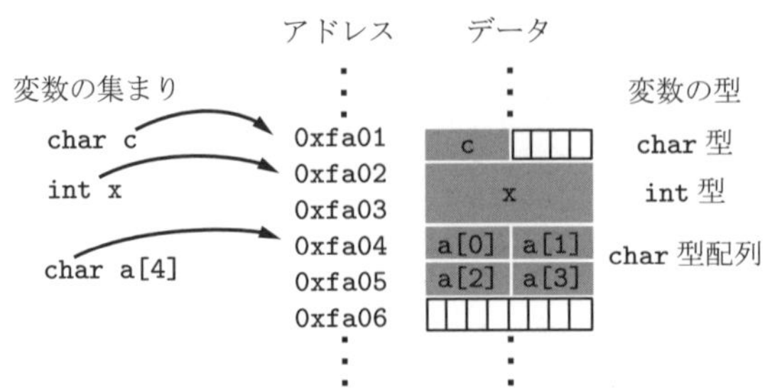

図 3.15　プログラムの変数とメモリマップ

3.5.2 プログラムの実行順序の制御

プログラムが**状態遷移**する様子を図 3.16 のように，状態を丸○で表し，状態が遷移する先を矢印→によって指し示し，矢印の上には入力されたデータを書くこと

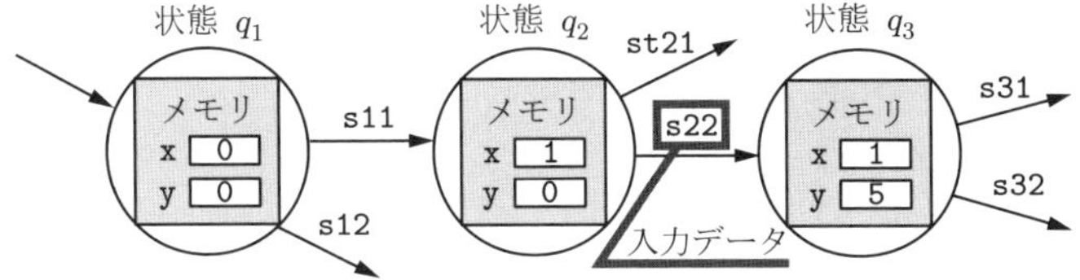

図 3.16 プログラムの状態と状態遷移

とする[▼1]．図では，状態 q_1 から 2 本の矢印が出ており，遷移する可能性が 2 つある．同様に，q_2，q_3 においても遷移先として複数個の候補がある．たとえば，状態 q_1 で x=0 かつ y=0 であったものが，入力された値などに応じて状態 q_2 に遷移したときには，x=1 かつ y=0 に変わる．このように，遷移先の状態を 1 つ選択することが，プログラムの**実行順序の制御**にあたる．

プログラムの実行順序の制御には，図 3.17 に示す 3 種類がある．

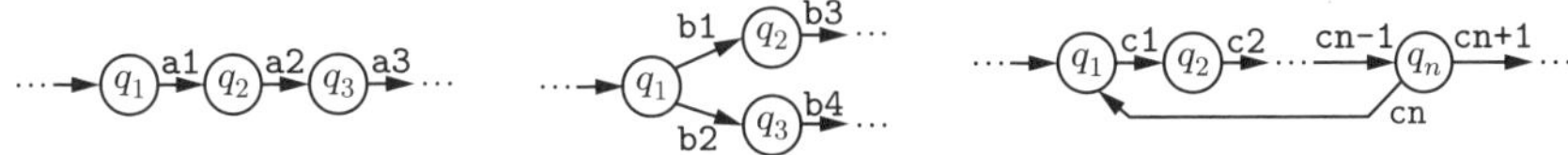

（a）逐次遷移（逐次処理）（b）分岐遷移（条件分岐）（c）繰り返し遷移（ループ処理）

図 3.17 状態遷移の種類

図 3.17(a) は，入力（a1, a2, a3）とともに状態が q_1 から順に $q_2, q_3, \cdots$ と順に遷移するもので，**逐次遷移**（逐次処理）とよばれる．図 (b) は，入力の種類（b1, b2）に応じて遷移先が q_2 あるいは q_3 のいずれか一方に定まる**分岐遷移**（条件分岐）である．このように，逐次処理では状態の遷移先が唯一であるのに対して，条件分岐では状態の遷移先が複数個ある．図 (c) は，状態 q_1 からの逐次遷移が状態 q_n のもとで入力 cn があれば，状態が再び q_1 に遷移し，q_1 からの逐次遷移が繰り返される**繰り返し遷移**（ループ処理）であり，繰り返しが終わるのは状態 q_n のときに cn+1 が入力されたときである．

3.5.3 ソースコードの設計

「プログラムの状態」の概念は，ソースコードのデバッグのために必要であるばかりでなく，ソースコードを作成するときにも重要である．詳細は第 II，III 部で述べるが，仕様を満たすモデルとして，図 3.16 のようなプログラムの状態遷移を表

▲1 このような図を状態遷移図▶▶5.3.1項とよぶ．

す図を描いておけば，状態を表現するための変数の種類や個数，状態遷移を実現するための実行文の種類などを決めるときの助けになる．

参考　3.5 節で述べた状態遷移は，入力に応じて遷移先が一意に定まるものであった．このようなふるまいをする対象システムは決定的システムとよばれる．すなわち，システムに与える入力が同じであれば，出力は同じである．

これに対して，対象システムによっては，遷移先が一意に定まらない場合もある．たとえば，状態 q のもとで入力が x であるとき，遷移先の状態が任意（ランダム）あるいは確率に従って q' あるいは q'' のいずれか一方が選択されるとき，非決定性遷移とよばれる．この場合，システムに与える入力が同じであっても，出力は毎回異なる．このようなふるまいをする対象システムは非決定的システムとよばれる．とくに，ある確率に従って遷移をするシステムは確率的システムとよばれる．

組込みシステムにおいても，複数の構成要素が同時に動作するときには非決定性遷移が生じることもある．

章末問題

3.1　GUI，データベース，ウィンドウシステム以外で，ミドルウェアとして使われているサービスプログラムの例をあげよ．また，RTOS として用いられている組込みシステム用オペレーティングシステムの例をあげよ．

3.2　次の命令を順に実行したときのスタック領域に保存されるデータの変化の様子を，図 3.14 のスタック領域の描き方と同様に描け．なお，初期状態ではスタックは空であるとする．ここで，`push(x)` はデータ `x` の保存，`pop()` はデータの取り出しを表す．

```
push(A),  push(B),  pop(),  pop()
```

3.3　データを格納するデータ構造の 1 つに「キュー」がある．これについて調べ，スタックとの違いについて述べよ．

4 Arduinoによるプログラミング実習

4.1 Arduino のハードウェアとソフトウェア

4.1.1 Arduino のハードウェア

Arduino のハードウェア（シングルボードコンピュータ）には複数の種類があり，本書で取りあげるのは図 4.1 の「UNO」である．

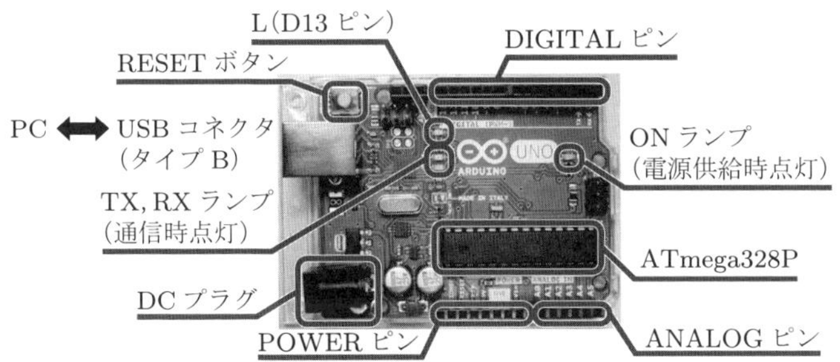

図 4.1　Arduino UNO (R3)

Arduino UNO のハードウェアとしての仕様を次に示す．

- 型番：Arduino UNO (R3)
- DC プラグ：推奨 7～12 V（制限電圧 6～20 V）．DC プラグに AC アダプタなどを接続することにより起動電圧が供給される▶4.5.1項．
- **DIGITAL ピン**：0～13 までの 14 個のピンに電子回路からの導線（ジャンパ線）でつなぐことでディジタル信号を入出力できる．本書では D0～D13 と記す．
- **ANALOG ピン**：A0～A5 の 6 個の端子にはアナログ信号を入力できる．なお，A0～A5 はディジタル信号用の D14～D19 として用いることもできる．
- POWER ピン：電子回路に 5 V または 3.3 V を供給するための端子やゼロ電位のための端子 (GND（グランド）) がある．このほかに，Arduino へ起動電圧を供給するための Vin がある．

- LED：4 種類の LED が装着済みである．
  - ・ON ランプ：DC プラグなどから電源が供給されているときに点灯（緑色）
  - ・L：動作確認用に D13 に接続されている（オレンジ色）
  - ・TX，RX ランプ：USB コネクタを通じてデータの送受信時に点滅（オレンジ色）
- USB コネクタ（コネクタの形状はタイプ B）：USB ケーブルで PC と接続することにより，PC からプログラムのアップロードが可能となる．また，電源も供給される．
- RESET ボタン：アップロードしたプログラムを強制終了，リセット（再起動）するときに押す．

4.1.2 Arduino のソフトウェア

Arduino のソフトウェアには，図 4.2 に示すものがある．ユーザが Arduino 言語を用いて作成するのは**ソースファイル**あるいは**ソースコード**とよばれるプログラムである．このソースファイルと**ライブラリ** (library) をもとに，**コンパイラ**[▼1]が**実行ファイル**を生成する（この操作をコンパイルという）．ライブラリは周辺装置を制御するなどの機能を実現するプログラム群であり，インターネットなどからダウンロードすることで追加できる．実行ファイルは Arduino に**アップロード**されたのち実行される．ソースファイルの編集，コンパイル，アップロードといった一連の作業は，図 1.9 の PC 上の Arduino 開発環境 IDE▶▶4.3節 のもとですべて行える．

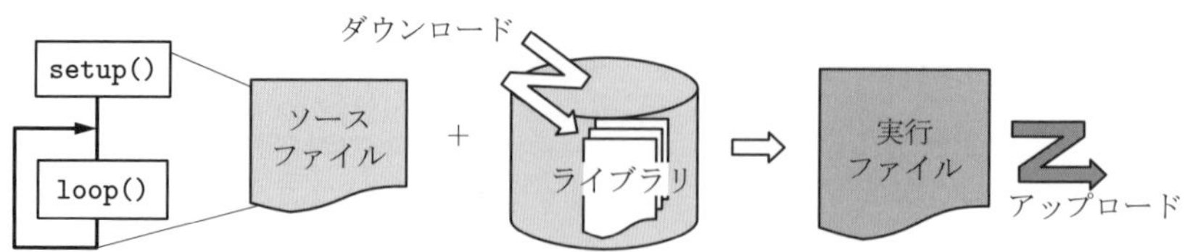

図 4.2　Arduino のソフトウェア

▲1　ソースファイルを特定の MPU の命令群からなる実行ファイルに変換（翻訳）するアプリケーションである．

4.2 Arduino プログラムの構造

4.2.1 スケッチ

図 4.3 は，Arduino の IDE にあらかじめ含まれている例題「Blink」▶▶4.3.1項 をもとにして作成した「LED L の点灯/消灯を繰り返す」プログラムの例である．

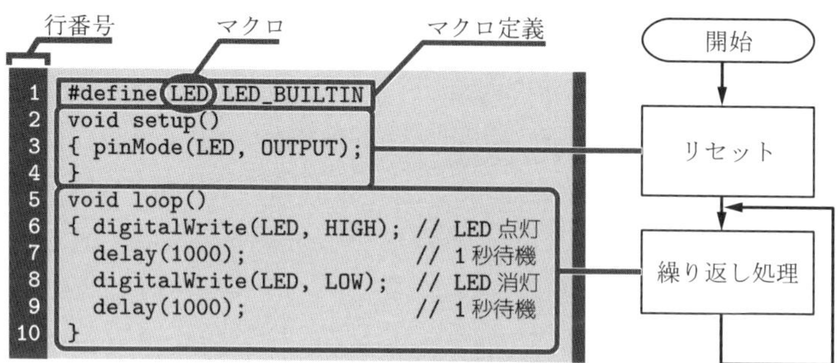

図 4.3 サンプルプログラム `Blink.ino`（修正版）：LED の点滅

Arduino のマニュアルのなかでは，プログラムのことをスケッチ (sketch) とよんでいる．そのため，処理系 (IDE) のメッセージや Web ページのなかではスケッチという用語が現れるが，本書では前章までと同様に「プログラム」を用いる．なお，プログラム名は `Blink.ino` のように拡張子を《`ino`》とする．

4.2.2 マクロ定義

Arduino プログラムでは，2 つの関数 `setup()` と `loop()` に加えて，マクロ定義や大域変数の宣言，自作の関数定義などを必要に応じて記述する．

図 4.3 のプログラムの 1 行目は，**マクロ定義**とよばれる構文であり，

```
1 #define LED LED_BUILTIN
```

は，「LED（マクロ）は `LED_BUILTIN` を表す」ことを定めている．コンパイルの際には，プログラム中に現れている `LED` が `LED_BUILTIN` に置き換えられる▼1．たとえば，図 4.3 の 3 行目は，`pinMode(LED_BUILTIN, OUTPUT);` となる．実は，`LED_BUILTIN` と `OUTPUT` もマクロである▼2．同様に，6, 8 行目も置換される．マクロ定義の一般的な構文は次のとおりであり，`macro` が `str` に置き換えられる．

▲1 この処理は前処理（プリプロセッシング）とよばれ，こののちに実行ファイルの生成が行われる．
▲2 `LED_BUILTIN` はボード上の LED L のピン番号 13 を表すマクロである（詳細は本章の「参考」）．

```
1 #define macro str
```

図4.3のプログラムで，ピン番号を指定するのにマクロ定義を用いるのは，たとえば，D10を使う場合には，1行目のLED_BUILTINを10に変更すればよく，3, 6, 8行目は変更しなくて済むからである．本章ではマクロ定義を使ったプログラムの記述例を示すが，ピン番号のような定数をconst宣言の大域変数の値として記述する実装法もある．この方法については第6章で述べる．

4.2.3 ライブラリ関数

図4.3のなかの関数setup()，loop()はプログラムに必ず含めておくべき関数であり，pinMode()，digitalWrite()，delay()はディジタル入出力などのためのライブラリ関数である．このほかのライブラリ関数については，次節以降で取りあげる．

関数setup()は図4.3のフローチャートのように一度だけ実行されるため，主としてピン番号の入出力指定などの初期設定を記述する．この例では3行目のpinMode(LED, OUTPUT)によって，LED (D13)を出力とすることが設定されている．このD13には，LED Lがすでに接続されている▶▶4.1.1項．

関数loop()は，図4.3のフローチャートのように終了することなく繰り返し実行される[1]．そのため，電源が切られたり，リセットされたりするまで，いつまでも繰り返したい処理をこの関数のなかに記述する．6〜9行目の次の4つの文が繰り返し実行される．

```
6 digitalWrite(LED, HIGH);
7 delay(1000);
8 digitalWrite(LED, LOW);
9 delay(1000);
```

ここで，delay(1000)の引数の単位はミリ秒であり，1秒（1000ミリ秒）間プログラムを停止させたあとで，この関数は完了する．そのため，digitalWrite(LED, HIGH)とdelay(1000)によって，図4.4に示すようにD13へHIGHを出力した効果が1秒間継続される．この結果，LEDが1秒間だけ点灯する．次に，digitalWrite(LED, LOW)とdelay(1000)によって，LEDの消灯が1秒間続く．これらの一連の実行の繰り返しにより，LEDが1秒間隔で点滅する．

▲1 for文やwhile文がなくても関数loop()の本体は繰り返される．

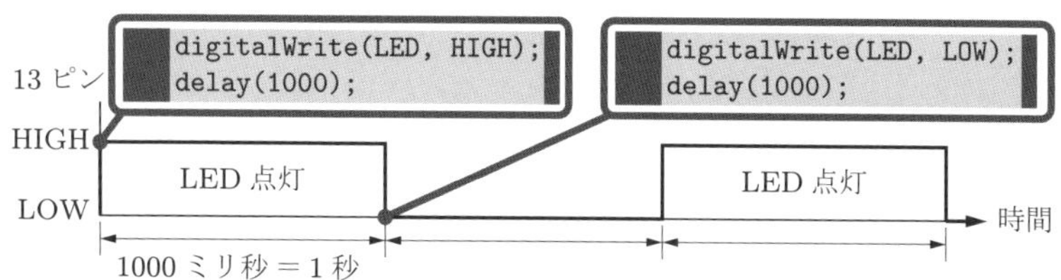

図 4.4　ディジタル出力による LED の点滅

4.3　Arduino の開発環境

4.3.1　統合開発環境 IDE

Arduino の統合開発環境 IDE を起動すると，図 4.5 のウィンドウが表示される▼1.

開発環境では［ファイル］,［編集］,［スケッチ］といったプルダウンメニューごとにさまざまな項目（コマンド）が用意されている.［ボードを選択］の▼をクリッ

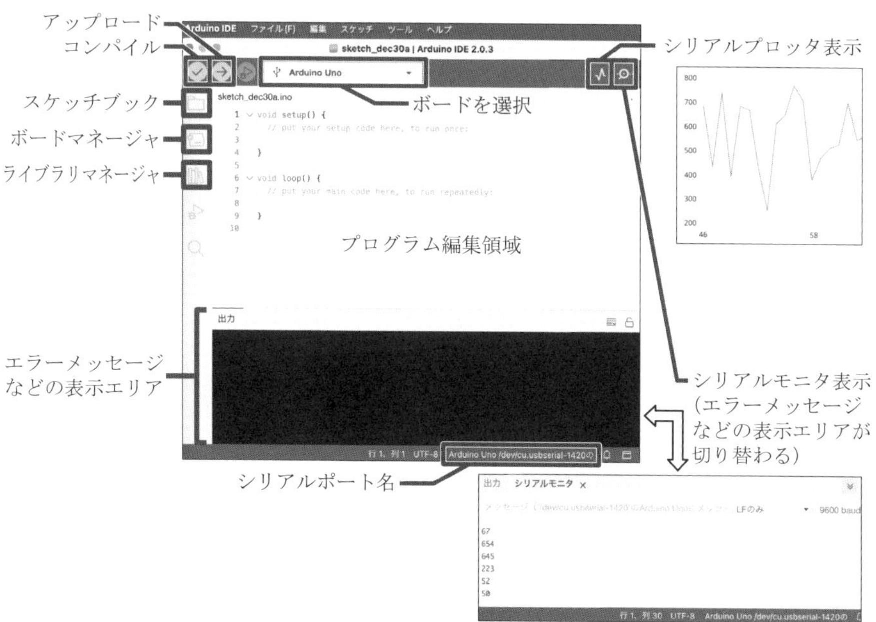

図 4.5　IDE のオープニング画面

▲1　macOS 用の Arduino Ver.2.0.3 の日本語メニュー対応版の画面例である．なお，インストール方法などについては，付録 A.1 節を参照してほしい.

クし，［他のボードとポートを選択...］からボードとして Arduino UNO を，ポートとして PC の USB ポート名をそれぞれ選ぶ．なお，シリアルプロッタとシリアルモニタは，PC と Arduino がシリアルポートを通じてやりとりするデータを確認するためのものである▶▶6.4節．

まずは，図 4.3 のサンプルプログラムを実行してみよう．

例 4.1　Arduino のサンプルプログラム

準備として，Arduino の USB コネクタと，PC の USB ポートをケーブルで接続する．これにより，Arduino の ON ランプが点灯する．次の手順①〜④によりサンプルプログラムを実行する．

① 編集：IDE のメニューの［ファイル］→［New Sketch］を選択し，図 4.3 のサンプルプログラム `Blink.ino` をプログラムの編集領域にタイプする．

② 保存：［ファイル］→［名前を付けて保存］を選び，ファイルを適当なフォルダ（ディレクトリ）に保存する．

③ コンパイル：アイコンをクリックして実行ファイルに変換する．

④ アップロード：アイコンをクリックして Arduino にアップロードする．転送中は，Arduino の TX，RX ランプが点滅する．そして，転送に成功すると Arduino 上の LED L が 1 秒間隔で点滅する．図 4.3 のフローチャートで示されているように，自動的に終了することなくいつまでも点滅が繰り返される．

さらに，①でプログラム中の定数 `1000` を `500` や `2000` などに変え，②〜④を繰り返せば，点滅間隔を変更できる．■

4.3.2 プログラムの編集，コンパイル，アップロード

プログラムのコーディングから実行までの手順は図 4.6 の①〜④である．これらの詳細について述べる．

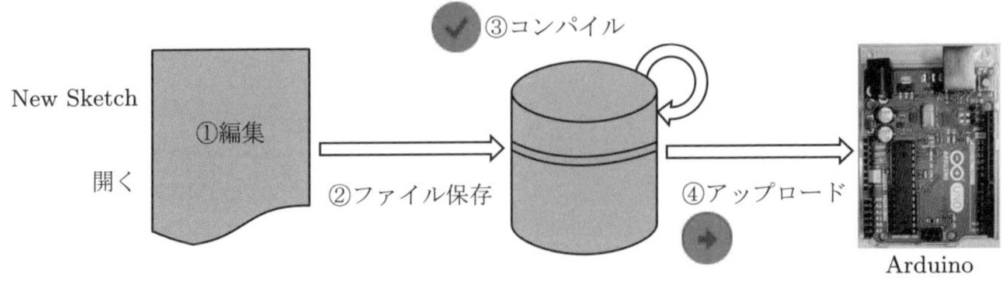

図 4.6 プログラムの編集，コンパイル，アップロード

① 編集：プログラムは図 4.5 のプログラム編集領域に入力する．もし，すでに作成したファイルに修正を加えたいときには，［ファイル］→［開く...］を選択してファイル名を指定する．新しくプログラムを作りはじめるときには，［ファイル］→［New Sketch］を選択する．

② 保存：プログラムの作成途中でも，できるだけ頻繁に，［ファイル］→［保存］を選択してプログラムをハードディスクに保存すべきである．これは，編集時に何らかの不具合によって，プログラムを保存できずに IDE が強制終了，あるいは PC 本体の強制終了の必要が生じたときに備えての操作である．なお，この方法ではファイル名は変更されず，上書き保存される．もし，既存のプログラムとは別のプログラムとして保存したければ，［ファイル］→［名前を付けて保存］を選択して新しいファイル名（拡張子を ino として，たとえば xyz.ino）を入力する．

③ コンパイル：プログラムの編集が終わり，ファイルを保存したあとは，図 4.5 の［コンパイル］のアイコンをクリックする▼1．もし，プログラムに文法エラーなどの誤りがあれば，図 4.7(a) のようなエラーメッセージが表示され，エラーが発生した付近にカーソルが移動する．コンパイラは，カーソル位置までのコードを読み込み，エラーを発見したので，修正すべき箇所はカーソル位置よりもファイルの先頭方向のコードである．そのため，カーソル位置の行を含めたそれより上の行で集中的に原因を調べるとよい．

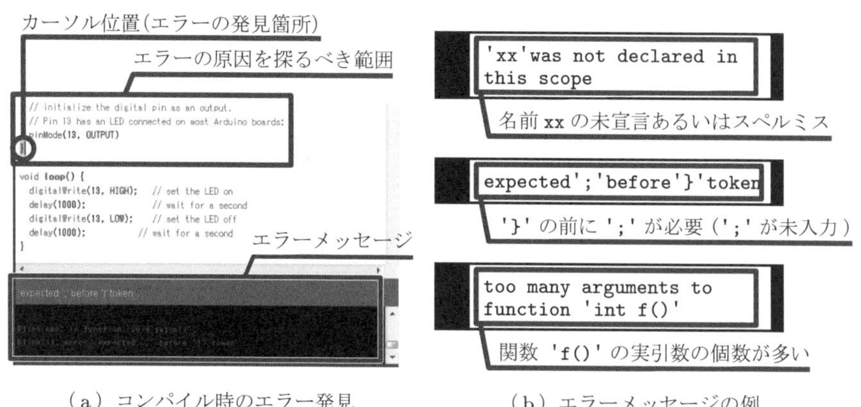

（a）コンパイル時のエラー発見　　（b）エラーメッセージの例

図 4.7 コンパイルエラー

▲1 IDE のなかでは「検証 (verify)」とよばれている．

- **コンパイルエラーの原因例**
  - ・変数を宣言せずに，代入文などで使用している．
  - ・文末にセミコロン；が付いていない．
  - ・括弧の対応がとれていない．たとえば，）や}が不足している．
  - ・たとえば，`digitalRead`を`digitRead`のように，スペルミスをしている．
  - ・0（ゼロ）とO（オー），1（いち）とl（エル），;（コンマ）と.（ピリオド），などの入力ミスをしている．
  - ・ボードの選択が間違っている（Arduino UNOを選ぶ）．

④ アップロード：プログラムのコンパイルに成功したら［アップロード］のアイコン▼1をクリックし，コンパイル後のプログラムをArduinoにアップロードする．

- **アップロード時のエラーの対応策**
  - ・PCとArduinoがUSBケーブルで接続されているかどうかを確認する．
  - ・シリアルポートが正しく指定されているかどうかを確認する．複数のUSBポートをもつPCでは，USBケーブルが接続されているポートが正しく選ばれていない場合，アップロードに失敗する．図4.5の［ボードを選択］の▼をクリックし，［他のボードとポートを選択...］を選び，ポート名の選択肢▼2を変える．
  - ・電子回路との配線が正しいかどうかを確認する．ArduinoのD0とD1にはそれぞれTXとRXの役目（通信用）もあり，これらのピンにケーブルが挿してある場合，アップロードに失敗することがある．その場合には，D0とD1は使わずに，ほかのピンを使うように変更する．
  - ・TX（あるいはRX）が点滅し続ける場合には，一度，USBケーブルを抜いて，挿し直してみる．

4.4 データ構造

4.4.1 Arduinoの主なデータ型

Arduinoプログラムのなかで用いられる主なデータ型を述べる．なお，データ型

▲1 IDEでは［書き込み］と表記される．

▲2 Windowsでは`COM1`, `COM2`などで，macOSでは`/dev/cu.usbserial-1420`などである．

の具体的な値が**定数** (constant) にあたる.

- boolean（真理値）：true（真）または false（偽）が値（定数）である．また，int 型の定数を真理値とみなすこともある．この場合，「0」は false，「0以外」の int 型の定数（$1, -1, 27$ など）はすべて true とみなされる.
- int，long，byte（整数）：int，long，byte はすべて整数を表すデータ型であるが，それぞれ 2, 4, 1 バイトで整数を表すため，表 4.1 のように表現できる範囲が異なる．さらに，int と long については符号なしのデータ型として，それぞれ unsigned int と unsigned long も用意されており，表現できる範囲は非負整数（0 以上）である．int 型の定数の表し方は複数通りあり，たとえば，10 進法の 10 は表 4.2 のように表すことができる▶▶付録C.2節．このうち，8 進法による表記では先頭が 0 なので注意が必要である.

表 4.1　整数のデータ型

データ型	表現できる範囲	バイト数
int	$-32768\ (= 2^{15})\sim 32767\ (= 2^{15} - 1)$	2
long	$-2147483648\ (= 2^{31})\sim 2147483647\ (= 2^{31} - 1)$	4
byte	$0\sim 255\ (= 2^{8} - 1)$	1
unsigned int	$0\sim 65535\ (= 2^{16} - 1)$	2
unsigned long	$0\sim 4294967295\ (= 2^{32} - 1)$	4

表 4.2　10 進法の 10 の n 進法での記述

n 進法	記述	一般的な記述の仕方
2 進法	B1010	B のあとに 0, 1 の 2 種類の記号を続ける.
8 進法	012	0 のあとに 0〜8 の 8 種類の記号を続ける.
16 進法	0xA	0x のあとに 0〜9, A〜F の 16 種類の記号を続ける.

- float（実数）：4 バイトを用いた浮動小数点数で表現されており，$-3.4\times 10^{38}\sim 3.4\times 10^{38}$ を値とする．たとえば，0.3141 は，0.03141×10^{1}，314.1×10^{-3} のように何通りにも表現できる．そこで，[−]m.ddddE[±]xx の形式によって表すのが浮動小数点数表現である．ここで，m は仮数部 1〜9 である．これに従えば，0.3141 は 3.141E-1 と表される.
- char（文字）：たとえば，'a'，'0'，'@' のように，シングルクォーテーションで文字（数字，英字など）を囲んで表す．この char は 1 バイトで表現された文字定数であり，各文字定数には ASCII（アスキー）コードによって 0〜127 が割り当てられている．たとえば，'0'，'9'，'A'，'a' は，それぞれ 48, 57, 65, 97 で

ある．そのため，'9'+'0'(=9) や'a'-'A'(=32) などの計算が行える．

- String（文字列）：文字列は，たとえば，"abc"，"08-0010"，"one two" のようにダブルクォーテーションで囲まれた複数の文字（数字，英字，空白など）である．文字列は，char 型の配列，あるいは String 型▼1として用いられる．String 型として用いた場合，文字列の結合などの演算が char 型の配列に比べて容易に記述できる▶▶付録B．

4.4.2 Arduino の定数

- true，false：真理値の「真」と「偽」を表す boolean 型の変数である．
- HIGH，LOW：ディジタル入出力用のピンの電圧値に応じた状態で，表 4.3 のようになる．

表 4.3 ディジタル入出力

状態	ディジタル入力 [V]	ディジタル出力 [V]
HIGH	3 以上	5
LOW	2 以下	0

- INPUT，OUTPUT：ディジタル入出力用ピンを指定する関数 pinMode() の引数として，入力ピンとして利用するときには INPUT を，出力ピンとして利用するときには OUTPUT を，それぞれ用いる．
- LED_BUILTIN：シングルボードコンピュータ上の LED L のピン番号であり，Arduino UNO の場合には 13 にあたる．

4.4.3 配　列

構造をもつデータ型の 1 つに**配列** (array) がある．配列は，同じ種類の複数のデータをひとまとまりにし，そのまとまりに名前（配列名）を付け，1 つ 1 つのデータを 0 からはじまる添字で区別したものである．a を 4 個の要素からなる配列の名前としたとき，各要素は a[0]，a[1]，a[2]，a[3] となる．このように，1 つの添字で要素が区別できる配列を 1 次元配列という．

さらに，2 つの添字を用いて要素を区別する配列は 2 次元配列という．たとえば，b[0][0]，b[0][1]，[1][0] というように添字が用いられる．

▲1 String は，厳密には（Java や C++ でいうところの）クラス (class) にあたる．

4.5 Arduino と電子回路の接続

4.5.1 Arduino への起動電圧の供給

Arduino によって電子回路を制御するには，Arduino と電子回路のそれぞれに起動電圧 (5 V) が必要である．

Arduino への起動電圧の供給法には図 4.8 に示す 3 つがある．

- PC と USB ケーブルで接続する（図 4.8(a)）．
- DC プラグに AC アダプタなどを接続する（図 4.8(b)）．
- 安定動作のためには Vin ピンと GND ピンに 7〜12 V 相当の乾電池などを接続する（図 4.8(c)）．

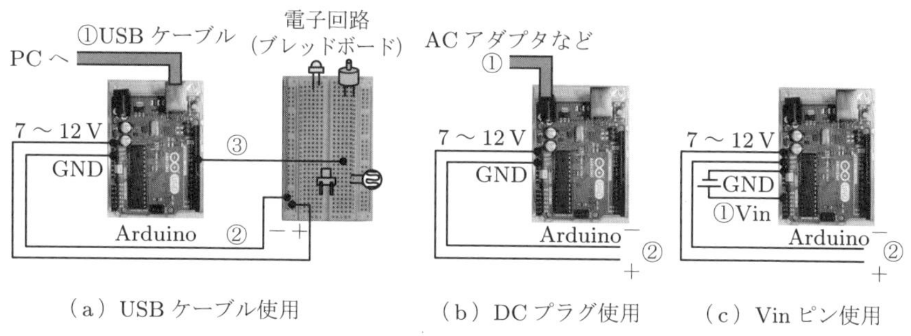

図 4.8 Arduino への電圧供給

一方，電子回路のための電源は，図 4.8 の②のように，Arduino の 5V ピンと GND ピンを，それぞれ電子回路の ＋ と － に接続する．

USB ケーブルでの接続は，Arduino と電子回路の間での入出力信号のやりとりのための接続であり，プログラムの動作確認が完了してしまえば，PC と Arduino を USB ケーブルで接続する必要はない．そこで，図 4.8(b)，(c) のように，Arduino の DC プラグあるいは Vin ピンに起動電圧を供給することで，PC を切り離して Arduino と電子回路だけで動かすことができる．

4.5.2 ディジタル入出力

Arduino と電子回路の間でディジタル信号のやりとりをするためのピンが，**DIGITAL ピン**（D0〜D13）である．たとえば，D10 を入力とし，D9 を出力とする場合には，次のようにする．

- 関数 setup() での入出力ピンの設定

```
pinMode(10, INPUT); // D10 を入力に設定
pinMode(9, OUTPUT); // D9 を出力に設定
```

- 関数 loop() での入出力ピンの利用

```
digitalRead(10);      // D10 から入力
digitalWrite(9, HIGH); // D9 へ HIGH の出力
```

DIGITAL ピンに入力された各種センサなどからの電圧が，3 V 以上であれば HIGH，そうでなければ LOW である．

たとえば，図 4.9 は，D10 に a 接点の**スイッチ** SW を接続した場合であり，SW の状態（ON/OFF）に応じて HIGH または LOW が変数 y に代入される．

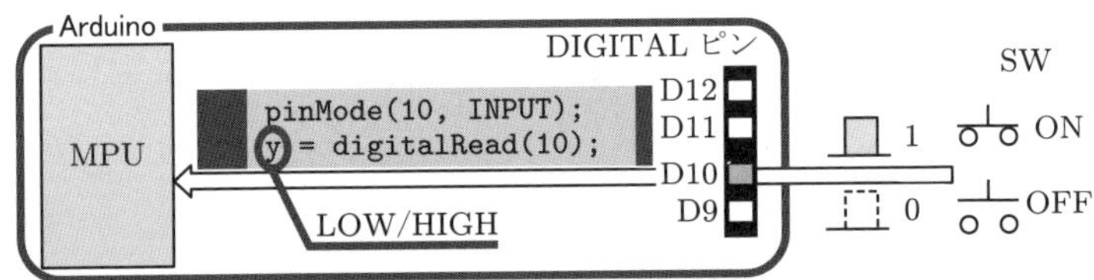

図 4.9　ディジタル入力の例

図 4.10 は，D9 に **LED** を接続して，HIGH の出力によって点灯させる場合である．

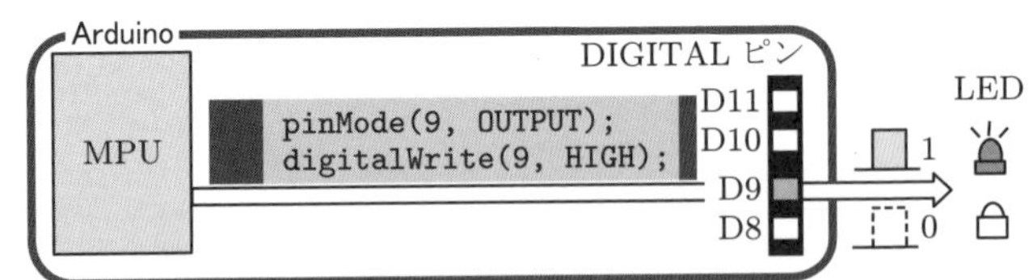

図 4.10　ディジタル出力の例

4.5.3 アナログ入出力

アナログ信号の入力は analogRead() と ANALOG ピン（A0〜A5）を通じて行われる．図 4.11 は A2 を利用しており，アナログ信号はセンサなどによって，0〜5 V の範囲の電圧として入力され，それが変換器によって 10 ビットで表されるいずれかの値 (0〜1023) となる．

一方，アナログ信号の出力は，analogWrite() と，DIGITAL ピンのうち D3, D5, D6, D9, D10, D11 を通じて，1.3.3 項で述べた PWM による出力によって行

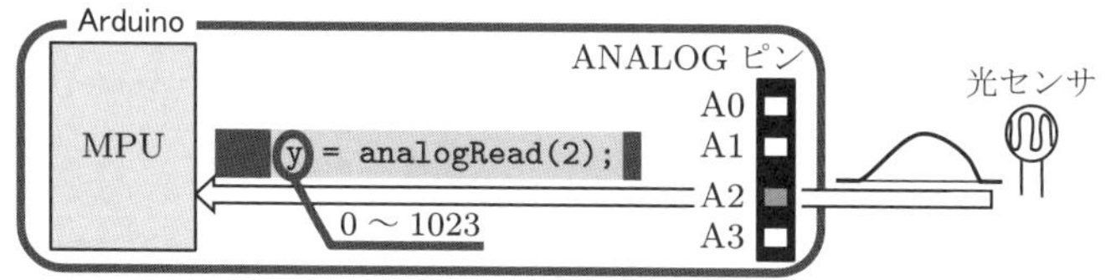

図 4.11 アナログ入力の例

われる[▼1]．この場合，プログラムでは次のようにアナログ値 D を 0～255 の範囲で指定する．たとえば，図 4.12(a) のように D9 を通じて PWM によるアナログ出力をする場合，`analogWrite(9, D)` における D を 0～255 の範囲で指定すれば，デューティ比 $D/255$（図 (b)）に応じたアナログ値が出力でき，連続的な音や光の変化が実現できる．なお，アナログ入出力用のピンについては `pinMode()` で設定しなくてよい．

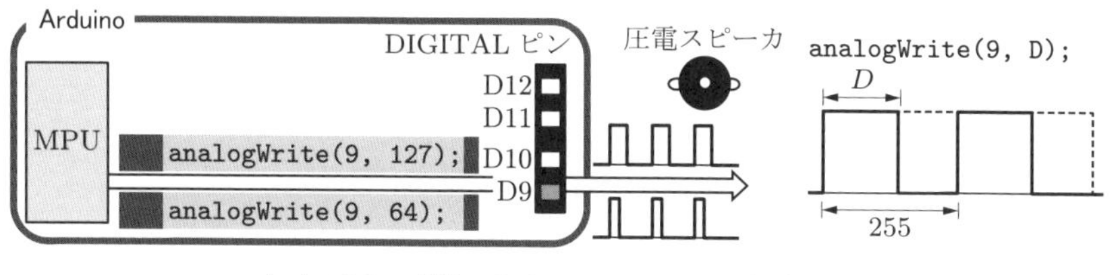

（a）アナログ値の出力　　（b）PWM のデューティ比 $D/255$

図 4.12 アナログ出力の例

4.6 ブレッドボードによる電子回路の実装

4.6.1 ブレッドボードの使い方

電子部品をハンダ付けすることなく，試行錯誤を繰り返しながらさまざまな回路を組むのに適した部品の 1 つに，図 4.13(a) のブレッドボードがある[▼2]．ブレッドボードには多くの穴が開いており，そこに抵抗器，LED，ジャンパ線などを挿し込むことで回路ができあがる．

図 4.13(a) の ＋ と － に沿って並ぶ穴は，それぞれ縦方向に電気的につながっている．そのほかの穴は，横方向に 1 行ごとに電気的につながっている．たとえば，

▲1 アナログ信号の出力が可能な DIGITAL ピンは限られており，電子回路上では~3 のように「~」が付いているのが PWM 用出力ピンである．

▲2 文字どおり，パンをこねる調理板が語源であり，電子部品をこねる（挿し込む）板である．

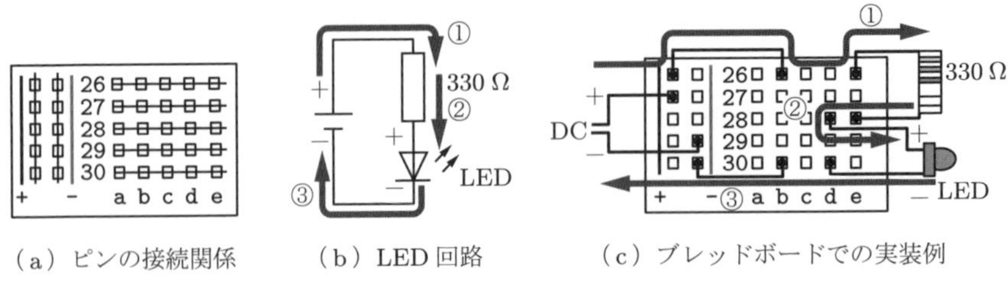

（a）ピンの接続関係　（b）LED 回路　（c）ブレッドボードでの実装例

図 4.13　ブレッドボードの使い方

26 番の列の a,c,e に挿してある端子（電子部品の一方の導線）はすべて電気的につながる．そのため，5 V 相当の乾電池，抵抗器▶▶2.4.7項（330 Ω，カラーコード「橙橙茶金」），LED からなる図 (b) の直列回路は，たとえば図 (c) のようにブレッドボード上に配線される．図 (c) において，たとえば，「26-b」には DC 電源の + からの配線が，「26-e」には 330 Ω の抵抗器の一方の端子がそれぞれ挿し込まれていることから，①のように電源の + と抵抗器が電気的に接続される．

例 4.2　Arduino による LED の制御

図 4.13 の電子回路の LED を Arduino プログラムによって点滅させてみよう．そのためには，LED を含む回路に対して図 4.4 のように 5 V を断続的に供給すればよい．たとえば，Arduino の D11 から 5 V を供給する場合の回路を，本書では図 4.14(a) のような略図で表す▼1．

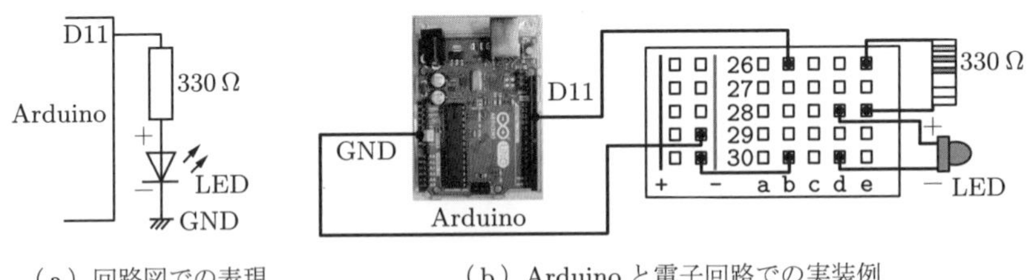

（a）回路図での表現　（b）Arduino と電子回路での実装例

図 4.14　LED の制御のための電子回路

この回路図をもとに，電子回路を組み立てて，Arduino と接続した例が図 4.14(b) である．図 4.13 の 5 V 電源の + は Arduino の D11 からの出力とし，− は Arduino の GND とする．

D11 に接続した LED を制御するための Arduino プログラムは，図 4.3 のサンプルプ

▲1　Arduino への起動電圧の供給は省略する．実際には，4.5.1 項のいずれかの方法で供給する必要がある．

ログラム Blink.ino の 1 行目を次のように修正すればよい.

```
#define LED 11
```

例 4.3 2 個の LED の制御のための電子回路

複数の LED を Arduino で制御したいときには，必要なだけの DIGITAL ピンを用いて図 4.14 のような回路を組むとよい．2 個の LED の場合の例を図 4.15 に示す．なお，2 個の LED を制御するプログラムは章末問題 4.3 で述べる.

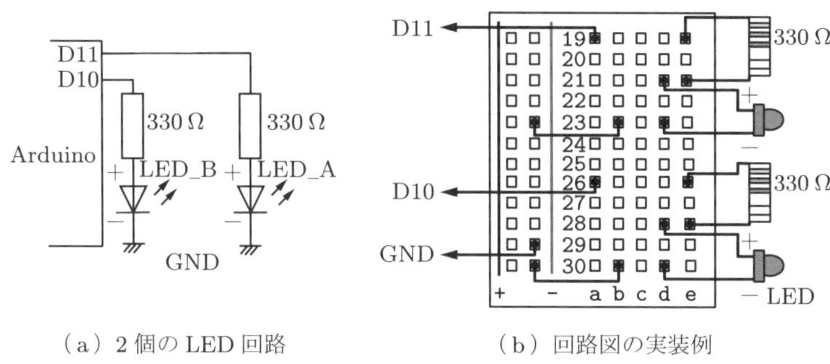

（a）2 個の LED 回路　（b）回路図の実装例

図 4.15　2 個の LED のための電子回路

例 4.4 圧電スピーカ制御のための電子回路

図 4.12 の圧電スピーカ SP から音を出すための電子回路は，図 4.14 の電子回路の「LED」を「圧電スピーカ」に入れ替えた図 4.16 となる（ほかの部品，結線に変更なし).

このときのプログラム例が SP_sound.ino である.

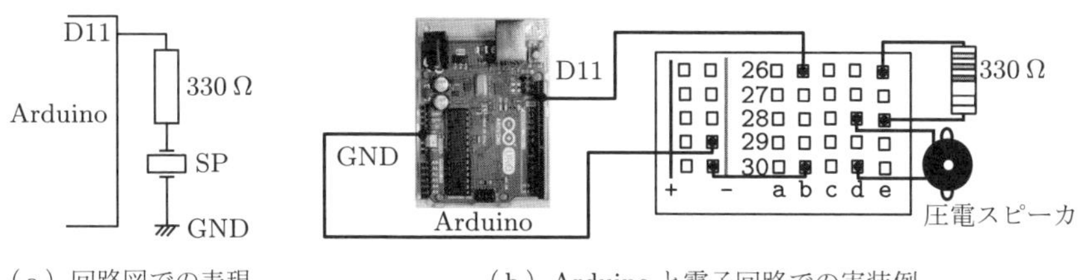

（a）回路図での表現　（b）Arduino と電子回路での実装例

図 4.16　圧電スピーカ制御のための電子回路

SP_sound.ino

```
 1 #define SP 11
 2 void setup()
 3 {                             // 処理はなし
 4 }
 5 void loop()
 6 { analogWrite(SP, 127);       // デューティ比 1/2
 7   delay(500);                 // 0.5 秒遅延
 8   analogWrite(SP, 64);        // デューティ比 1/4
 9   delay(500);                 // 0.5 秒遅延
10 }
```

SP_sound.ino も図 4.3 のフローチャートと同様に，いつまでも繰り返されるので，音が鳴り続ける▼1．6, 8 行目のデューティ比や，7, 9 行目の遅延の時間を変更すると，スピーカから鳴る音が変化する．なお，D11 以外の PWM 用出力ピンを用いてもよい．

例 4.5　サーボモータ制御のための電子回路

図 2.10 のサーボモータ SG-90 を制御するための電子回路は，3 つの端子と Arduino の「PWM 出力用ピン（たとえば，D6），5 V，GND」を接続した図 4.17 とする．

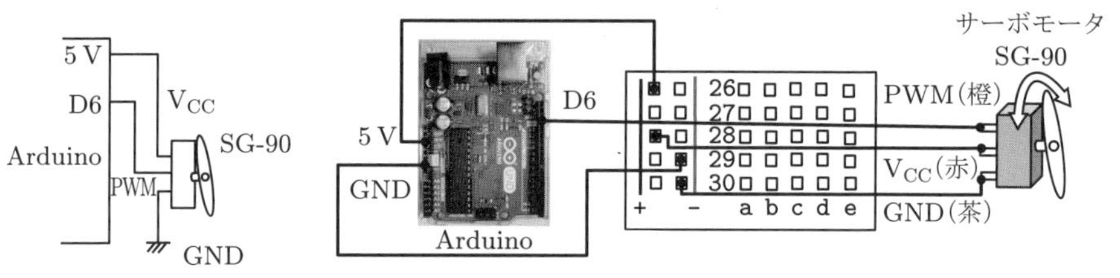

（a）SG-90 の配線図　　（b）Arduino と電子回路での実装例

図 4.17　サーボモータ制御のための電子回路

サーボモータを制御するための関数の使い方は，次のとおりである．

```
motor.attach(pin)    // pin：ピン番号
motor.write(agl)     // agl：角度 (0〜180°)
```

ここで，motor はクラス Servo の変数である．

このときのプログラム例が servo_circuit.ino である．1 行目で，サーボモータを制御するための関数 motor.write() などを利用するのに必要なヘッダファイル Servo.h をインクルードしておく．

▲1　音を止めるには電子回路の一部のジャンパ線を抜くなどする．

servo_circuit.ino
```
1  #include <Servo.h>
2  #define SERVO_PIN  6 // 出力用 D6 (PWM 出力ピン)
3  Servo motor;         // 角度制御用変数
4  void setup()
5  { motor.attach(SERVO_PIN); // モータ用のピンの割り当て
6  }
7  void loop()
8  { motor.write(0);  // 0° 方向にモータを固定
9    delay(10);
10   motor.write(90); // 90° 方向にモータを固定
11 }
```

8, 10 行目で，サーボモータの回転指示を出している．

4.6.2 ブレッドボードの使い方のポイント

ブレッドボードを用いた電子回路製作時のポイントは次のとおりである．

- ブレッドボードの「+ 列」は回路の $+V_{cc}$ や +5 V に，「− 列」は GND に，それぞれ接続する．
- 電源のプラスと GND は，「+ 列」と「− 列」にそれぞれ接続する．
- 電源を接続したままで素子を配線していると危険なので，「電源の接続は最後」にする．配線が回路図どおりであることを確かめたあとで，電源を接続する．回路を組み直す場合も，あらかじめ電源を外しておく．
- 素子のリード線は，接触不良にならないようにブレッドボードの穴に深く挿し込む．
- + 側の導線には，赤，オレンジなどの暖色を，− 側 (GND) の導線には，黒などの無彩色や寒色を用いるとよい．これは，回路の配線ミスを防ぐための作法の 1 つであって，手持ちの部品のなかから適当に選んだものを使ってもかまわない．

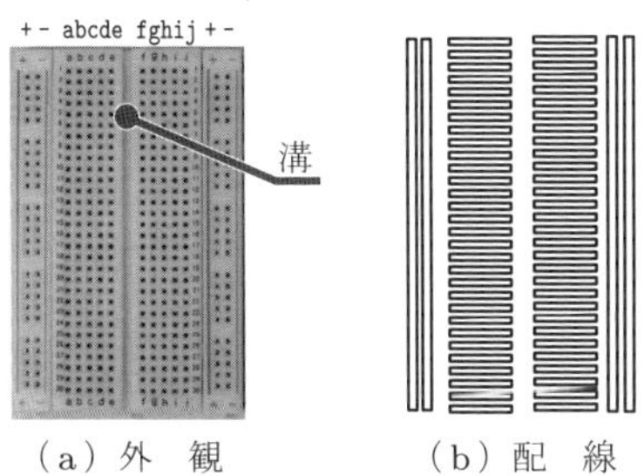

（a）外　観　　（b）配　線

図 4.18　ブレッドボード全体の配線

- ブレッドボードには，図 4.18(a) のように中央部分に溝がある．この溝を境にして，配線が図 (b) のように分かれている．そのため，溝の上部 (a〜e) と下部 (f〜j) の間は断線されている．

参考 作成されたプログラムのなかの `setup()` と `loop()` は，Arduino の IDE によって，次のように `main.cpp` に挿入されたのち，コンパイルされてダウンロード用のバイナリファイルとなる．

```
int main(void)
{ init();      // Arduino(IDE) 作成の初期設定
  setup();     // ユーザ記述の初期設定 (一度だけ実行)
  for (;;)
      loop(); // ユーザ記述繰り返し処理 (無限ループ)
  return 0;
}
```

また，4.4.2 項の定数のうち，次のマクロが `Arduino.h` で定義されている．

```
#define HIGH 0x1
```

```
#define LOW 0x0
```

```
#define INPUT 0x0
```

```
#define OUTPUT 0x1
```

このほかに，次のマクロなどの定義もこのファイルにある．

```
#define PI 3.1415926535897932384626433832795
```

```
#define min(a,b) ((a)<(b)?(a):(b)) // マクロ関数 min(3,5)-->3
```

```
#define abs(x) ((x)>0?(x):-(x))    // マクロ関数 abs(-3)-->3
```

さらに，このファイルのなかでインクルードされる `pins_arduino.h` にはボード上の LED L のピン番号のマクロとしての定義がある．

```
#define LED_BUILTIN 13
```

なお，ここで紹介した 3 つのファイルは，たとえば，次のディレクトリのなかにある（macOS の場合）．

~/Library/Arduino15/packages/arduino/hardware/avr/1.8.6/

章末問題

4.1 図 4.14(b) の回路を用いて，LED の点滅間隔が 0.3 秒になるような Arduino プログラムを作成して，動作を確認せよ．また，点滅間隔が 0.5 秒になるようにプログラムを修正して，動作を確認せよ．

4.2 図 4.19 の回路のもとで，例 4.2 と同様に，1 秒間で LED が点灯/消灯する Arduino プログラムを作成せよ．図 4.19 では抵抗器は 5 V 端子に接続されていて常に電圧がかかるが，D2 が HIGH (5 V) であれば電位差が生じないので電流が流れない．一方，D2 が LOW (0 V) であれば電位差が生じるため，D2 に電流が流れる．

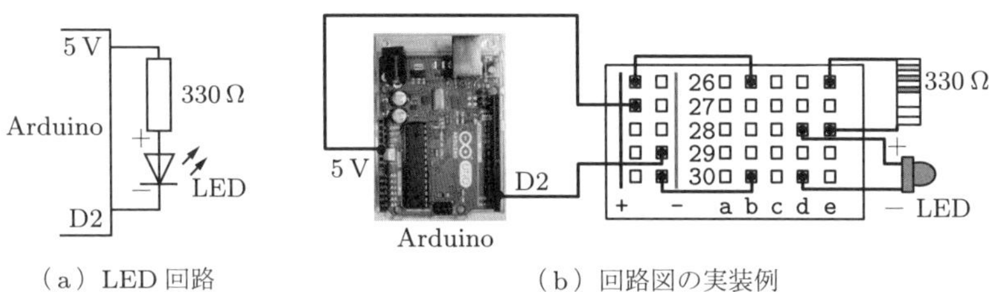

（a）LED 回路　（b）回路図の実装例

図 4.19　LED の制御

4.3 2 個の LED を図 4.20 のように交互に点灯/消灯させるための Arduino プログラムを作成せよ．なお，電子回路は図 4.15 とし，点灯/消灯の間隔は 0.5 秒とする．

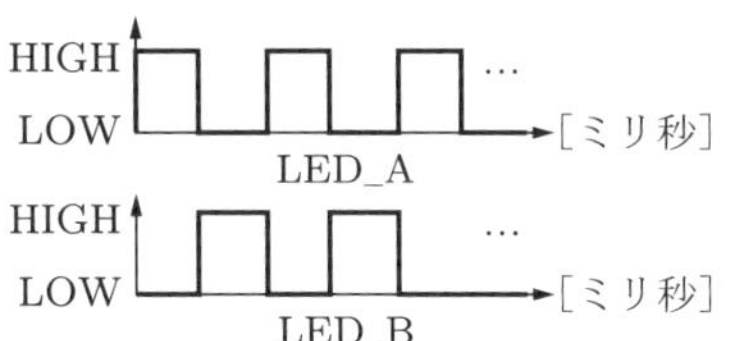

図 4.20　2 個の LED の点滅

4.4 自然数の 0〜7 を 3 桁の 2 進法表示すると，次のようになる．

000, 001, 010, 011, 100, 101, 110, 111

この 2 進法表示の 1 桁目から順に D10〜D12 に接続した LED を割り当てて，図 4.21 のような表示が繰り返される Arduino プログラムと電子回路を作成せよ．ただし，点灯/消灯の間隔は 1 秒とする．

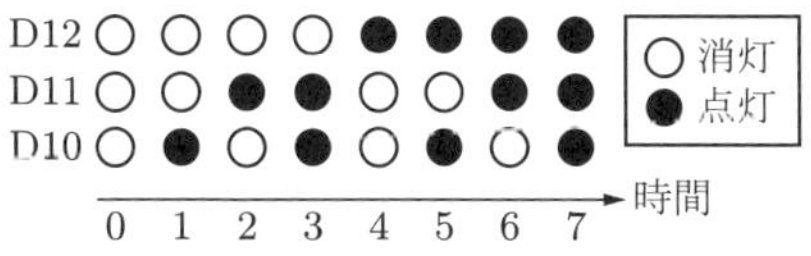

図 4.21　3 個の LED の点滅

第 II 部

モデルベース開発

5 組込みシステムのモデリング

5.1 組込みシステムのモデルベース開発

5.1.1 組込みシステムの開発の難しさ

第 I 部で述べてきた特徴や機能をもつ組込みシステムは，開発において次の難しさがある．

① ハードウェアごとに設計，開発しなければならない
② ハードウェアと同時開発の場合は，実機で試せない
③ ROM 内の実行ファイルのバージョンアップが難しい
④ 問題が生じたときに，原因がハードかソフトかの判断が難しい

これらの難しさを克服する策の 1 つがモデルベース開発である．モデルベース開発は，開発期間の短縮化にもつながる．

5.1.2 モデルの役割

組込みシステムの開発手法の 1 つに，**モデル** (model) を用いる方法がある．モデルは完成品（最終製品）に対する「仮想的な」模型，試作品にあたるものであり，主に図表や数式で表される．モデルは完成品が満たすべき要件などが書かれた**仕様書**をもとに作成され，そのモデルをもとにプログラムや電子回路が設計，実装される．このときのモデル作りのことを**モデリング** (modeling) とよぶ．このようにモデルにもとづいた開発手法は，**モデルベース開発** (model based development) とよばれる．図 5.1 に，本書で対象とするモデルベース開発の作業手順を示す．

仕様書からプログラム（組込みソフトウェア）や電子回路を直接作成せずに，モデルを介して作成することの狙いは次の点にある．仕様書には，完成品の満たすべき入力と出力の関係や応答速度などの要件や，使用するプロセッサや OS の種類などの動作環境が記述されるが，あいまいな箇所や誤りが含まれていることもある．

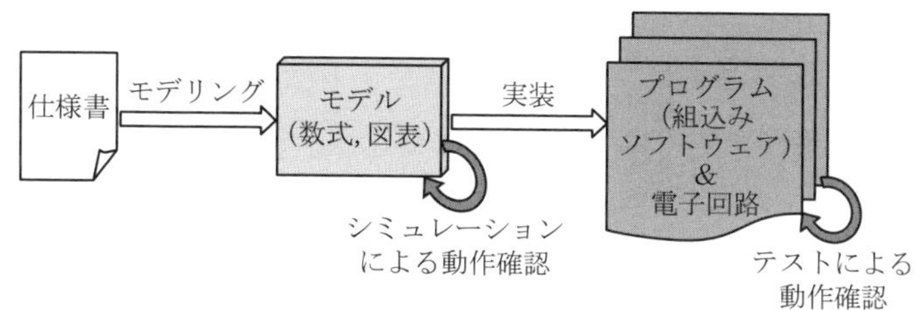

図 5.1　モデルベース開発の概要

仕様書のあいまいな箇所や誤りを明確にするには，仕様書をもとに仮想的な模型（モデル）を作成してみることが有効である．仮想的な模型であるため，特別な製造装置や原料を必要とせずに，比較的短時間で作成できる．もし，仕様書に論理的矛盾やあいまいな箇所が含まれていると，モデルを作りあげる過程において問題点が明らかになる．その後，仕様を実現するモデルを作りあげることができたら，モデルの動作をシミュレーションしてみることで，仕様書で求められている動きが実現できているかどうか，望みの性質を満たしているかどうかなどを確かめることができ，その結果をもとにモデルを改良すれば，効率的な製品開発につながる．

また，数式などによって形式的に記述されたモデルからプログラムを作成することは，仕様書から試行錯誤を繰り返しながらプログラムを作る方法に比べて容易で，モデルベース開発の利点の 1 つでもある．

本書では，モデルを**順序機械**とし，モデルからプログラムを作成する方法▶▶6章，プログラムや電子回路の動作確認のためのテスト手法▶▶8章，モデルのシミュレーションによる動作確認の仕方▶▶9章についてそれぞれ述べる．

5.2 順序機械

例 5.1 に示す自動販売機を例に取りあげ，動作仕様が記述されている仕様書（文章，図）をもとにしたモデリングに必要な概念を述べる．

例 5.1　切符の自動販売機 M_1 の仕様

200 円の切符を販売する自動販売機 M_1 がある．この自動販売機は 100 円玉専用であり，投入された総額が表示されるとともに，100 円玉が 2 個投入されるたびに 1 枚の切符が発券口から出てくる．切符の販売は繰り返し行うことができる． ■

5.2.1　モデルの入出力

例 5.1 の仕様より，M_1 の入力は 100 円玉，出力は投入総額および切符にあたること，100 円玉の投入口，切符の発券口，投入総額の表示パネルが必要であることがわかる．そして，M_1 が 1 枚の切符を発券するまでの様子は図 5.2 として表すことができる．図において，横軸は時間の経過を表し，動作の開始時刻（電源投入時に相当）は t_0 である．もし，利用者が時刻 t_1 に 100 円玉を投入すると，投入総額が「0」から「100」に更新される．ここでは，100 円玉の投入から投入総額の更新までの経過時間は無視して，これらの動作が瞬時に行われるものとする▼1．この時刻では，投入総額が 200 円に満たないため切符は発券されない．時刻 t_2 で 2 個目の 100 円玉が投入されると，投入総額が「200」に更新され，切符が発券される．その後，時刻 t_3 で投入総額が「0」になり，販売が繰り返される．

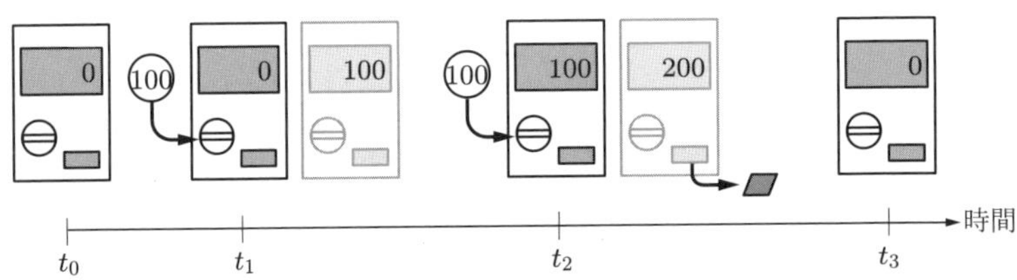

図 5.2　切符の自動販売機 M_1 の動作例

5.2.2　モデルの状態と状態遷移

M_1 の一連の動作は，**状態** (state) あるいは**内部状態** (internal state) とよばれる概念を使うと，次のように表される．M_1 は 100 円玉が投入されるたびに投入総額を更新する．投入総額は 0，100，200 のいずれかであり，200 のときだけ切符が出力される．そこで，これらの投入総額を M_1 の状態としてとらえれば，M_1 は $0 \to 100 \to 200 \to 0 \to 100 \to 200 \to \cdots$ といった状態の変化を繰り返す．

この状態の変化を**状態遷移** (state transition) あるいは状態推移とよぶ．また，状態のなかでも，動作の開始時の状態を**初期状態** (initial state) という．M_1 の初期状態は「0」である．

5.2.3　入力なしの状態遷移

状態遷移は，入力に依存するかどうかで大別できる．M_1 の場合には，$0 \to 100$

▲1　モデリングという観点からは，時間の経過をこのようにとらえても問題はない．なお，実際の自動販売機を製造する際には，これらの動作の経過時間も考慮して設計する必要がある．

と 100 → 200 が入力に誘発される状態遷移であり，200 → 0 は入力がなくても行われる状態遷移である．入力がなくても状態遷移が起こるのは，外部からは観測できない動作によって一定時間の経過後に状態遷移する場合などに相当する．このような状態遷移を**内部遷移**あるいは内部動作とよぶ．

一定時間の経過後に状態遷移する例として，センサによる定期的な計測，LED の点滅などの周期的な動作がある．この場合，組込みシステム内部のタイマ (timer) からの通知によって，状態遷移のタイミングが定まる．この通知は外部から観測されないものではあるが，入力の一種とみなすこともできる．

そこで，この内部遷移を，空入力による状態遷移とみなし，空入力を $\boldsymbol{\varepsilon}$（イプシロン）で表す．こうすることで，すべての状態遷移を入力に誘発される状態遷移に統一できる．ε の入力による状態遷移を **$\boldsymbol{\varepsilon}$ 遷移**あるいは ε 動作とよぶ．なお，tm をタイマによる経過時間とすると，タイマからの通知による状態遷移を「$\mathrm{t}(tm)$」と表記する ▶▶例5.4．

5.2.4 モデルとしての順序機械

以上のように，例 5.1 の M_1 は，3 つの状態（0,100,200）が，入力に応じて状態遷移と出力を行うモデルとして表現される．このようなモデルを**順序機械**（sequential machine）という．順序機械では，入力と出力，状態を，それぞれ文字 x, y, q などで表すこととする．このように，記号化された入力と出力は，それぞれ**入力記号** (input symbol) と**出力記号** (output symbol) とよばれる．入力記号は，図 5.3 のように $t = 1, 2, 3, \cdots$ という離散的な時刻ごとに入力され，このタイミングで，順序機械は状態遷移と出力を繰り返す．そこで，図のように入力記号 x と出力記号 y に入力順序を表すために必要に応じて添字 1, 2, 3, $\cdots$ を付けて，$x_1, x_2, \cdots, y_1, y_2, \cdots$ と表す．なお，入力される時間間隔は，一定の場合もあれば，不規則な場合もある．

たとえば，例 5.1 の M_1 において，投入総額 0, 100, 200 に応じて，状態 q_0, q_{100}, q_{200} をそれぞれ設け，図 5.2 のように時刻 t_1, t_2 で，それぞれ入力として 100 円玉を投入したとする．このとき，図 5.4 に示すように入力記号 x_1, x_2 はともに 100 であ

図 5.3 組込みシステムのモデル（順序機械）の概念図

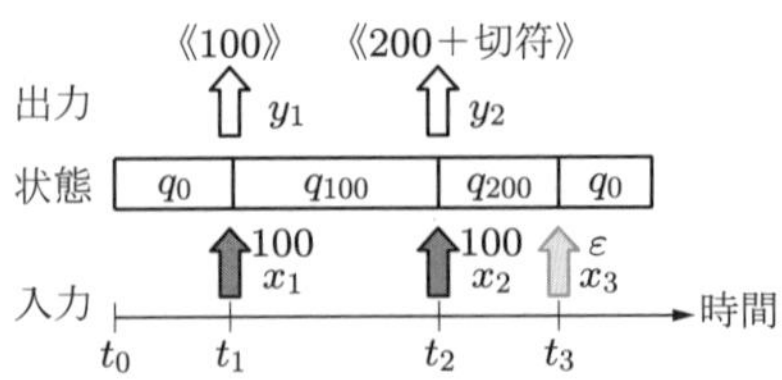

図 5.4　例 5.1 の自動販売機の順序機械としての動作

り，出力記号 y_1, y_2 は，それぞれ《100》と《200 + 切符》にあたる．すなわち，時刻 t_1 で入力 x_1 によって，q_0 が q_{100} へ状態遷移し，y_1 が出力される．さらに，時刻 t_2 に x_2 の入力によって，q_{100} は q_{200} へ状態遷移し，y_2 が出力される．その後，t_3 では ε 遷移によって q_0 へ状態遷移する．

このような順序機械は，状態遷移図，あるいは，状態遷移関数と出力関数により表現される．

5.3　順序機械の表現法

5.3.1　状態遷移図

「現在の状態」と「入力」に応じた「次の状態」と「出力」を図表を用いて表すことができる．図を用いた場合，図 5.5(a) のように，状態ごとに○を描き，○のなかには状態と「その状態のもとでの出力」を記入する．たとえば，「時刻 t_i での入力 x_i によって q_{i-1} から q_i へ状態遷移したのち，y_i を出力する」とき，q_{i-1} から q_i への矢印（アーク）を描き，x_i をアークのラベルとする．このようにして描かれたラベル付き有向グラフを**状態遷移図** (state transition diagram) とよぶ．状態のなかでも初期状態には，図 (b) のように一方の端には状態がないアークを描くことにする．

一方，表の場合，図 5.5(c) のようにすべての状態とすべての入力を，それぞれ

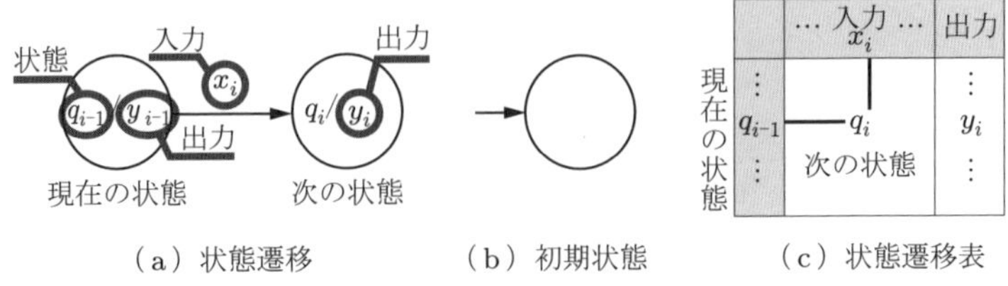

（a）状態遷移　（b）初期状態　（c）状態遷移表

図 5.5　状態遷移図と状態遷移表

行と列に並べ，状態 q_{i-1} と入力 x_i の欄には状態遷移先 q_i と出力 y_i を記入する．この表を**状態遷移表** (state transition table) とよぶ．

例 5.2　切符の自動販売機 M_1 の状態遷移図

例 5.1 の M_1 の状態遷移図は図 5.6(a) である．なお，投入総額 y 円の表示（出力）は《y》とし，たとえば，投入総額が 200 円で切符が出力されることは《200 + 切符》と表す．M_1 の状態遷移表は図 (b) であり，→ が付いている状態 q_0 が初期状態で，そのときの出力は《0》である．

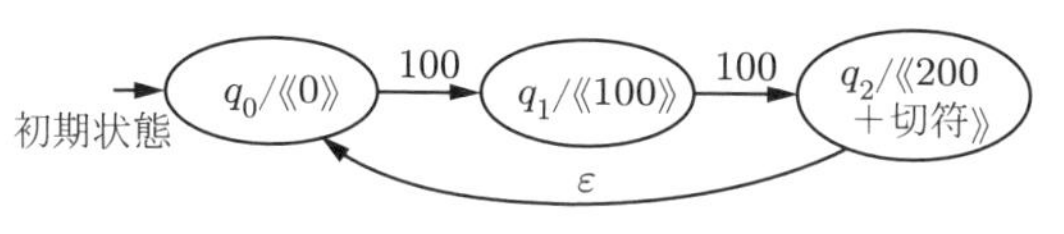

（a）M_1 の状態遷移図

	100	ε	出力
→ q_0	q_1		《0》
q_1	q_2		《100》
q_2		q_0	《200＋切符》

（b）M_1 の状態遷移表

図 5.6　M_1 の状態遷移図と状態遷移表の記述例

例 5.3　切符の自動販売機 M_1 の改良（50 円玉の追加）

例 5.2 の切符の自動販売機 M_1 を「入力として，100 円玉と 50 円玉が利用できる」ように修正し，これを M_2 とする．なお，ここでは簡単のために投入金額は 200 円の場合のみを考える．

投入金額が 200 円となり，切符が出力される場合には，「2 個の 100 円玉」，「1 個の 100 円玉と 2 個の 50 円玉」，「4 個の 50 円玉」の 3 つの場合がある．とくに，「1 個の 100 円玉と 2 個の 50 円玉」には，「100 円玉，50 円玉，50 円玉」，「50 円玉，100 円玉，50 円玉」，「50 円玉，50 円玉，100 円玉」の 3 通りの入力系列がある．

したがって，M_2 の状態遷移図は図 5.7 となる．

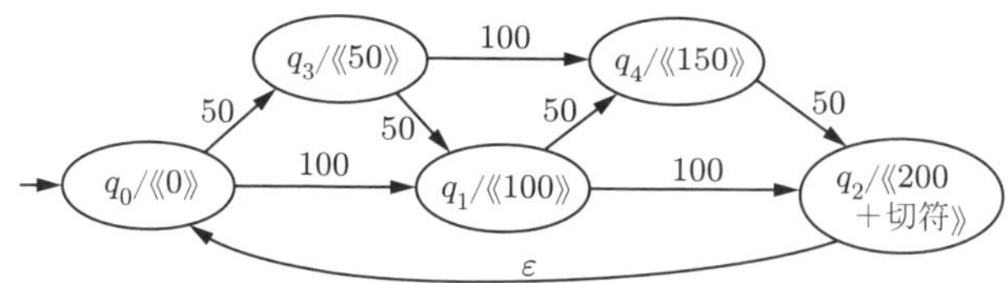

図 5.7　100 円玉と 50 円玉が入力可能な M_2 の状態遷移図

例 5.4　2 個の LED の点滅

図 5.8(a) のように，2 個の LED（LED_A，LED_B）が 1000 ミリ秒間隔で交互に点灯/消灯する場合の状態遷移図を描いてみよう．制御対象の LED_A と LED_B，それぞれで点灯/消灯の出力があることから，4 つの状態 q_0, q_1, q_2, q_3 を設け，各状態での出力を，それぞれ《A_H》（LED_A の点灯），《B_L》（LED_B の消灯），《A_L》（LED_A の消灯），《B_H》（LED_B の点灯）とする．LED_A の点灯と LED_B の消灯が同時に行われ，その後，1000 ミリ秒後に LED_A の消灯と LED_B の点灯が同時に行われる動作は，図 (b) の状態遷移図として表される．

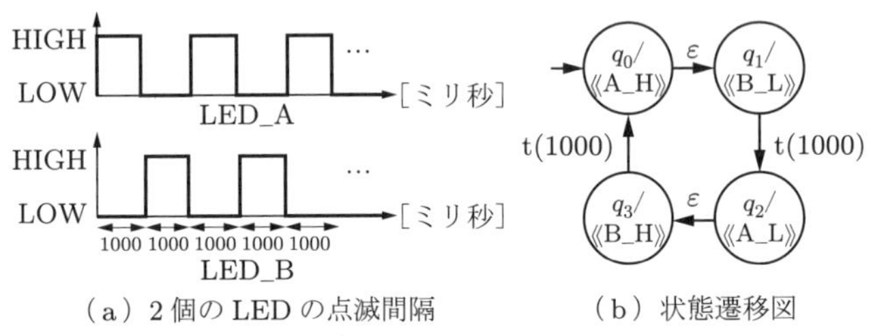

（a）2 個の LED の点滅間隔　（b）状態遷移図

図 5.8　2 個の LED の点滅（状態遷移図）

これを状態遷移系列として表すと，次のようになる．

$$q_0/《A\_H》 \xrightarrow{\varepsilon} q_1/《B\_L》 \xrightarrow{t(1000)} q_2/《A\_L》 \xrightarrow{\varepsilon} q_3/《B\_H》 \xrightarrow{t(1000)} q_0/《A\_H》$$

5.3.2　順序機械の構成

時刻 t_{i-1}，t_i の状態を，それぞれ q_{i-1}，q_i で表し，同様にして x_i，y_i は時刻 t_i のときの入力と出力をそれぞれ表すこととする．このとき，現在の状態 q_{i-1} のときに入力 x_i によって次の状態 q_i に状態遷移することを，関数表記を用いて $q_i = \delta(q_i, x)$ と表し，δ（デルタ）を**状態遷移関数**とよぶ．さらに，状態遷移後の状態 q_i のもとでの出力が y_i であることを，関数表記を用いて $y_i = \omega(q_i)$ と表し，ω（オメガ）を**出力関数**とよぶ．

δ と ω を用いたときの順序機械の構成を図 5.9 に示す．ここで，D は**遅延素子**であり，q_i は順序機械へ次の入力 x_{i+1} があるまで保持される[▼1]．すなわち，現在の状態 q_{i-1} で入力 x_i があったとき，$\delta(q_{i-1}, x_i) = q_i$ に状態遷移したのち，q_i は次の入力 x_{i+1} があるまで保持される．

▲1　入力 x_{i+1} があったときには，q_i が δ に与えられる．

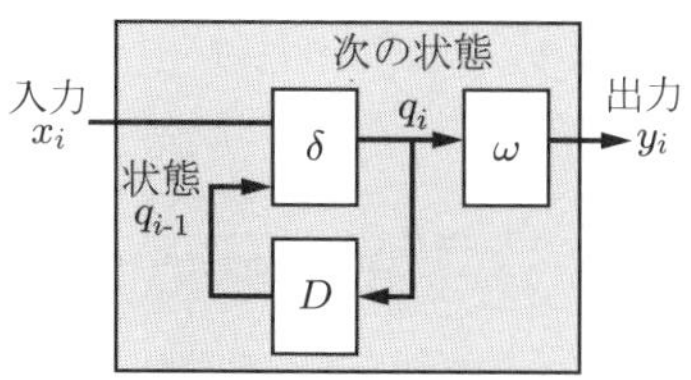

図 5.9 順序機械の構成

5.3.3 状態遷移系列と可達

いま，状態 q_{i-1} で x_i が入力されたときに状態 q_i へ状態遷移したのち，y_i を出力すること，すなわち，$\delta(q_{i-1}, x_i) = q_i$ かつ $\omega(q_i) = y_i$ であることを，次式で書くことにする．

$$q_{i-1} \xrightarrow{x_i} q_i/y_i \quad \text{または} \quad q_{i-1} \to q_i \tag{5.1}$$

さらに，状態 q_0 から一連の入力 $x_1x_2\cdots x_n$ によって状態遷移していく様子を次のように書き，**状態遷移系列**とよぶ．

$$q_0 \xrightarrow{x_1} q_1/y_1 \xrightarrow{x_2} \cdots \xrightarrow{x_n} q_n/y_n \quad \text{または} \quad q_0 \xrightarrow{x_1x_2\cdots x_n}{}_* \, q_n \tag{5.2}$$

ここで，$\longrightarrow_*$ は $\to$ の 0 回以上の繰り返し（$n \geqq 0$ の場合）[▼1]を表す．

このとき，q_n は q_0 から**可達**あるいは**到達可能**であるという．また，q_0 から q_n へ状態遷移するまでの状態遷移系列 $q_0q_1q_2\cdots q_n$ を実行系列あるいは単に**実行** (run) という．

ここで，$x_1x_2\cdots x_n$ と $y_1y_2\cdots y_n$ は，それぞれ**入力系列**と**出力系列**という．もし，x_i が ε ならば，すなわち x_i が内部遷移ならば x_i を省略する．したがって，$\varepsilon x_2 \varepsilon x_4 \varepsilon$ は単に x_2x_4 と記す．

なお，タイマによる状態遷移を明記するときには，時間 d が経過したあと，q_{i-1} から q_i へ状態遷移することを，次式で表す．

$$q_{i-1} \xrightarrow{\mathrm{t}(d)} q_i$$

さらに，式 (5.2) のように，q_n は q_0 から可達であることを，入力系列と出力系列を省略して，単に，

$$q_0 \longrightarrow_* q_n \quad \text{または} \quad q_0 \longrightarrow_+ q_n \tag{5.3}$$

▲1　0 回の $\to$ は，「状態遷移しない」にあたる．

と書くこともある．ここで，$\longrightarrow_{+}$ は $\to$ の 1 回以上の繰り返し（$n \geqq 1$ の場合）を表す．

例 5.5　切符の自動販売機 M_1 の状態遷移系列

例 5.1 の切符の自動販売機 M_1 の場合，投入金額が 0, 100, 200 円の状態をそれぞれ q_0, q_{100}, q_{200} と表したとき，図 5.2 に示した初期状態 q_0 から 100 円玉を 1 枚ずつ 2 枚投入したときの状態遷移系列は次のようになる．

$$q_0 \xrightarrow{100} q_{100}/\langle\!\langle 100 \rangle\!\rangle \xrightarrow{100} q_{200}/\langle\!\langle 200 + \text{切符} \rangle\!\rangle \xrightarrow{\varepsilon} q_0/\langle\!\langle 0 \rangle\!\rangle$$

なお，このときの実行系列は $q_0q_{100}q_{200}q_0$ である．■

5.3.4　ムーア型とミーリー型

図 5.9 に示した構成の順序機械は，入力に応じて状態遷移したのち，出力されるものであり，**ムーア** (Moore) **型**とよばれる．これに対して，順序機械を，図 5.10(a) のように「現在の状態 q_{i-1} のもとで x_i が入力されると，y_i を出力するとともに，q_i に状態遷移する」とするとらえ方もあり，このタイプを**ミーリー** (Mealy) **型**という．ミーリー型では，出力は現在の状態と入力によって決定される．

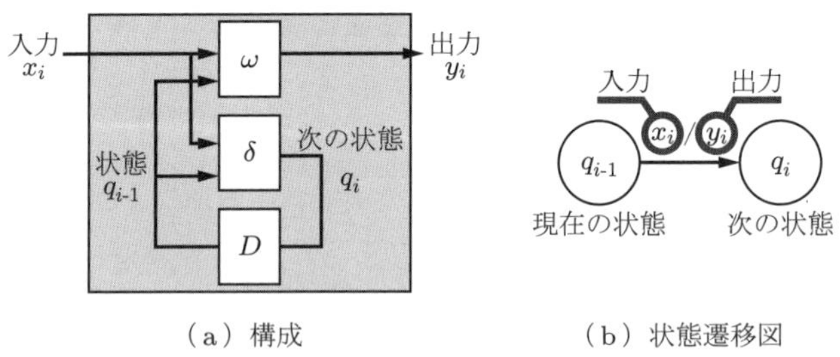

（a）構成　　（b）状態遷移図

図 5.10　ミーリー型の構成と状態遷移図

ミーリー型の状態遷移図は図 5.10(b) であり，アークに出力を記入する．また，式 (5.1) で表されるムーア型の状態遷移 $q_{i-1} \xrightarrow{x_i} q_i/y_i$ は，ミーリー型では次式で表す．

$$q_{i-1} \xrightarrow{x_i/y_i} q_i \tag{5.4}$$

これにより，式 (5.2) は，ミーリー型では次式となる．

$$q_0 \xrightarrow{x_1/y_1} q_1 \xrightarrow{x_2/y_2} \cdots \xrightarrow{x_n/y_n} q_n \quad \text{または} \quad q_0 \xrightarrow{x_1/y_1\ x_2/y_2 \cdots x_n/y_n}{}_{*}\, q_n \tag{5.5}$$

■ 5.3.5 状態遷移図の相互変換

ミーリー型とムーア型は，初期状態時の出力の有無に違いはあるものの，表現能力に本質的な違いはなく，相互に状態遷移図の変換が可能である．

図 5.11 にミーリー型とムーア型の相互変換の仕方を示す．

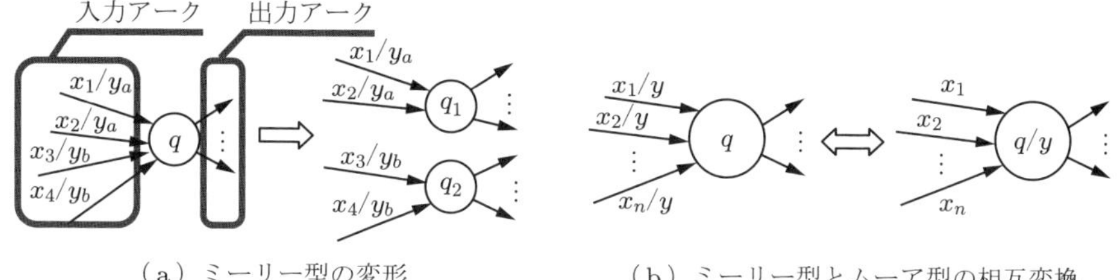

（a）ミーリー型の変形　　（b）ミーリー型とムーア型の相互変換

図 5.11　ミーリー型とムーア型の相互変換

ムーア型では，状態遷移後に出力することから，ミーリー型からムーア型への変換にあたっては，図 5.11(a) の左側のように，状態 q へのアークに記載された出力が (y_a, y_b) のように複数ある場合，右側のように，1 つの状態へは同じ種類の出力をもつ入力アークだけになるようにしておく．すなわち，図 (a) の右側のように，q を複製して q_1, q_2 を設け，q_1 へは y_a を出力とするアークのみが，q_2 へは y_b を出力とするアークのみが，それぞれ入力されるように変形する．なお，q_1, q_2 からの出力アークは q と同じものとする．この後，図 (b) のようにミーリー型状態遷移図の状態 q ごとに，入力アークのラベルに書かれている出力 y を取り除いて，○のなかに q/y を記入する．

一方，ムーア型からミーリー型への変換では，図 5.11(b) のように，ムーア型の状態遷移図の○のなかの q/y から y を取り除き，q への入力アークのラベルを x_i/y とすればよい．

ここで述べた相互変換からわかるように，ミーリー型で表現するほうがムーア型よりも状態数が少なくなる．そのため，ハードウェアとして実装した場合，回路規模はムーア型に比べて小さくできる．一方，ムーア型は出力が現在の状態だけで決まるため，状態の入力の組合せによって決まるミーリー型に比べて高速動作が可能である．

参考　たとえば，「1」と「0」のように，出力が 2 種類だけの順序機械の場合，状態の集合を，1 を出力する状態群と 0 を出力する状態群に大別できる．このように，一方の状態群を「受理集合」とよぶことで，もう一方の状態群と区別できる．この場合，遷移先の状態が「受理集合」に含まれるかどうかがわかればよく，出力が何であるかは考慮する必要はない．「出力がない順序機械」は**オートマトン** (automaton) とよばれる．オートマトンは組込みシステムの重要なモデルの 1 つであり，入力記号例の判別のためなどに活用されている．

章末問題

5.1　5.1 節の組込みシステムの開発を難しくする 5 つの課題のうち，モデルベース開発によって解決される課題とその理由を述べよ．

5.2　図 5.7 の M_2 の状態遷移図をミーリー型の状態遷移図に書き換えよ．

5.3　例 5.2 の自動販売機に「取り消し」ボタンの機能が追加して得られる自動販売機 M_4 の状態遷移図（ムーア型）を作成せよ．ここで，100 円玉を 1 個入力したあとで「取り消し」ボタンが押されたときに限り，100 円玉を返却するものとする．ただし，「取り消し」ボタンと 100 円玉をそれぞれ C と 100 で表すものとする．

5.4　700 円切符の自動販売機 M_5 の状態遷移図（ムーア型）を作成せよ．ただし，100 円玉と 500 円玉専用で，投入総額が 700 円以上になると切符と（必要に応じて）釣り銭が出るが，取り消しボタンはないものとする．出力は投入総額，切符，釣り銭とする．

5.5　入力記号を 0 と 1，出力記号を《&》と《@》とする．このとき，入力記号に応じて次のような出力をする順序機械 M_6 の状態遷移図（ミーリー型）を作成せよ．
1 が連続して入力されているときには《&》を出力し，それ以外の場合には《@》を出力する．たとえば，01101011110⋯ が入力されたときには，《@@&@@@@&&&@⋯》が出力される．

6 組込みシステムの実装法

6.1 モデルの実装

6.1.1 順序機械と組込みシステム

モデルベース開発のモデリング▶▶5.1節による成果物である順序機械の**状態遷移関数** δ, **出力関数** ω が得られたら，それらに従って動作する Arduino プログラムや電子回路を実装する．順序機械の δ, ω は Arduino プログラムによって，入出力機能は電子回路によって，それぞれ実装され，図 6.1 に示す組込みシステムが実現される．Arduino プログラムに従って，センサ，スイッチなどの計測装置から入力 x が読み込まれ，遷移先 q' $(= \delta(q, x))$ と出力 y $(= \omega(q'))$ が計算されて，y が制御対象へ出力される．

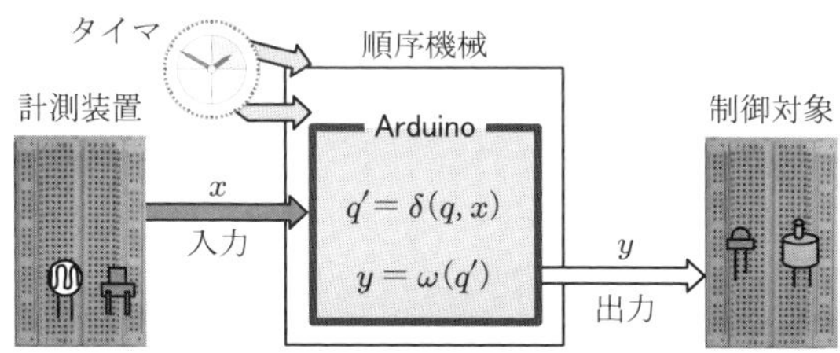

図 6.1　Arduino と電子回路による組込みシステム

順序機械の δ, ω からプログラムを実装する方法には 2 種類がある．1 つは状態遷移図からの生成法，もう 1 つは状態遷移関数と出力関数からの生成法▶▶6.6節である．

6.1.2 状態遷移図からの実装法

状態遷移図からのプログラム生成では，図 6.2(a) の状態遷移図のように ε 遷移やタイマによる内部遷移だけであれば，各状態での出力をもとに図 (b) のプログラムを作成すればよい．たとえば，$q_0/\mathrm{OUT0} \xrightarrow{\varepsilon} q_1/\mathrm{OUT1}$ といった ε 遷移なら

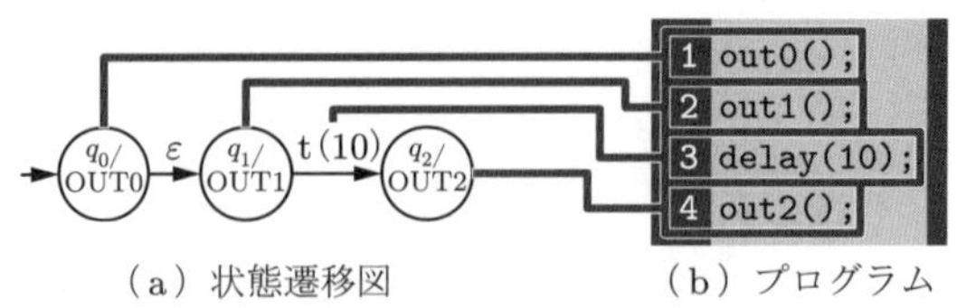

図 6.2　ε 遷移とタイマによる内部遷移

ば，out0()，out1() が連続して実行される．また，$q_1/\mathrm{OUT1} \xrightarrow{\mathrm{t(10)}} q_2/\mathrm{OUT2}$ といったタイマによる内部遷移ならば，out2() が out1() の実行から 10 ミリ秒後に実行されるように，delay(10) を out2() のあとに挿入する．

一方，図 6.3(a) の状態遷移図のように入力 x に応じて状態遷移先が決まる場合，図 (b) のプログラムのように x が取りえる値 a，b，c で場合分けする．

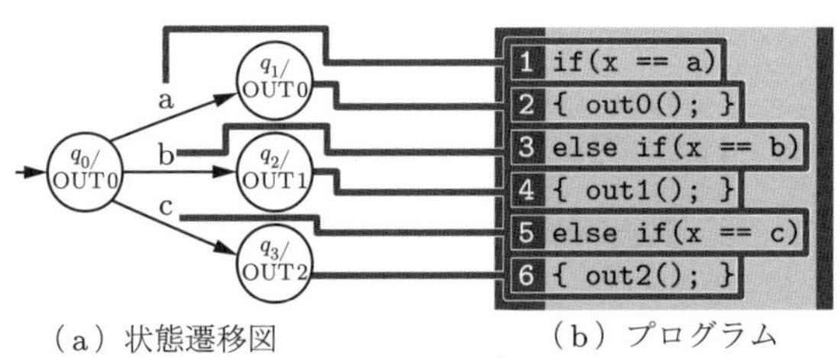

図 6.3　複数の遷移先がある状態遷移

状態数や状態遷移を表すアークが少ない場合には，この方法がわかりやすいが，そうではない場合には条件分岐が多くなり，プログラムが複雑になりやすい．そのような場合には，δ, ω を配列で表す方法▶▶6.6節が優れている．

6.2　制御対象への出力

この節では，計測装置からの入力はなく，時間の経過とともに状態遷移をしながら制御対象へ出力する組込みシステムの実装方法について述べる．

6.2.1　音の制御

図 6.4(a) のように，**圧電スピーカ** SP と抵抗器▼1を接続した回路を用いて音を出してみる▶▶4.5.3項．図 (b) のように，SP からは 1 秒間隔で音を出し，SP から音

▲1　LED は「赤色」や「緑色」，抵抗器は「橙橙茶金」で 330 Ω である．

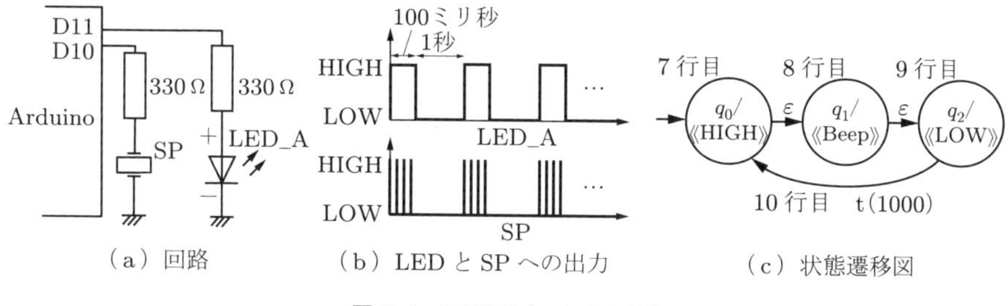

図 6.4　圧電スピーカと LED

が出ている間は LED_A を点灯させる．そのために，状態として，LED_A の点灯（出力《HIGH》），SP からの音の発生（出力《Beep》），LED_A の消灯（出力《LOW》）を設け，それぞれ q_0, q_1, q_2 とする．初期状態 q_0 では LED_A を点灯し（出力《HIGH》），同時に音を出すために ε 遷移によって q_1 に状態遷移する．q_1 では音を 100 ミリ秒間出す（出力《Beep》）．その直後に q_2 に状態遷移して，LED_A を消灯する（出力《LOW》）．それから 1 秒後に再び q_0 に状態遷移して，LED_A を点灯することを繰り返す．このような状態遷移を表したのが図 (c) である．

図 6.4 をもとに作成されたプログラムが LED_SP.ino である．

LED_SP.ino
```
1  const int SP_pin = 10;    // D10
2  const int LED_A_pin = 11; // D11
3  void setup()
4  { pinMode(LED_A_pin, OUTPUT);      // D11 を出力設定
5  }
6  void loop()
7  { digitalWrite(LED_A_pin, HIGH);   // q0：LED を点灯
8    Beep();                          // q1：音を出す（関数呼び出し）
9    digitalWrite(LED_A_pin, LOW);    // q2：LED を消灯
10   delay(1000);
11 }
12 void Beep()   // 矩形波を利用しての音の出力
13 { for (int i = 0; i < 100; i++)
14   { digitalWrite(SP_pin, HIGH);
15     delayMicroseconds(500);        // 500 マイクロ秒：音色の調整
16     digitalWrite(SP_pin, LOW);
17     delayMicroseconds(500);        // 500 マイクロ秒：音色の調整
18   }
19 }
```

LED_SP.ino では，1～2 行目で圧電スピーカと LED を接続するピン番号を，それぞれ int 型の変数 SP_pin と LED_A_pin に代入する．先頭の const は，以降で変数への値の代入は行わず初期値のままとすることの宣言であり，SP_pin と LED_A_pin は読み取り専用の変数として扱われる．第 4 章のプログラムではピン番号の指定にマクロ定義を用いたが，const 宣言の変数を用いて定数を表すことも

できる．マクロの場合は，プログラムのどの箇所であっても一括して，該当する文字列が置換されたのちコンパイル（実行ファイルの生成）される．これに対し，定数を変数に代入しておけば，コンパイルの際に変数のスコープ（有効範囲）や型が考慮される[1]．

3〜5 行目の関数 `setup()` で，図 6.4(a) の D10, D11 にそれぞれ SP と LED を接続する．7〜9 行目では，それぞれ q_0, q_1, q_2 での出力を行う．7, 8 行目は処理の中断なしに連続して実行されるので，$q_0 \xrightarrow{\varepsilon} q_1$ が実現される．q_1 での出力《Beep》は，状態遷移図との対応付けを考慮し，`loop()` のなかに直接記述せずに関数 `Beep()` によって実装することとした．関数とすることで，《Beep》の出力回数の変更，スピーカの種類の変更といった場合のプログラムの修正が容易になる．8 行目の関数 `Beep()` の呼び出しにより，12〜19 行目で図 (b) 下段のように 1 ミリ秒の周期の矩形波を 100 ミリ秒間出力する[2]．8, 9 行目で $q_1 \xrightarrow{\varepsilon} q_2$ が実現され，10 行目で `delay(1000)` によって 1 秒経過したのちに，再び 7 行目から実行することで，$q_2 \xrightarrow{\varepsilon} q_0$ が実現される．

もし，SP からの音が小さい場合には，値の小さい抵抗値に変えてみるとよい．なお，音を鳴らすための関数には `tone(pin, frq)` がある▶▶9.3.5項．これを用いれば，望みの周波数 `frq` [Hz] の音を，`pin` で指定した番号のピンに接続されている部品から出すことができる．

6.2.2　PWM 制御

PWM▶▶1.3.3項を利用して，図 6.4(a) の LED を徐々に明るく（フェードイン）したのちに徐々に暗く（フェードアウト）するのが，次のプログラム `LED_PWM.ino` である．

LED_PWM.ino

```
const int LED_pin = 11;    // D11
int Dtime = 10;            // 遅延時間
void setup()
{                          // 処理はない
```

▲1　Arduino の Web ページ（Reference のなかの `const` 参照）では，定数を表すのに `const` の使用が推奨されている．

▲2　圧電スピーカ▶▶2.4.5項から音を鳴らすには，電圧を高速に変化させる必要があり，例 4.4 のように PWM 出力を利用する方法のほかに，`Beep()` のように `digitalWrite()` と `digitalMicroseconds()` を用いて，「0.5 ミリ秒間の HIGH，0.5 ミリ秒間の LOW」（周期 1 ミリ秒）の矩形波を出力する方法もある．

```
 5 }
 6 void loop()
 7 { int i;
 8   for (i = 0; i < 255; i++)    // 0->255 まで
 9   { analogWrite(LED_pin, i);   // i を増加（フェードイン）
10     delay(Dtime);              // スピード調整
11   }
12   for (i = 255;  i > 0; i--)   // 255->0 まで
13   { analogWrite(LED_pin, i);   // i を減少（フェードアウト）
14     delay(Dtime);              // スピード調整
15   }
16 }
```

PWM 対応の D11 と関数 `analogWrite(11, i)` を用いれば，**デューティ比**に相当する `i` を 0〜255 の間で変化させることで LED の明るさを調整できる▶▶図1.8．`LED_PWM.ino` では，8〜11 行目で `i` を 0〜255 で 1 ずつ大きくして「徐々に明るく」したのち，12〜15 行目で `i` を 255〜0 で 1 ずつ小さくして「徐々に暗く」している．10, 14 行目の関数 `delay()` の引数 `Dtime` は明るさの変化のスピードを決めるパラメータにあたり，`Dtime` が大きいほどゆっくりになる．

6.3 計測装置の制御

6.3.1 ディジタル入力

図 6.5(a) の回路を使って，図 (b) の**タクトスイッチ** SW が押されている間は LED が点灯するようにしてみる．4 本足のタクトスイッチは，図 (b) のようにボタンが押されたときに端子 A, B（端子 C, D）が接続される．そのため，たとえば図 (c) のように端子 A, B を利用することで，図 (a) の回路が実現できる．

LED を消灯/点灯する状態をそれぞれ q_0, q_1，SW が押されたときの入力を `ON`，そのほかの入力を `OFF` とし，図 6.6(a) の動作を状態遷移図で表したのが図 (b) で

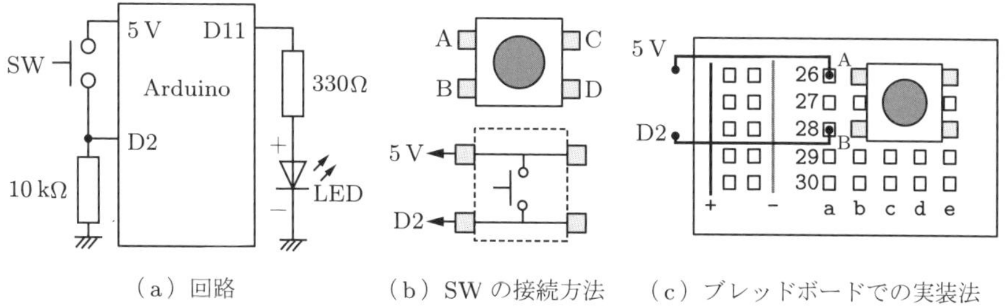

（a）回路　（b）SW の接続方法　（c）ブレッドボードでの実装法

図 6.5　スイッチと LED 回路

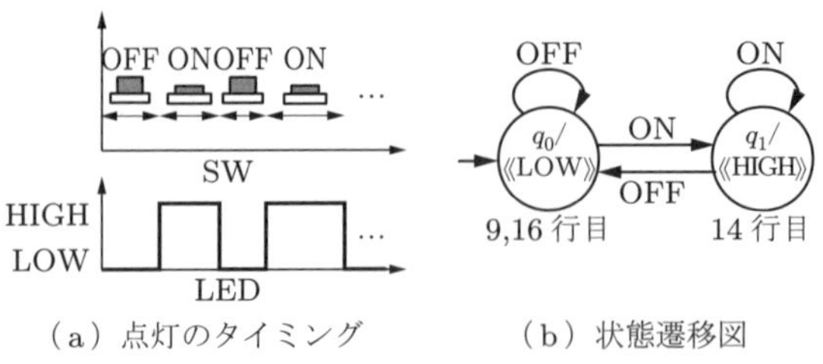

（a）点灯のタイミング　（b）状態遷移図

図 6.6　スイッチと LED 回路の状態遷移図

ある．この図から，SW が押されて `ON` が入力されれば，どちらの状態 (q_0, q_1) のもとでも LED を点灯（出力《HIGH》）にすればよいことがわかる．このように，計測装置からの入力がある場合には，状態ごとにプログラムを作るよりも，入力に応じて実行すべき文を選択することが有効なことがある．

そこで，状態を考慮せずに，入力 `SW_State` の値に応じて LED を点灯/消灯することにしたのが，次のプログラム `SW.ino` である．

SW.ino
```
1  #define ON HIGH
2  #define OFF LOW
3  const int LED_pin = 11; // D11
4  const int SW_pin = 2;   // D2
5  int SW_State = OFF;     // ON=1;  OFF=0
6  void setup()
7  { pinMode(LED_pin, OUTPUT);
8    pinMode(SW_pin, INPUT);
9    digitalWrite(LED_pin, LOW);      // 初期状態 q0:LED を消灯
10 }
11 void loop()
12 { SW_State = digitalRead(SW_pin); // SW の状態の読み込み
13   if (SW_State == ON)             // SW が ON? (押されている?)
14   { digitalWrite(LED_pin, HIGH);  // q1:LED を点灯
15   } else
16   { digitalWrite(LED_pin, LOW);   // q0:LED を消灯
17   }
18 }
```

初期状態 q_0 における出力のため，9 行目で LED を消灯している．図 6.5(a) の回路では，SW が押されると，5 V からの電流が D2 に流れることから，12 行目の `digitalRead()` によって入力された値 `SW_State` が HIGH であれば，`ON` の入力と判断できる．14, 16 行目は，それぞれ q_1, q_0 の出力に対応している．

6.3.2　トグル動作

図 6.5(a) の回路を用いて，図 6.7(a) のようにスイッチ SW を押すたびに LED

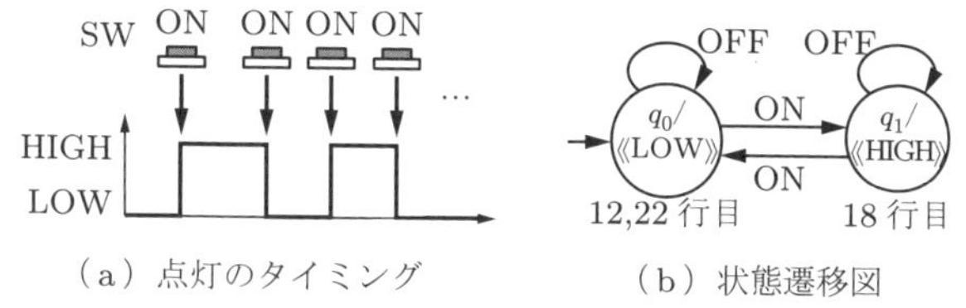

（a）点灯のタイミング　　（b）状態遷移図

図 6.7 スイッチによるトグル動作

の点灯/消灯が切り替わる（**トグル動作**という）ようにしてみよう．このトグル動作に対応する状態遷移図が図 (b) である．初期状態 q_0 では消灯しており，SW が押されると状態 q_1 に状態遷移して点灯する．再び SW が押されると，q_0 に状態遷移して消灯する．このように，SW が押されるたびに q_0 と q_1 の間で状態遷移する．

図 6.7(b) の状態遷移図は，図 6.6(b) と異なり，現在の状態（q_0 または q_1）に依存した状態遷移や出力をする．そこで，変数 `State` を導入し，状態 q_0, q_1 をそれぞれマクロ q0，q1 に定義して作成したのが次のプログラム `SW_toggle.ino` である．

SW_toggle.ino

```
1  #define ON HIGH
2  #define OFF LOW
3  const int q0 = 0;        // 状態 q0 を値 0 で表す
4  const int q1 = 1;        // 状態 q1 を値 1 で表す
5  const int LED_pin = 11; // D11
6  const int SW_pin = 2;   // D2
7  int SW_State = OFF;     // ON=1; OFF=0
8  int State = q0;         // q0->LED 消灯; q1->LED 点灯
9  void setup()
10 { pinMode(LED_pin, OUTPUT);
11   pinMode(SW_pin, INPUT);
12   digitalWrite(LED_pin, LOW);      // 初期状態 q0：LED 消灯
13 }
14 void loop()
15 { SW_State = digitalRead(SW_pin); // SW の状態の読み込み
16   if (State==q0 && SW_State==ON)
17   { State = q1;                    // 状態遷移 q0-->q1
18     digitalWrite(LED_pin, HIGH);  // q1：LED 点灯
19   }
20   else if (State==q1 && SW_State==ON)
21   { State = q0;                    // 状態遷移 q1-->q0
22     digitalWrite(LED_pin, LOW);   // q0：LED 消灯
23   }
24 }
```

16 行目で「状態 q_0 のときに SW が ON かどうか」を，20 行目で「状態 q_1 のときに SW が ON かどうか」を，それぞれ判定している．

6.3.3 アナログ入力

図 6.5(a) の SW の代わりに，光センサを用いた回路が図 6.8(a) である．**光センサ**は図 6.5(a) と異なり，D2 ではなくて A0（ANALOG ピン）に接続する．この回路では照度（光の明るさ）に応じて A0 に流れる電流の大きさが変化し，照度が大きいほど大きくなる．その値は，関数 `analogRead(CdS)` によって 0〜1023 の範囲として入力される．そして，ディジタル化▶▶1.3.2項に従って，図 6.8(b) に示すように閾値を 512 に設定して，光センサにあたる照度が閾値以上になったときにのみ LED を点灯させることにしたのが，次のプログラム `CdS_LED.ino` である．

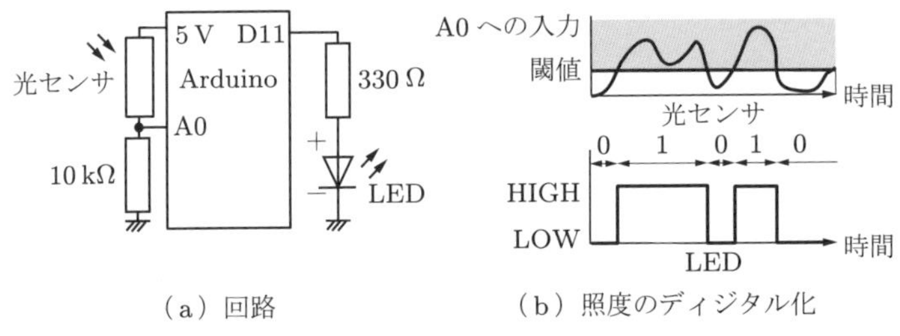

（a）回路　　（b）照度のディジタル化

図 6.8　センサと LED 回路

CdS_LED.ino

```
const int TH = 512;          // 閾値の定義
const int LED_pin = 11;      // D11
const int CdS_pin = 0;       // A0
int CdS_val = 0;             // 照度 0〜1023
void setup()
{ pinMode(LED_pin, OUTPUT);
  digitalWrite(LED_pin, LOW);      // LED 消灯
}
void loop()
{ CdS_val = analogRead(CdS_pin);
  if (CdS_val >= TH)               // 閾値 512 との比較
  { digitalWrite(LED_pin, HIGH);   // LED 点灯
  } else
  { digitalWrite(LED_pin, LOW);    // LED 消灯
  }
}
```

`CdS_LED.ino` と `SW.ino`▶▶6.3.1項の違いは計測装置からのデータがディジタルかアナログかだけであって，LED を ON/OFF 制御することは共通であるため，共通箇所が多いことに気づくはずである．

6.4 シリアル通信

図 6.8(a) と同じ回路において，閾値の設定が不適切であれば，LED が点灯しない．このような場合には，Arduino と PC の間のシリアル通信を用いて，光センサで計測された照度値 (0〜1023) を PC 上に表示させながら適切な閾値を選ぶとよい．シリアル通信を利用するために必要な手順は次のとおりである．

① PC と Arduino を USB ケーブルで接続する（図 6.9(a)）

② シリアルポートの通信速度の設定：次のように，関数 `setup()` のなかで，通信速度を 9600 [ビット/秒] と設定する．

```
Serial.begin(9600);
```

③ データの読み込みとシリアルポートへの出力（送信）：`CdS_pin` を ANALOG ピン (Ax)，`CdS_val` を `int` 型変数としたとき，関数 `loop()` のなかで次の記述をする．

```
val = analogRead(CdS_pin);
Serial.println(val);
```

関数 `Serial.println(x);` は変数 `x` の値を表示し，改行する▼1．

④ シリアルモニタ上でのデータの表示：図 6.9(b) の［**シリアルモニタ**表示］のアイコンをクリックしてシリアルモニタを生成したのち，プログラムを実行し，Arduino から送られてきたデータを表示する▶▶4.3.1項．

次のプログラム `Serial_CdS.ino` は，7 行目で読み込んだ光センサの照度 `CdS_val` を 8 行目の `Serial.println(CdS_val)` によって 1 秒ごとに図 6.9(b) のシリアルモニタ上に表示するものである．

（a）Arduino と PC の接続　（b）シリアルモニタでの表示

図 6.9 シリアル通信

▲1 `Serial.print(x);` は `x` の値を表示し，改行しない．

Serial_CdS.ino

```
const int CdS_pin = 0;  // A0
int CdS_val = 0;        // 照度 0〜1023
void setup()
{ Serial.begin(9600);              // シリアルモニタ/プロッタの利用設定
}
void loop()
{ CdS_val = analogRead(CdS_pin); // 光センサの値の読み込み
  Serial.println(CdS_val);       // シリアルモニタ/プロッタへの出力
  delay(1000);
}
```

図 6.10 のシリアルプロッタのアイコンをクリックすると，横軸を時間とする図 6.10 のような 2 次元グラフが自動的に描画される．縦軸はシリアルモニタへ出力される値であり，この図の場合は照度にあたる．なお，縦軸の目盛は自動的に設定される．

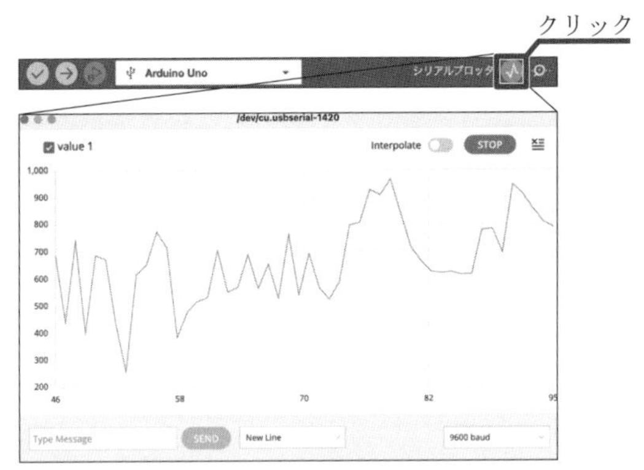

図 6.10　シリアルプロッタでの表示

さらに，Processing を用いれば，計測値を PC 上で視覚的に表示させることもできる▶▶9章.

6.5　電子回路の実装法

6.5.1　プルアップ抵抗とプルダウン抵抗

SW，光センサなどの計測装置は，図 6.5(a)，6.8(a) の回路のように抵抗器とともに Arduino に接続される．抵抗器の接続方法には図 6.11 に示す 2 種類があり，それぞれを**プルダウン抵抗**と**プルアップ抵抗**とよぶ．

図 6.11(a) の場合，SW が ON のときに INPUT 設定された D2 に電流が流れ

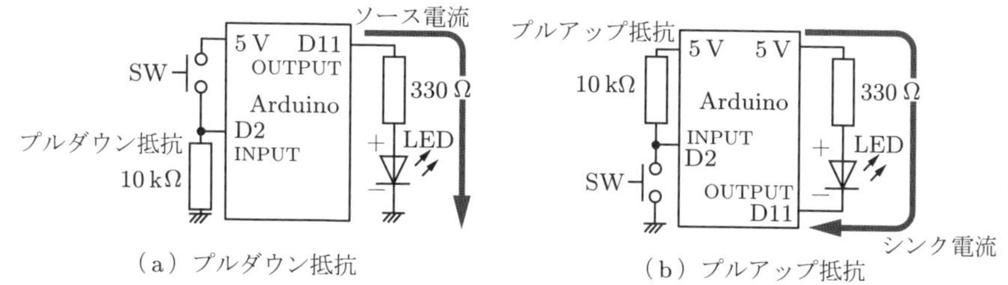

図 6.11 抵抗器の接続方法

てHIGHになり，OFFのときには電流が流れずにD2がLOWになる．一方，図(b)の場合，SWがOFFのときに5Vからの電流はD2に流れて入力値がHIGHになり，ONになると5Vからの電流はD2には流れずに入力値はLOWになる．

6.5.2 シンク電流とソース電流

LEDの点滅制御のための回路は，図4.14，4.19で示したように2種類がある．同様のものが図6.11である．図(a)の回路では，D11をHIGHにしたときにLEDは点灯する．これに対して，図(b)ではD11をLOWにしたときに，5Vからの電流がD11に流れ込んでLEDが点灯する▼1．

一般に，図6.11(a)のように出力用のピンから流出する電流は**ソース電流**，図(b)のように出力用のピンに流入する電流は**シンク電流**とよばれる．

6.5.3 正論理と負論理

表1.2では，HIGHとLOWを論理値の真(true)と偽(false)に対応させた．この対応は**正論理**(positive logic)とよばれる．一方，HIGHとLOWを偽(false)と真(true)に対応させる方法は**負論理**(negative logic)とよばれる．

たとえば，図6.11(a)のプルダウン抵抗の回路の場合，SWが押されていなければD2はLOWになり，SWが押されていればD2はHIGHになる．さらに，ソース電流が流れる図(a)においてD11がHIGHのときにLEDが点灯し，D11がLOWのときに消灯する．いずれも正論理である．

これに対して，図6.11(b)のプルアップ抵抗の回路の場合，SWが押されていなければD2がHIGHになり，SWが押されていればD2がLOWになる．また，シンク電流が流れる図(b)において，D11がLOWであればLEDが点灯し，D11が

▲1 D11がHIGHの場合，5VとD11の間の電位差がなくなるため電流は流れない．

HIGH であれば消灯する．いずれも負論理である．

正論理，負論理と電子回路との対応関係をまとめたのが表 6.1 である．正論理と負論理のどちらを採用するかは，各種配線を流れる信号の大きさに対応している．データ線などが多い組込みシステムの場合は，正論理が用いられることが多い．一方，割込み処理用の配線などでは，負論理が用いられることがある．なぜなら，割込み処理やリセットなどの重要な入力が正論理の場合は，断線時に機能がはたらかなくなるためである．負論理であれば，断線時は真に扱われるため安全である．

表 6.1　正論理，負論理と電子回路

論理	真 (true)	偽 (false)	入力回路	出力回路
正論理	HIGH	LOW	プルダウン抵抗	ソース電流
負論理	LOW	HIGH	プルアップ抵抗	シンク電流

6.6 順序機械の配列による実装

6.6.1 データ構造

6.1 節では状態遷移図からプログラムを作る方法を述べた．ここでは，もう 1 つの方法として，**状態遷移関数 δ**，**出力関数 ω** が与えられたときに，Arduino プログラムを作る一般的な方法について述べる．

1.2.2 項の組込みシステムの基本動作のフローチャートの各ブロックに図 6.12 のように順序機械の δ や ω を対応付けると，各ブロックで行うべき主な処理は次のとおりである．

- リセット：初期状態 q_0 のときの出力を行う．
- 入力：入力（計測値）x を，`digitalRead()` や `analogRead()` などを用いて

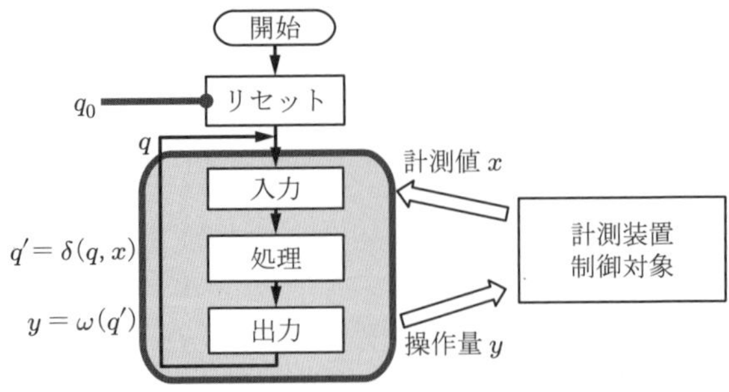

図 6.12　ムーア型順序機械の実装

読み込む.

- 処理：入力 x と現在の状態 q を判断して，状態遷移関数 δ より「新しい状態 $q' = \delta(q, x)$」を設定する．さらに，出力関数 ω より「出力（操作量）$y = \omega(q')$」を求める.
- 出力：記号 y を `digitalWrite()` や `analoglWrite()` などを用いて操作量として出力する.

とくに，状態遷移関数 δ，出力関数 ω は，それぞれ次のように配列 `Delta[][]`，`Omega[]` を用いて表現すると，汎用性が高くなる.

- m 種類の入力記号に $0, 1, \cdots, m$ の通し番号を付け，$x_0, x_1, \cdots, x_j, \cdots, x_m$ とする.
- n 種類の状態に $0, 1, \cdots, n$ の通し番号を付け，$q_0, q_1, \cdots, q_i, \cdots, q_n$ とする．ただし，q_0 を初期状態とする.
- サイズ $n \times m$ の `int` 型の 2 次元配列 `Delta[][]` を設け，$q_l = \delta(q_i, x_j)$ のとき，`Delta[i][j]` の値を `l` とする.
- s 種類の出力記号に $0, 1, \cdots, s$ の通し番号を付け，$y_0, y_1, \cdots, y_k, \cdots, y_s$ とする.
- サイズ n の `int` 型の配列 `Omega[]` を設け，$y_k = \omega(q_i)$ のとき，`Omega[i]` の値を `k` とする．なお，出力記号 y_k を文字や文字列として扱う場合には，配列 `Omega[]` は `char` 型あるいは `String` 型とする.
- 現在の状態を大域変数 `NowSt` で表し，その初期値を 0 とする.

もし，順序機械に入力 x によらない状態遷移，すなわち，ε 遷移やタイマなどによる内部遷移が含まれている場合，計測装置以外からの入力を考慮する必要がある ▶▶例6.1.

6.6.2 入力個数の奇偶判定

入力記号を A, B の 2 種類とし，B が奇数個入力されているときに記号《**#**》を，それ以外のときには《**-**》を出力する順序機械 M_{eo} を Arduino と電子回路を用いて実装してみよう.

入力された B の個数が「偶数個（0 個も含める）」，「奇数個」であることを 2 つの状態で区別し，それぞれ $q_{\text{ev}}, q_{\text{od}}$ とする．初期状態では，B の入力個数が 0 なので

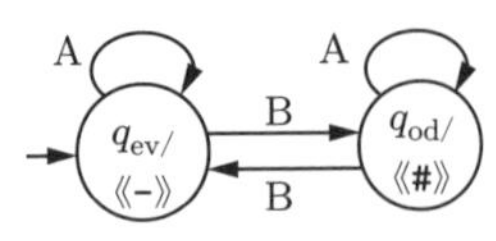

（a）状態遷移図

		入力		出力
		A	B	
状態	$q_{\rm ev}$	$q_{\rm ev}$	$q_{\rm od}$	《-》
	$q_{\rm od}$	$q_{\rm od}$	$q_{\rm ev}$	《#》

（b）状態遷移表

通し番号	状態	入力
0	$q_{\rm ev}$	A
1	$q_{\rm od}$	B

（c）通し番号付け

図 6.13　入力個数の奇遇判定の順序機械 $M_{\rm eo}$

$q_{\rm ev}$ とする．そして，順序機械 $M_{\rm eo}$ の δ, ω を図 6.13(a)，(b) のように定める▼1．ここで，入力記号数 $m = 2$，状態数 $n = 2$，出力記号数 $s = 2$ である．

状態 $q_{\rm ev}, q_{\rm od}$，入力記号 A, B，それぞれに対して，通し番号 0, 1 を対応付けたのが図 6.13(c) である．出力記号《-》,《#》はそのまま `char` 型の定数とする．こうすることで，状態遷移関数 δ，出力関数 ω は表 6.2 に示す配列 `Delta[][]`，`Omega[]` でそれぞれ表すことができる．各配列の要素の値は次のとおりである．

- `Delta[`i`][`j`]`：状態 i で入力 j のときの状態遷移先（`int` 型）
- `Omega[`i`]`：状態 i のときの出力（`char` 型）

ここで, $m = n = s = 2$ なので, i, j はいずれも 0 または 1 であり, 配列 `Delta[][]` と `Omega[]` のサイズは，それぞれ 2×2 と 2 である．

表 6.2　順序機械 $M_{\rm eo}$ の状態遷移関数と出力関数の配列表現

δ			入力	
			A	B
状態	$q_{\rm ev}$	0	0	1
	$q_{\rm od}$	1	1	0

```
Delta[0][0]=0
Delta[0][1]=1
Delta[1][0]=1
Delta[1][1]=0
```

ω			出力
状態	$q_{\rm ev}$	0	《−》
	$q_{\rm od}$	1	《#》

```
Omega[0]='−'
Omega[1]='#'
```

この順序機械 $M_{\rm eo}$ の計測装置は 2 つのスイッチ (SW_A，SW_B)，制御対象はシリアルモニタと 1 つの LED とし，図 6.14(a) の回路を用いる．このうち，SW_A の ON を A の入力，SW_B の ON を B の入力とする．また,《#》を出力するときのみ LED を一定時間だけ点灯させて，そのほかでは LED は消灯とする．なお, 出力《-》と《#》はシリアルモニタに表示することとする．

この電子回路を制御するために，図 6.14(b) に示すように，関数 `loop()` のなかで次の役割をもつ 3 つの関数 `input()`，`state_func()`，`output()` を呼び出している．

- `input()`：計測装置から**ポーリング**▶▶7.1.2項によってデータを入力

▲1　この定義では，初期状態で A だけが入力されているときにも《-》が出力され続ける．

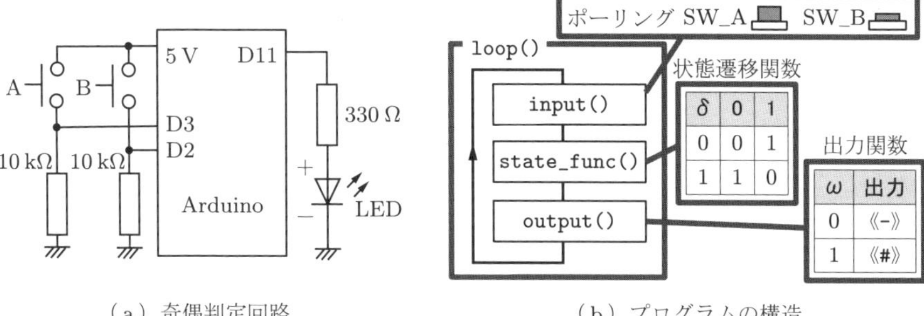

（a）奇偶判定回路　　（b）プログラムの構造

図 6.14　奇偶判定

- state_func()：状態遷移関数 δ に従って状態遷移
- output()：出力関数 ω に従ってシリアルモニタおよび LED へ出力

このプログラムが次の SM_ev_odd.ino である．

SM_ev_odd.ino

```
const int SW_A_pin = 3;  // 計測装置のピン番号
const int SW_B_pin = 2;  // 計測装置のピン番号
const int LED_pin = 11;  // 制御対象のピン番号
const int Qev = 0;       // 状態 q_ev の通し番号
const int Qod = 1;       // 状態 q_od の通し番号
const int NIL = -1;      // 未定義の意
const int A = 0;         // 入力記号 A の通し番号
const int B = 1;         // 入力記号 B の通し番号
const int State_Num = 2; // 状態数
const int Input_Num = 2; // 入力記号数
int NowSt = Qev;                     // 初期状態
int Delta[State_Num][Input_Num] // 状態遷移関数
      = { {Qev, Qod}, {Qod, Qev} };
char Omega[State_Num]                // 出力関数
      = { '-', '#' };
void setup()  // --------- リセット --------------
{ Serial.begin(9600);
  pinMode(LED_pin, OUTPUT);
  pinMode(SW_A_pin, INPUT);
  pinMode(SW_B_pin, INPUT);
  output(NowSt);  // 初期状態のもとでの出力
}
int input()  // ----- ポーリングによる入力 -----
{ if (digitalRead(SW_A_pin) == HIGH)
  { return A;
  } else if (digitalRead(SW_B_pin) == HIGH)
  { return B;
  } else return NIL; // 未入力
}
void output(int st)  // ---- モニタへの出力記号の表示と LED への出力 ----
{ switch (st) // 出力関数による出力記号算出
  { case Qev: Serial.print(Omega[NowSt]);
              break;
```

```
34      case Qod: Serial.print(Omega[NowSt]);
35                digitalWrite(LED_pin, HIGH);
36                delay(500);
37                digitalWrite(LED_pin, LOW);
38                break;
39      default : break;
40    }
41  }
42  int state_func(int st, int c) // ---- 状態遷移 ----
43  { return Delta[st][c];        // st: 現在の状態, c: 入力
44  }
45  void loop()  // ------------ メインループ -----------
46  { int x = input();  // 計測装置から記号 x の読み込み
47    if (x != NIL)
48    { NowSt = state_func(NowSt, x); // 状態遷移
49      Serial.print("--");           // デバッグ用
50      Serial.print(x);
51      Serial.print("--> ");
52      Serial.print(NowSt);
53      Serial.print("/");
54      output(NowSt);                // 制御装置への出力
55      Serial.print(" ");
56    }
57    delay(200);
58  }
```

4, 5 行目は状態 q_{ev}, q_{od} の通し番号，7, 8 行目は入力 A, B の通し番号のための const 変数である．11 行目で初期状態を q_{ev} とするために，大域変数 NowSt に Qev を代入する．状態遷移の際には，48 行目で NowSt へ遷移後の状態が代入される．なお，初期状態時の出力は関数 setup() のなかの 21 行目で行われる．SM_ev_odd.ino を実行して，スイッチを ABBAABBA の順に押したときのシリアルモニタへの出力結果は次のようになる[1]．ここで，先頭文字《-》は，21 行目による初期状態での出力である．

```
---0--> 0/- --1--> 1/# --1--> 0/- --0--> 0/- --0--> 0/- --1--> 1/#
 --1--> 0/- --0--> 0/-
```

状態ならびに入力は通し番号で表されているため，状態 q_{ev}, q_{od} はそれぞれ 0, 1 で，入力 A, B はそれぞれ 0, 1 で表される．したがって，たとえば，

```
0/- --1--> 1/# --1--> 0/- --0--> 0/-
```

は，次式を表す．

$$q_{\mathrm{ev}}/《\texttt{-}》 \xrightarrow{\mathrm{B}} q_{\mathrm{od}}/《\texttt{\#}》 \xrightarrow{\mathrm{B}} q_{\mathrm{ev}}/《\texttt{-}》 s \xrightarrow{\mathrm{A}} q_{\mathrm{ev}}/《\texttt{-}》$$

ほかの順序機械が与えられたときは，図 6.15 において囲みを付けたプログラム

▲1　紙面の都合上，一部を折り返している

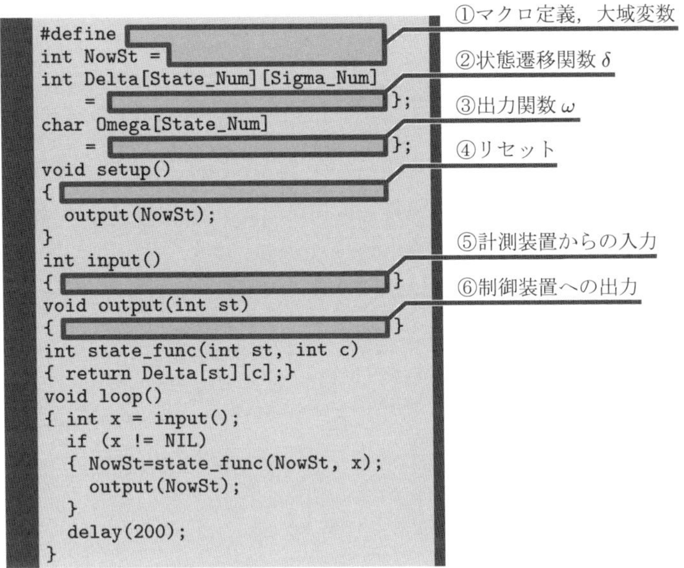

図 6.15　順序機械を実装する Arduino プログラムの雛形

SM_ev_odd.ino の次の箇所を修正すればよい.

① マクロ定義，大域変数：利用するピン番号や通し番号などを定義（1〜11 行目）

② 状態遷移関数：δ に応じて配列 Delta[][] の要素を変更（12, 13 行目）

③ 出力関数：ω に応じて配列 Omega[] の要素を変更（14, 15 行目）

④ リセット：利用するピン番号を変更（18〜20 行目）

⑤ 計測装置からの入力：制御対象に応じて if 文の判定内容を変更（24〜28 行目）

⑥ 制御装置への出力：出力記号に応じて case の項目を変更（32〜38 行目）

プログラム SM_ev_odd.ino のうち，49〜55 行目は動作確認（デバッグ）のための出力行で，プログラム完成後は削除してもよく，図 6.15 ではコメント行は除いている．ここで，50 行目の関数 Serial.print(x) は変数 x の値を表示する（改行しない）.

例 6.1　切符の自動販売機 M_1 の配列表現

例 5.2 の配列表現を考える．状態を q_0, q_1, q_2，入力を $100, \varepsilon$，出力を《0》，《100》，《200+T》とする．ここで，出力記号は String 型とし，《200+T》は「投入金額 200 円と切符」を表す.

表 6.3　切符の自動販売機の配列表現

(a) 状態遷移表

状態	入力		出力
	100	ε	
q_0	q_1	—	《0》
q_1	q_2	—	《100》
q_2	—	q_0	《200+T》

(b) 通し番号付け

通し番号	状態	入力
0	q_0	ε
1	q_1	100
2	q_2	—

(c) 配列の初期値

Delta[i][j]		j		出力
		0	1	Omega[i]
i	0	-1	1	《0》
	1	-1	2	《100》
	2	0	-1	《200+T》

状態遷移図をもとにして作成した状態遷移表を表 6.3(a) に示す．各集合と各入力記号の要素には表 (b) の通し番号を付ける．

この結果，配列 Delta[][]，Omega[] のサイズは，それぞれ 3×2，3 である．配列の初期値は表 6.3(c) をもとに次のように定める．

```
Delta[0][0] = -1;
Delta[0][1] = 1;
Delta[1][0] = -1;
Delta[1][1] = 2;
Delta[2][0] = 0;
Delta[2][1] = -1;
Omega[0] = "0";
Omega[1] = "100";
Omega[2] = "200+T";
```

なお，遷移先がない（未定義），すなわち「—」には -1 をあてる．

さらに，100 円玉の投入を図 6.14(a) の回路のスイッチ A の押下とし，切符の発券を LED の点灯とする．

以上のことから，図 6.15 で囲みを付けた箇所のうち，「①マクロ定義，大域変数」，「②状態遷移関数 δ」，「③出力関数 ω」のプログラムを以下に示す．

マクロ定義，大域変数

```
const int SW_A_pin = 11; // 計測装置のピン番号
const int LED_pin = 9;   // 制御対象のピン番号
const int Q0 = 0;        // 状態 q_0
const int Q1 = 1;        // 状態 q_1
const int Q2 = 2;        // 状態 q_2
const int NIL = -1;      // 未定義の意
const int EPS = 0;       // 入力記号 ε
const int Y100 = 1;      // 入力記号 100 円玉
const int State_Num = 3; // 状態数
const int Input_Num = 2; // 入力記号数
int NowSt = Q0;          // 初期状態
int Eflag = false;       // ε遷移フラグ
// ======= 配列の初期値 =======
int Delta[State_Num][Input_Num] // 状態遷移関数
      = { {NIL, Q1}, {NIL, Q2}, {Q0, NIL} };
String Omega[State_Num]           // 出力関数
      = { "0", "100", "200+T" };
```

次に，図 6.15 の「⑤計測装置からの入力」のための関数 input() を示す．ここでは，Eflag が true であれば，ε が入力されたとしている．

計測装置からの入力

```
int input()  // ----- ポーリングによる入力 -----
{ if (digitalRead(SW_A_pin) == HIGH)
  { return Y100;
  } else if (Eflag == true)
  { return EPS;
  } else return NIL; // 未入力
}
```

図 6.15 の「⑥制御装置への出力」のための関数 output() では，シリアルモニタに状態に応じた出力記号を表示する．とくに，q_2 へ遷移したときには，LED を点灯/消灯するとともに，ε 遷移が行われるように変数 Eflag の値を true とする．そして，ε 遷移が行われて q_0 へ遷移したら，Eflag の値を false とする．

制御装置への出力

```
void output(int st)  // ---- モニタへの出力記号の表示と LED への出力 ----
{ switch (st) // 出力関数による出力記号算出
  { case Q0: Serial.print(Omega[NowSt]);
             Eflag = false;
             break;
    case Q1: Serial.print(Omega[NowSt]);
             break;
    case Q2: Serial.print(Omega[NowSt]);
             digitalWrite(LED_pin, HIGH);
             delay(500);
             digitalWrite(LED_pin, LOW);
             Eflag = true;
    default: break;
  }
}
```

このほかの loop()，st_func() は，図 6.15 に示したように SM_ev_odd.ino と同じでよい．また，この例の場合には図 6.15 「④リセット」を含んでいる setup() では 20 行目を削除する．

以上の変更を済ませて，スイッチ A を 4 度押すことで合計 400 円を入力したときのシリアルモニタへの出力結果（デバッグ用出力）は，次のとおりである．

```
0--1--> 1/100 --1--> 2/200+T --0--> 0/0 --1--> 1/100 --1--> 2/200+T
 --0--> 0/0
```

状態ならびに入力はマクロで定義された通し番号で表されているため，この実行結果は例 5.5 の状態遷移系列と同じ次式を表す．

$$q_0/\langle\!\langle 0\rangle\!\rangle \xrightarrow{100} q_1/\langle\!\langle 100\rangle\!\rangle \xrightarrow{100} q_2/\langle\!\langle 200+\mathrm{T}\rangle\!\rangle \xrightarrow{\varepsilon} q_0/\langle\!\langle 0\rangle\!\rangle \quad \cdots$$

■

参考 1.3 節では，マイクロコンピュータ内部でのディジタル処理のために，アナログ信号の閾値によるディジタル化と，ディジタル信号の PWM によるアナログ化について述べた．そして，5.2 節では対象システムを順序機械，すなわち「入力に応じた状態遷移と出力を繰り返すシステム」としてモデリングする方法について述べた．順序機械での状態遷移は有限個の状態群のなかでの遷移であり，1 つの状態に留まっている間はシステムは変化しない．このモデリングは実世界を離散的なモデルでの表現に相当する．

これに対して，実世界の連続的な変化と離散的な変化が混在したままの**ハイブリッドシステム** (hybrid system)[9] としてモデリングする方法がある．ハイブリッドシステムでは，離散的な変化は状態の遷移によるが，連続的な変化は 1 つの状態に留まりながら行われるものとする．たとえば，自動車の変速機の 1 速，2 速，…，後退や，歩行ロボットの前進，後退などはハイブリッドシステムである．このようなハイブリッドシステムのためのモデルとしては，ハイブリッドオートマトンなどが提案されている．

章末問題

6.1 プログラムの不具合の検出・修正の作業（デバッグ）の観点から，マクロ定義の利用と `const` 変数の利用の違いについて述べよ．

6.2 プログラム `SW.ino`▶▶6.3.1項 の 13〜17 行目を，変数 `SW_State` の値を有効利用して簡潔に書き直せ．また，プログラム `SW_toggle.ino`▶▶6.3.2項 の 16〜23 行目も変数 `SW_State` の値を有効利用することで簡潔になる．`SW_State` のとる値が 0 と 1 に限られることをヒントに 16〜23 行目を簡潔に書き直せ．

6.3 例 5.3 を，2 つのスイッチ (SW_A, SW_B)，3 つの LED (LED_A, LED_B, LED_C)，1 つの圧電スピーカ SP を用いて実装せよ．ただし，これらは次のように用いることとする．

- SW_A, SW_B を，50 円玉，100 円玉の投入のために用いる．
- LED_A, LED_B, LED_C を投入総額 50，100，150 円を表すためにそれぞれ用いる（すべて消灯時が 0 円）．
- SP を切符の発券のために用いる．

すなわち，SW_A, SW_B を押すと，投入総額に対応する LED が点灯し，200 円になったときに SP が鳴るという動作を実現せよ．なお，SP を鳴らしたあとには，初期状態に戻り，繰り返し発券できるようにせよ．

6.4 章末問題 6.3 において，シリアル通信を用いて，シリアルモニタ上に投入総額を表示せよ．

6.5 2 つのスイッチ SW_A, SW_B を用いて LED を次のように点灯させる Arduino プログラムを作成せよ．ただし，スイッチを一度押したときの明暗の変化の度合いは各自で定めるものとする．

- SW_A を押すたびに LED は徐々に明るくなる．
- SW_B を押すたびに LED は徐々に暗くなる．
- 初期状態では LED は消灯している．

7 組込みソフトウェアの作成技法

7.1 データ入力の技法

7.1.1 チャタリング現象と対策

SW.ino▶▶6.3.1項や SW_toggle.ino▶▶6.3.2項を実行するとき，スイッチを押し続ける，一瞬だけ押す，軽く押す，強く押すなどの押し方やタイミングによっては，LED の点灯/消灯が不安定になることがある．この現象が生じる要因を SW_toggle.ino の関数 loop()（抜粋）を用いて説明する．

次のプログラムにおいて，「スイッチが押されたかどうか」の判定は，15 行目で変数 SW_State に代入された値をもとに，16, 20 行目で行われている．もし，「スイッチが押されていない」，すなわち SW_State の値が OFF ならば，20 行目のあとは 15 行目が再び実行される．

```
15 { SW_State = digitalRead(SW_pin); // SW の状態の読み込み
16   if (State==q0 && SW_State==ON)  // q0-->q1
17   { State = q1;                   // 状態遷移
 :                         :
20     else if (State==q1 && SW_State==ON) // q1-->q0
21     { State = q0;                // 状態遷移
 :                         :
24 }
```

図 7.1(a) に示すサンプリング間隔が短ければ短いほど，スイッチを押すタイミングと 15 行目で digitalRead(SW) による読み込みが一致しやすくなる．しかし，人間が SW を押すという動作に比べて，組込みシステムが 15 行目を繰り返す間隔が非常に短いため，図 (a) の「1 回押す」という行為の間に 15 行目が複数回実行され，16 行目が真になった直後の繰り返し時に，今度は 17 行目で SW_State が q1 になって 20 行目が真になることもありえる．このことが，LED の点灯/消灯が不

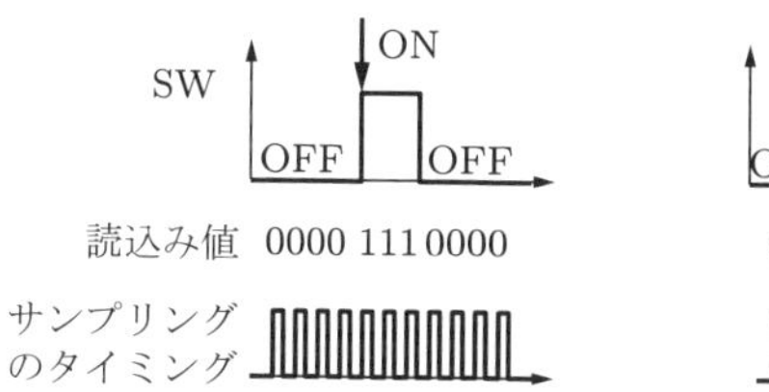

（a）スイッチの押下と読込み値

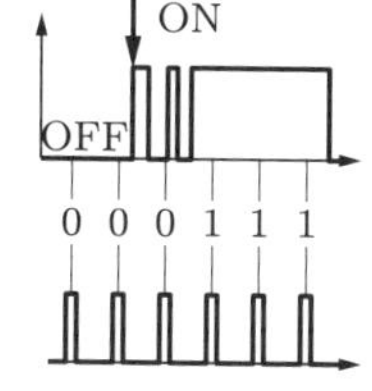

（b）サンプリング間隔の変更

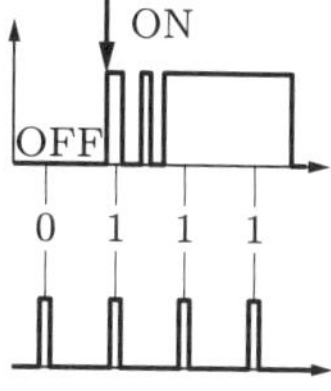

（c）チャタリング

図 7.1 スイッチの押下とサンプリング間隔

安定になる要因の 1 つである．

この現象への 1 つ目の対策として，スイッチが押され続けている間の入力信号を無視したのが次のプログラム SW_chattering.ino である（回路は図 6.5）．

SW_chattering.ino

```
1  #define OFF LOW
2  #define ON HIGH
3  const int LED_pin = 11;     // D11
4  const int SW_pin = 2;       // D2
5  int SW_State = OFF;         // 最新の状態（を保持）
6  int SW_State_old = OFF;     // 直前の状態（を保持）
7  int LED_State = LOW;
8  void setup()
9  { pinMode(LED_pin, OUTPUT);
10   pinMode(SW_pin, INPUT);
11 }
12 void loop()
13 { SW_State = digitalRead(SW_pin);
14   if (SW_State==ON && SW_State_old==OFF)
15   { LED_State = 1 - LED_State;    // 点灯<-->消灯
16     digitalWrite(LED_pin, LED_State);
17   }
18   SW_State_old = SW_State;  // 現在の状態の更新
19 }
```

SW_chattering.ino では，変数 SW_State_old（前回の読み取り値）を導入し，14 行目で今回の読み取り値 SW_State が ON で，SW_State_old が OFF であれば，SW が押されたと判断する[▼1]．そして，次回の入力値を読み取る直前に，18 行目で SW_State_old を更新して，SW_State とする．

2 つ目の対策が，図 7.1(b) のように**サンプリング間隔**を長くする[▼2]ことである．しかし，スイッチは機械部品（ばねなど）からなるため，スイッチの押しはじめに，極短時間ではあるが接点が接触/非接触を繰り返してしまう．すると，サン

▲1 OFF から ON に変化したため，SW が押されたと判断する．
▲2 たとえば，loop() のなかで delay() を呼び出す．

プリング間隔によっては図 (c) のような不規則な ON/OFF 信号が観測されるため，この対策をとっても動作が不安定になることがある．この現象は**チャタリング** (chattering) あるいは**バウンス**とよばれ，読み取られた値は不確かなものとなる．チャタリングの時間は，スイッチの種類に応じておおむね次のとおりである．

- キーボードのスイッチ：5〜10 ミリ秒
- 押しボタンスイッチ：20〜30 ミリ秒
- トグルスイッチ：30〜50 ミリ秒

さらに，スイッチの接点は金属なので，金属どうしの接触時に火花放電が起こることもある．図 6.5(a) に抵抗器が用いられているのは，電流の大きさを制御してこれを防止するためでもある．6.5 節で述べた**プルダウン抵抗**や**プルアップ抵抗**にはこの役割もある．

7.1.2　ビジーウェイトとポーリング

周辺装置からの入力の有無を常に調べるためには，図 7.2(a) のように入力が得られるまで待ち続けるとよい．この方式を**ビジーウェイト** (busy wait) という．次のプログラムは，D11 からの入力が HIGH になるまで待ち続けるものである．

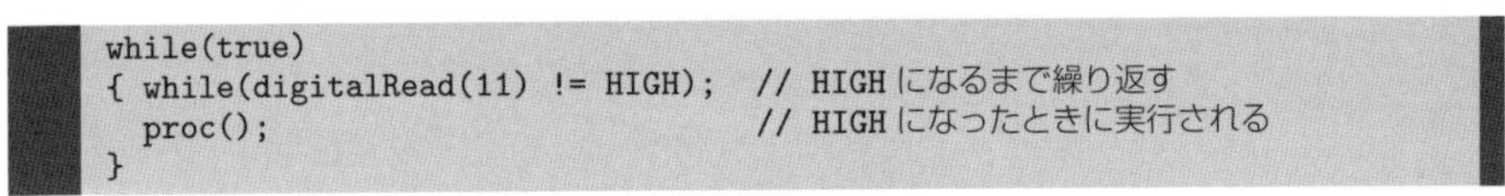

```
while(true)
{ while(digitalRead(11) != HIGH);   // HIGH になるまで繰り返す
  proc();                           // HIGH になったときに実行される
}
```

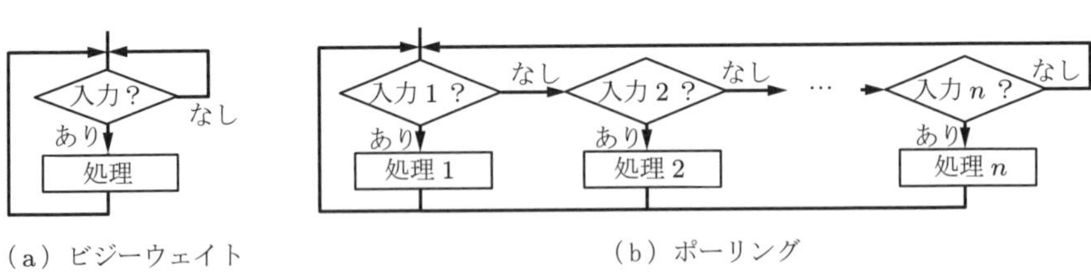

（a）ビジーウェイト　　（b）ポーリング

図 7.2　ビジーウェイトとポーリング

SW_toggle.ino▶▶6.3.2項の 15 行目の digitalRead(SW_pin) も，loop() によって繰り返して呼び出されており，ビジーウェイトによる入力方式である．

周辺装置が複数ある場合，図 7.2(b) のように，各装置からの入力信号の有無のチェックを一定間隔ごとに周期的に行う方式が有効である．この方式は**ポーリング** (polling) とよばれ，接続されている複数個の周辺装置の 1 つ 1 つに対して，入力信号の有無が順番にチェックされる．たとえば，D11, D10, ⋯ と，周辺装置が接続されているピンを順番に調べていくのが次のプログラムである.

```
while(true)
{ if (digitalRead(11) == HIGH)      // D11 の入力チェック
  { proc11(); }
  else if (digitalRead(10) == HIGH) // D10 の入力チェック
  { proc10(); }
  else if (digitalRead(9) == HIGH)  // D9 の入力チェック
  { proc9(); }
  :
}
```

ポーリングを用いて, 図 7.2(b) のように入力の有無をチェックする順番を固定する場合, どの装置からも入力がなかった場合と, いくつかの装置からの入力があった場合とでは, 各装置の入力がチェックされる回数は異なることから, 優先順位を考慮しなければならない.

7.2 割込み処理

7.2.1 割込みルーチン

ビジーウェイトやポーリング▶▶7.1.2項では, ひたすら入力を待ち続けることになる. そのため, 入力がないときにはほかの処理を何も行えない. もし, 通常行うべき処理があり, 入力があったときに限り, 通常の処理を中断して入力に対応する処理を行うためには, **割込み処理**▶▶3.4.4項が有効である.

たとえば, 2 つのスイッチ A, B があり, スイッチ A が押されたら処理 A を, スイッチ B が押されたら処理 B を, いずれのスイッチも押されていなければ処理 C を, それぞれ行うことを割込みで実現してみる.

スイッチ A, B の押下をそれぞれ割込みイベントとすれば, 処理 C の実行中に**割込みイベント**が発生したときに, 処理 A, B それぞれを割込みルーチンとして実行すればよい. そのためには, 割込みイベントを検出するためのハードウェアとしての仕組みが必要である. Arduino の場合, D2, D3 へ入力される信号を割込みイベントとして検出できる. この仕組みを用いることで, 図 7.3 のように, 計測装置から D2, D3 に入力される信号が「LOW から HIGH に上がったとき」などを割込みイベント発生とみなせる. なお, 割込みイベントが発生したときに実行すべき処理は, **割込みルーチン**としてプログラム中に記述する.

Arduino では, 関数として記述された割込みルーチンを実行するための準備として, 次の `attachInterrupt()` を `setup()` のなかで呼び出しておく.

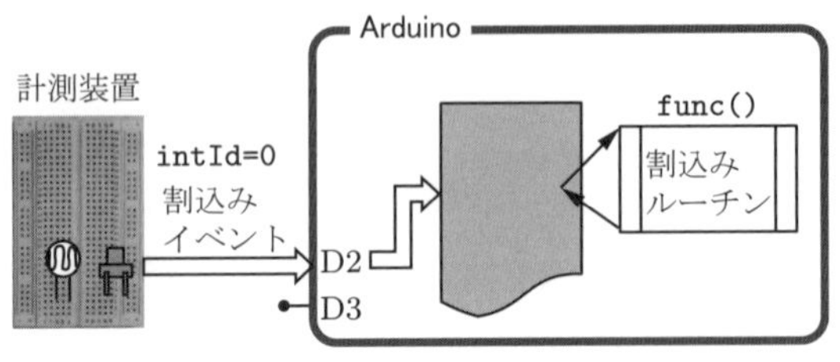

図 7.3　外部割込み

```
void attachInterrupt(intId, func, mode);
```

ここで，`intId` は D2, D3 のどちらを使うのかを指定する割込み番号（0 または 1），`func` は割込みルーチンを記述した関数名を表す．`mode` は割込み信号を割込みイベントとみなす割込み条件で，`LOW`（LOW の間），`CHANGE`（変化したとき），`RISING`（LOW から HIGH に上がったとき），`FALLING`（HIGH から LOW に下がったとき）である．

割込みルーチンを作成するときには，次のことに注意しなければならない▼1．

- 割込み処理中は，関数 `delay()` は機能しない．
- 関数 `millis()` の戻り値は増加しない．
- シリアル通信により受信したデータは，失われる可能性がある．
- 割込みルーチンのなかの大域変数は，`volatile`▼2を付けて宣言する．

次に，サンプリングによって実現したトグル処理（`SW_toggle.ino`）▶▶6.3.2項を，割込みルーチンを利用して実現してみる．次のプログラム `interrupt_toggle.ino` は，スイッチを押したときと離したときをそれぞれ割込みイベントとした例である．

interrupt_toggle.ino

```
const int LED_pin = 11;      // D11
volatile int Cval = 0;       // 割込みルーチンで参照される変数
volatile int Dval = 0;       //        同上
volatile int State = HIGH;   //        同上
void setup()
{ Serial.begin(9600);
  pinMode(LED_pin, OUTPUT);
  attachInterrupt(0, toggle, CHANGE); // 割込み番号：0(D2)
}
void loop()  // -------- 通常処理 --------
{ Serial.print(Cval);
  Serial.print(":");
  Serial.println(Dval);
```

▲1　https://www.arduino.cc/reference/en/のなかの `attachInterrupt()` を参照のこと．

▲2　`volatile` は，最適化の抑制，暗黙の型変換を許可しない場合に用いる．

```
14     digitalWrite(LED_pin, State); // LEDの点灯/消灯
15     Cval++; delay(200);           // Cvalの更新：0.2秒遅延
16     Cval++; delay(200);           //      同上
17     Cval++; delay(200);           //      同上
18     Cval++; delay(200);           //      同上
19     Cval++; delay(200);           //      同上
20   }
21   void toggle() // -------- 割込みルーチン --------
22   { State = !State;
23     Dval = Cval;
24   }
```

8行目で割込み番号を0に指定しているため，スイッチは図6.5(a)のようにD2に接続すればよく，pinMode()で指定する必要はない．また，割込みルーチンをtoggle()，割込み条件をCHANGEとする．これにより，スイッチを押したときと離したときが割込みイベントの発生となり，toggle()が呼び出される．割込みイベントの発生のタイミングをわかりやすくするために，2つの変数CvalとDvalを導入し，通常処理では，11～13行目で両者の値をシリアルモニタに表示するとともに，14行目で変数Stateに応じたLEDの点灯(HIGH)/消灯(LOW)を行い，15～19行目でCvalの値を更新する．Cvalの値の更新は0.2秒間隔で5回行われるため，変数の表示とLEDの点灯/消灯は1秒ごとに行われる．

割込みルーチンtoggle()が呼び出されると，22行目でStateの値が論理否定「!」によって反転（HIGH→LOW，LOW→HIGH）される．さらに，23行目でCvalの値がDvalに代入される．なお，toggle()のなかで参照される大域変数はいずれもvolatile宣言しておく．

たとえば，図7.4のように，スイッチを0.6～0.8秒の間で押したときが割込みイベントの発生にあたり，DvalにそのときのCvalの値3が代入され，StateはHIGHからLOWに変わる．さらにスイッチを押し続けていると，時刻1秒のときにCvalの値5とともにDvalの値3が表示され，このときにLEDは消灯する．その後，スイッチを1.6～1.8秒の間で離したとすると，時刻2秒のときにCvalの値10とともにDvalの値8が表示され，LEDは点灯する．

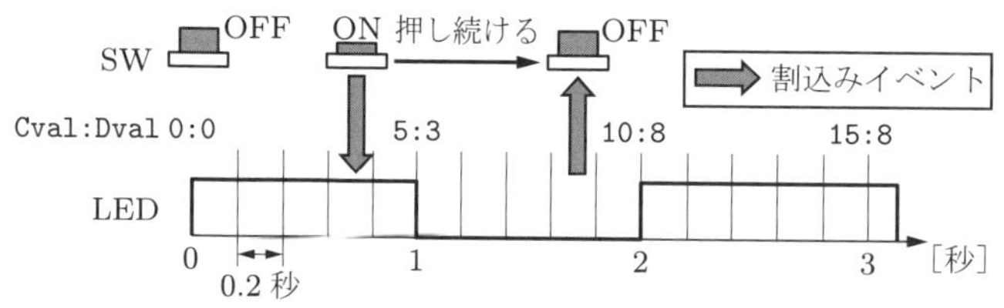

図7.4 LEDとスイッチ回路の割込み処理

interrupt_toggle.ino のなかには，割込みルーチン toggle() を呼び出している箇所はない．それでも，割込みイベントが発生したときに toggle() が自動的に呼び出されることに注目してほしい．

7.2.2 割込み処理の留意事項

割込みルーチンでの処理が，不定期に行われる緊急対応のための処理である場合，処理はできるだけ簡潔に短時間で終わるようにするとよい．割込みルーチン実行中は通常処理は中断されるので，必要最小限の処理だけを割込みルーチンで行うことが望ましい．

一方，メールを書いている最中に電話がかかってきたような場合には，割込みルーチンが終わる時間が正確に予測できない．このような場合には，割込みルーチン実行中に新たな割込みイベントが発生する（**多重割込み**）ことも考えられる．このようなことに対して，あらかじめ次のような方策を立てておくとよい．

- 割込みルーチン実行中は，新たな割込みイベントの受付を禁止する．
- 多重割込みに対応したライブラリなどを導入する．

また，割込みルーチンを終えて通常処理を再開したときに，割込みルーチン実行前の処理を滞りなく続けられるかどうかを考慮する必要がある．たとえば，割込みルーチン実行中に，「通常処理のなかで参照している大域変数を書き換える」，「通常処理のなかで呼び出している関数を呼び出す」場合などに，割込みルーチンが通常処理に影響を与える可能性がある．とくに，デッドロック▼1が生じないようにすべきである．

7.2.3 割込みイベント受付の禁止

割込み処理中の副作用を防ぐため，中断されることなく特定の処理を継続したい場合などには，新たな割込みイベントを受け付けない，すなわち，割込みイベント受付禁止にする必要がある．

たとえば，割込み番号 intId の割込みイベント発生の検出を無効にするには，次の detachInterrupt() を用いる．

```
void detachInterrupt(intId);
```

intId は D2, D3 のどちらかを使う．

▲1　プログラムの実行が停止して処理を進めることができなくなる状態のことである．

割込みイベント受付の禁止は，noInterrupt() によっても行える．ただし，割込みイベント受付が禁止されている間は，割込みイベントを利用して実現されている delay() のような関数やシリアル通信が機能しなくなる．割込みイベント受付を禁止したのち，再び割込みイベント受付可とするには，次のように interrupts() を呼び出す．

```
        :
noInterrupts(); // 割込みイベント受付禁止開始
// 割込みイベント受付禁止中の処理を記述
interrupts();   // 割込みイベント受付再開
        :
```

7.3 タイマ割込み

7.3.1 ライブラリの使用によるタイマ割込み

ある一定の間隔で特定の割込み処理を行いたい場合，図 7.5 に示すように，タイマを使った**タイマ割込み**を利用するとよい．そのためのライブラリの 1 つが MsTimer2 である．ライブラリをダウンロードして，Arduino IDE のライブラリフォルダに保存しておく[▼1]．さらに，プログラムの先頭でライブラリ用のヘッダファイルを次のようにしてインクルードしておくと利用できる．

```
#include <MsTimer2.h>
```

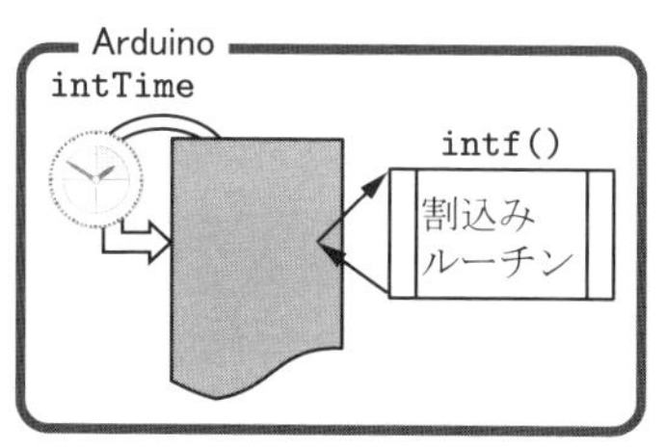

図 7.5 タイマ割込み

t ミリ秒間隔で割込みルーチン intf() を呼び出したいときには，setup() のなかで，次の 2 つの関数を呼び出しておく．

```
MsTimer2::set(t, intf);
MsTimer2::start();
```

▲1 https://playground.arduino.cc/Main/MsTimer2 ならびに 8.6.2 項参照．

次のプログラム interrupt_MsTimer2.ino は，たとえば，図 6.5(a) の回路において，図 7.6 のように D11 の LED を点灯/消灯させるために，10 行目で 0.6 秒間隔で割込みルーチン flash() を呼び出している．

interrupt_MsTimer2.ino

```
1  #include <MsTimer2.h>          // ヘッダファイルのインクルード
2  const int LED_pin = 11;        // D11
3  void flash() // ------ タイマ割込みルーチン ------
4  { static int state = HIGH;  // LED の状態保持のための静的変数
5    digitalWrite(LED_pin, state);
6    state = !state;            // 点灯<-->消灯
7  }
8  void setup()
9  { pinMode(LED_pin, OUTPUT);
10   MsTimer2::set(600, flash); // 0.6 秒ごとに flash() を呼び出し
11   MsTimer2::start();         // タイマスタート
12 }
13 void loop() // -------- 通常処理 --------
14 {            // 処理はなし
15 }
```

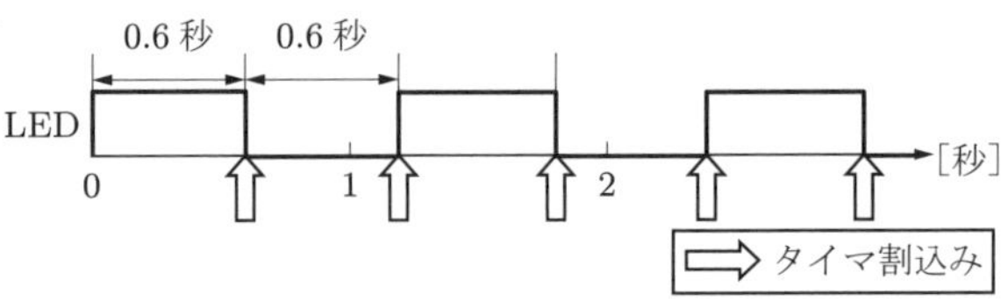

図 7.6　タイマ割込み

通常処理で行うべきことがないため関数 loop() の本体は空ではあるが，タイマ割込みによって 0.6 秒ごとに割込みルーチン flash() が呼び出されると，5 行目によって LED は state の値に応じて点灯/消灯し，6 行目で state の値は反転する．このために，変数 state を静的変数（static 宣言）とし，関数呼び出し終了後にも値が保持されるようにしている．

■ 7.3.2　タイマと周辺装置からの割込み

割込みイベントを，たとえば，図 6.5(a) の回路において，interrupt_MsTimer2.ino ▶▶7.3.1項 のタイマ割込みと interrupt_toggle.ino ▶▶7.2.1項 のスイッチによる割込みイベントの 2 種類にしたプログラムが，次の interrupt_timer2.ino である．

interrupt_timer2.ino

```
1  #include <MsTimer2.h>       // ヘッダファイルのインクルード
2  const int LED_pin = 11;     // D11
3  volatile int Dval = 0;      // 割込みルーチンで参照される変数
4  volatile int Cval = 0;      //          同上
5  void flash() // ------ タイマ割込みルーチン ------
6  { static int state = HIGH; // LEDの状態保持のための静的変数
7    digitalWrite(LED_pin, state);
8    state = !state;           // 点灯<-->消灯
9    Dval = Cval;
10 }
11 void setup()
12 { pinMode(LED_pin, OUTPUT);
13   Serial.begin(9600);
14   attachInterrupt(0, clear, CHANGE);  // 割込み番号：0(D2)
15   MsTimer2::set(600, flash);          // 0.6秒ごとにflash()を呼び出し
16   MsTimer2::start();                  // タイマスタート
17 }
18 void loop()  // --------- 通常処理 --------
19 { Serial.print(Cval);
20   Serial.print(":");
21   Serial.println(Dval);
22   Cval++; delay(200);
23   Cval++; delay(200);
24   Cval++; delay(200);
25   Cval++; delay(200);
26   Cval++; delay(200);
27 }
28 void clear() // ------- スイッチによる割込みルーチン -------
29 { Cval = 0;
30 }
```

通常処理では，interrupt_toggle.ino と同様に，Cval と Dval の値をシリアルモニタに表示したのち，Cval の値に 1 を 0.2 秒ごとに 5 回加える．

タイマ割込みは 15 行目で 0.6 秒ごとに発生することとし，割込みルーチン flash() では，7 行目で変数 state の値に応じて LED を点灯/消灯したのち，8 行目で state の値を反転する．さらに，9 行目で Dval に Cval の値の代入する．一方，スイッチ操作による割込みイベント発生時には，割込みルーチン clear() において，Dval の値を 0 にする．

たとえば，図 7.7 では，0.6 秒でタイマ割込みが発生し，LED が消灯する．このとき，Dval へは Cval の値 3 が代入され，1 秒のときに Cval と Dval の値が表示される．1.6〜1.8 秒の間でスイッチが押されると Cval は 0 になり，再び増分されていく．1.8 秒でタイマ割込みが発生したときに Cval の値 1 が Dval に代入され，2 秒のときに Cval と Dval の値が表示される．その後，タイマ割込みが発生する 3 秒のときにスイッチが離されれば，Cval と Dval がともに 0 となり，値が表示されて LED は消灯する．

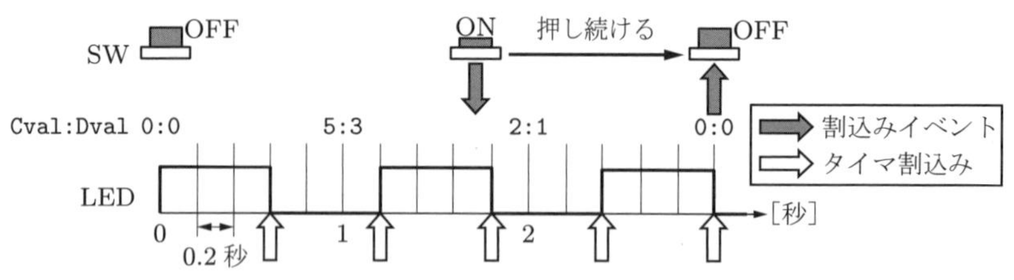

図 7.7　タイマと周辺装置からの割込み

7.3.3　ウォッチドッグタイマ

プログラムの暴走を監視し，必要に応じてプログラムをリセットする仕組みの1つに，次の動きをする**ウォッチドッグタイマ** (watchdog timer) がある．

- クロックをもとに経過時間に相当するカウンタ `ct` を増加する．
- `ct` が設定値 `wt` を超えたら，プログラムを強制リセット▼1する．

このウォッチドッグタイマを利用すると，プログラムのなかに「一定時間 `wt` が経過するまでにカウンタ `ct` をリセットする」ためのコードを挿入しておけば，プログラムが暴走した（`ct` がリセットされなかった）ときにプログラムをリセットできる．

カウンタ `ct` のリセットは，図 7.8(a) のように繰り返し処理の適当な箇所で関数 `wdt_reset()` を呼び出すことで行われる．この図の場合，「処理 A，処理 B，…」が正常に終わったときには，`wdt_reset()` が呼び出されてカウンタ `ct` が 0 になる．もし，「処理 A，処理 B，…」の実行に通常以上に時間がかかったり，プログラムが暴走してしまったりするときには，`wdt_reset()` の呼び出しが行われず，カウンタ `ct` が設定値 `wt` を超えてしまう．そうなると，図 (b) のように，ウォッチドッグタイマによってプログラムが強制的にリセットされる．そこで，`wt` はある

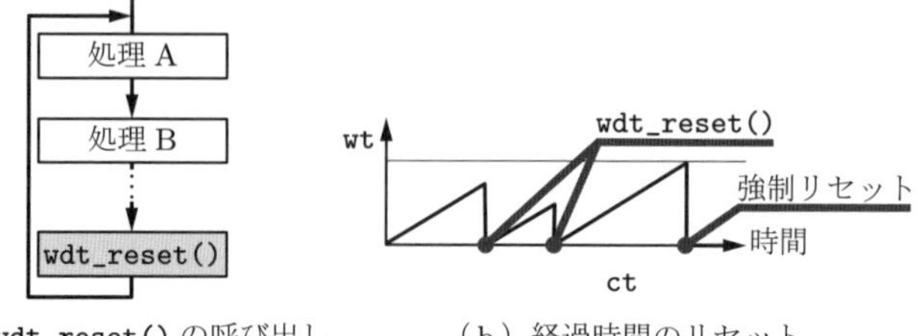

（a） `wdt_reset()` の呼び出し　　（b） 経過時間のリセット

図 7.8　ウォッチドッグタイマ

▲1　Arduino 本体の RESET ボタンを押したことと同様である．

程度の余裕をもたせて「処理 A，処理 B，…」が正常終了するのにかかる時間にしておく．

ウォッチドッグタイマを使用するための手順は以下のとおりである．

① プログラムの先頭でヘッダファイルをインクルードする．このヘッダファイルには，ATmega328P[1]のウォッチドッグタイマを操作するのに必要なマクロが記述されている．なお，このヘッダファイルは Arduino の処理系の一部として含まれており，新たにダウンロードする必要はない．

```
#include <avr/wdt.h>
```

② `setup()` のなかで，経過時間の設定値 `wt` を指定する．

```
wdt_enable(wt);
```

ここで，設定値 `wt` は次のマクロ `WDTO_xS`（x 秒）または `WDTO_yyMS`（yy ミリ秒）で指定する[2]．

```
#define  WDTO_15MS    0
#define  WDTO_30MS    1
#define  WDTO_60MS    2
#define  WDTO_120MS   3
#define  WDTO_250MS   4
#define  WDTO_500MS   5
#define  WDTO_1S      6
#define  WDTO_2S      7
#define  WDTO_4S      8
#define  WDTO_8S      9
```

③ `loop()` のなかでカウンタをリセットする．

```
wdt_reset();
```

ウォッチドッグタイマの設定値 `wt` を 2 秒 (`WDTO_2S`) とし（6 行目），その間に図 6.5(a) のように D2 に接続されたスイッチ SW が押されなかったら強制的にリセットするようにしたのが，次のプログラム `wdt.ino` である．

wdt.ino

```
1 #include <avr/wdt.h>     // ヘッダファイルのインクルード
2 const int SW_pin = 2;   // D2(割込み処理用)
3 int Flag = 1;
4 int SW_State = 0;
5 void setup()
6 { wdt_enable(WDTO_2S); // ウォッチドッグタイマの設定値
7   pinMode(SW_pin, INPUT);
8   Serial.begin(9600);
9   Flag = 2;
```

▲1 Arduino に搭載されている ATmega328P は，アトメル社製の AVR マイコンの一種である．

▲2 これらのマクロはヘッダファイル `wdt.h` に記載されており，プログラム中に記入する必要はない．

```
10     Serial.println("init");
11   }
12   void loop() // -------- 通常処理 --------
13   { while(Flag)
14     { SW_State = digitalRead(SW_pin);
15       Serial.println(Flag);
16       if (SW_State == HIGH)
17       { Flag = 0;                       // ループ終了
18       }
19        delay(200);
20     }
21     Serial.println("Push!!");
22     wdt_reset();              // ウォッチドッグタイマのリセット
23     Flag = 3;
24   }
```

13～20 行目の while 文の実行が終えたとき（ループから抜け出せたとき）に，22 行目でカウンタ ct をリセットしている．while 文は，スイッチ SW が押されて，14 行目で SW_State が HIGH になり，17 行目でウォッチドッグタイマのはたらきを確かめるための変数 Flag が 0 になったときに繰り返しを終える．すなわち，このプログラムの場合，2 秒（WDTO_2S）以内にスイッチ SW が押されることが繰り返されるかぎりは，プログラムの実行が継続される．しかし，スイッチが押されずに 2 秒が経過すると，強制リセットされる．

7.4　組込みソフトウェアにおけるビット演算

LED の点灯/消灯のように，2 つの状態をプログラムで表現する方法にはいくつかある．たとえば，SW_toggle.ino▶▶6.3.2項では 1 個の LED の状態を int 型の State で表している．ほかにも，図 7.9 のように，変数の値を 2 進法で表したときの各ビットで表すこともできる．この場合，1 個の LED の点灯/消灯の組合せを 1 ビットで表すことができるので，byte 型の 1 つの変数 x で最大 8 個の LED の点灯/消灯を表現でき，1 つの変数に対する演算で複数の LED を制御できることから高速化が図られる．さらに，プログラムが必要とするメモリサイズが少なくて済むことから，メモリ容量に制限がある組込みシステムには適している．この方法を行

図 7.9　1 つの変数での複数の LED の点灯/消灯

うためには，変数の値を表す各ビットに対して直接扱う**ビット演算**▶▶付録C.2節が必要である．ビット演算には以下で述べる種類がある▼1．

ビット単位AND「&」には特定のビットを選択して取り出す効果がある．たとえば，「x & B00000011」によって，xの1ビット目と2ビット目が取り出される．すなわち，演算結果の下位2ビットはxのものになり，それら以外はすべて0になる．この演算を**マスキング**という．また，特定のビットが「1 (ON)」か「0 (OFF)」かをチェックするためにはビット単位ANDが有用である．たとえば，「x & B00000001」によって，xの1ビット目が「1 (ON)」か「0 (OFF)」かを判定できる．

ビット単位OR「|」には特定のビットを1にする▼2効果がある．たとえば，「x | B0100」によって，xの3ビット目の値に関わらず，3ビット目が1になる．

ビット単位XOR「^」を用いれば，2つの変数が同じであるかどうかがわかる．排他的論理和XORは異なる値（1と0）の場合だけ1になるため，たとえばx^yによって，xとyが等しいかどうかをチェックできる．条件式x==yでも判定できるが，x^yによるほうが高速に判定できる．

ビット単位NOT「~」は各ビットを反転(1/0)する効果がある．一般に，2進法表示のxの負数（2の補数表現）は~x+1（xをビット反転し，1を加える）で求められる．

シフト演算「>>」を用いれば，たとえば，1バイトの変数xの各桁に8個のスイッチのON/OFFが格納されているときの，変数xのなかの1であるビットの個数（スイッチがONの個数に相当）は，次のプログラムで求めることができる．

```
int num = 0;
for (int i < 0; i < 8; i++)
{ if ((x >> i) & B00000001) { num++; }
}
```

iを0から7へ変えながら，xをiビット右シフトしたときに1ビット目が1である場合に変数num+=1を加算していくことで，numにはxのなかの1の個数が代入される．

▲1 論理演算（AND，OR，NOT）▶▶付録C.1節と区別するために「ビット単位」を付けた．
▲2 特定のビットを1にすることをビットを「立てる」とよぶ．

7.5　コーディング作法

文章の書き方に「作法」があるように，プログラムの書き方にも「作法」がある．とくに，複数人によるプログラムの共同開発では，品質確保のために，あらかじめコーディング時に守るべきルールを定めておくと有効である．このようなルールを**コーディング規約** (coding style) という．コーディング規約には，主に次の項目に関するルールが含まれている．

- 保守性（可読性向上）：整形スタイル，コメントの書き方，変数や関数の名前の付け方，修正しやすい書き方など
- 信頼性（不具合発生回避）：誤動作を防ぐ書き方，エラー発生時の対処法，反応時間の高速化，メモリの使用方法など
- 移植性（ターゲット変更対応，シリーズ化対応）：ハードウェアに依存した書き方の回避など

本書におけるコーディング規約の一部を次に示す．原則としてこの規約にもとづいてプログラムを表記しているが，紙面の都合上，「1 行に複数個の文を記述する」など，ルールに従っていない箇所もある．

① 整形スタイルの統一：関数の型は関数名の前に，ブロックの左括弧は行頭に記述する．

② インデントの統一：関数，繰り返し文，条件文の本体は字下げする．

③ 変数宣言時に初期値を設定：大域変数と局所変数には初期値を代入しておく．

④ 繰り返し文，条件文のブロック化：繰り返し本体の文が 1 つであってもブロックで囲む．

⑤ 演算の優先順位の明記：暗黙の優先順位に従う場合でも，たとえば，`x/y+u*v` を `(x/y)+(u*v)` のようにカッコ `( )` を明記する．

⑥ 命名の仕方の統一：大域変数の頭文字は英大文字，そのほかの場合は小文字に統一する．

コーディング規約の例としては，『組込みソフトウェア開発向けコーディング作法ガイド』[10]や『MISRA-C』[11]，『CERT C コーディングスタンダード』[12] があげられる．これらのコーディング規約のほかに，開発現場独自に定めている規約（既知のバグと同様なコードが含まれていないか，バグの発生を防ぐための対策が施されているかなどのルール）をもとに検査が行われている．人間の目視による検査の

場合，検査精度は実施者の経験や技術力に依存するため，自動検査ツールも活用されている．

章末問題

7.1 `interrupt_toggle.ino`▶▶7.2.1項を実行し，SW を何度か押したときに表示される **Cval**, **Dval** の値を用いて，このプログラムで行われている割込み処理について説明せよ．

7.2 `interrupt_timer2.ino`▶▶7.3.2項を実行し，SW を何度か押したときに表示される **Cval**, **Dval** の値を用いて，タイマによる周期的な割込み処理，ならびに SW による任意のタイミングでの割込み処理について説明せよ．

7.3 `wdt.ino`▶▶7.3.3項を実行し，表示される変数 **Flag** の値（2 または 3）をもとに，リセットされるタイミングを答えよ．また，ウォッチドッグタイマで強制リセットされたあとに，プログラムのどこから再開されるのかを答えよ．

7.4 複数個のセンサからの入力処理を，「ポーリング」，「割込み」のそれぞれで実現するメリット，デメリットを述べよ．

8 組込みシステムのテスト技法

8.1 モデルベース開発と品質

8.1.1 品質保証のためのテスト

組込みシステムの開発手法の 1 つが，**モデルベース開発**▶▶5.1.2項である．モデルベース開発では，図 8.1 のように，仕様書をもとにモデル（順序機械）を作成したのち，そのモデルをもとにプログラムや電子回路を実装する．**仕様書**の要件を満たした組込みシステムが得られたかどうかは，開発の過程で作成されたモデル，プログラム，電子回路，それぞれが望みの動作をするかどうかを確かめることでわかる．そのための作業が**テスト** (test) であり，テストによって明らかにされた誤動作や不調など不具合の原因（欠陥）のうち，主にプログラムに関することは**バグ** (bug) とよばれる．そして，バグの検出ならびにバグを取り除く作業が**デバッグ** (debug) である．

この章では，主にプログラムや電子回路を対象とした各種テスト技法について述

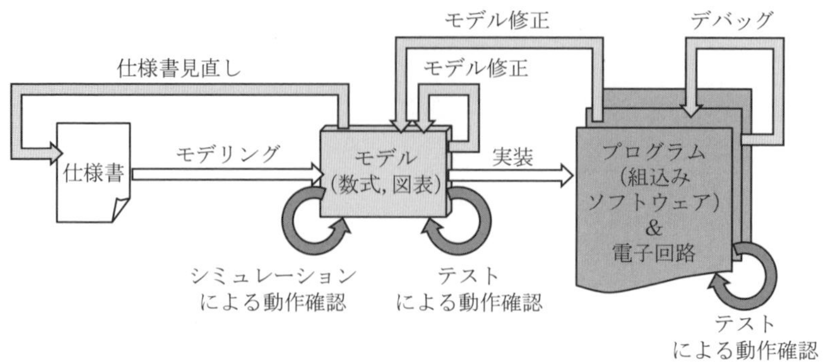

図 8.1　モデルベース開発のなかでのデバッグ

べる．なお，モデルのテストは，この章で述べるテスト手法のほかに，順序機械の動作を模倣した**シミュレーション** (simulation) を通じて行う方法もある．

8.1.2 バグ混入の防止

モデルが正しく作成された場合，プログラムにバグが含まれる時期として考えられるのは，モデルをもとにプログラムを編集しているときである．このときにバグが混入することを防ぐための手法の 1 つが，コーディング規約▶▶7.5節に準拠したプログラムの編集である．保守性や信頼性などを向上させるためのコーディング規約に従ってプログラムを作成することで，バグの混入防止が期待される．

また，プログラムに加えて，電子回路の実装時によくある誤りを認識しておくことも欠陥の混入防止に有効である．

8.1.3 プログラムと電子回路の実装手順

図 8.1 のプログラムや電子回路を実装するときの作業手順を図 8.2 に示す．

① コーディング規約を適用したプログラム編集：モデルや仕様をもとに，コーディング規約に従ったプログラムを編集する．

② 文法エラーへの対処：コンパイル時に文法エラーが発生したら，エラーメッセージをもとにプログラムを修正する．

③ 入力データによる動作テスト：プログラムを Arduino に転送したあとで，計測装置を介してデータの入力や操作をする．制御対象の動作を観測し，バグの発生の有無をチェックする．

④ プログラムや電子回路の修正：仕様で定められた望みの動作が得られない場合には，プログラムや電子回路の欠陥を見つけ出し，修正する．

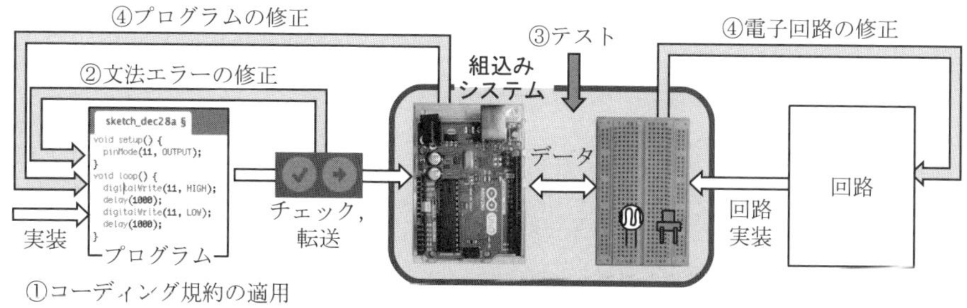

図 8.2 プログラムと電子回路の実装手順

ここでは，③における入力（データや操作）と出力（期待される動作）を合わせて**テストケース**とよぶ．

8.2 プログラムのテスト

8.2.1 テストの概要

テストは，特定のデータを入力したときのプログラムのふるまいを観察し，仕様，設計意図，ユーザの期待（要望）に合致しているかどうかを確認する作業である．

例 8.1　スイッチ SW 制御の例

6.3 節のスイッチ制御の「SW が押されている間は LED が点灯する」に対するテストでは，`SW.ino` のもとで次の 3 つの動作を調べる必要がある．

① プログラムの「転送直後」（あるいは RESET を押した直後）には『LED が消灯』している．

② SW を一定時間（たとえば，0.5, 1, 2 秒）「押し続けている間」は『LED が点灯』している．

③ SW を「押していない」ときには『LED が消灯』している．

①～③の「　」がテストデータ（計測装置への入力や操作の仕方），『　』が制御対象に期待される動作（出力）にあたる．この「テストデータ」と『期待される動作』の組合せがテストケースである．■

8.2.2 テストの種類

テストは，テストデータの利用の有無によって，次の 2 種類に分けられる．

- **動的テスト**：テストデータを入力しながらプログラムを動作させたふるまい（制御対象の動作）をチェックするテスト
- **静的テスト**：プログラムを動作させずに，プログラムの字面をチェックするテスト

動的テストではテストデータ以外が入力されたときのふるまいは確認できないため，静的テストが望ましいものの，ソースコードだけを頼りにプログラムの任意のふるまい（プログラムの状態遷移の全体）を網羅的に検査するためには，計算時間やメモリ使用量の効率化などの解決すべき課題は多い．

一方，静的テストには，プログラムがコーディング規約どおりに作成されている

かどうかを確かめることや，データフロー解析 (dataflow analysis) やモデル検査 (model checking) といった形式手法が用いられる▼1.

動的テストは図 8.2 の③にあたり，条件分岐，繰り返しなどのプログラムの構造を検査の対象とするかどうかによって，次の 2 種類に分けられる.

- **ブラックボックステスト**：テストデータに対して正しい出力が得られるかどうかを検査する．プログラムの構造は検査の対象としない.
- **ホワイトボックステスト**：プログラムの構造に着目した検査であり，テストデータに応じて実行されるプログラム中のコードを追跡する.

8.3 ブラックボックステスト

8.3.1 同値分割法

一般に，テストにかけられる時間には限りがあり，考えられる入力の組合せをすべてテストすることは現実的ではない．そのために，特定の適切な組合せの入力データに限ってテストすることに注意が必要である.

テストデータ数を減らすための有効な方法の 1 つが，同じ出力になる入力データが複数ある場合には，そのなかの 1 つだけをテストデータとすることである．**同値クラス**とよばれる同じ出力になる入力データの集まりに分割し，それぞれから**代表値**を 1 つ選び，それをもとにテストケースを構成する方法が**同値分割法** (equivalence partitioning) である.

同値分割法によるテストデータの生成手順は，次のとおりである.

① 入力データの集まりを，入力データに関する値の範囲，型，個数などの条件をもとに，処理対象とする正常な入力データからなる**有効同値クラス**と，エラーに相当する入力データの集まりからなる**無効同値クラス**に分割する.

② 有効同値クラスの要素を，出力データの違いなどのプログラムのふるまいの違いをもとに，図 8.3 の有効同値クラス A〜C のようなさらに小さな同値クラスに分割する．無効同値クラスの要素についても，必要に応じてさらに小さな同値クラスに分割する.

③ 各同値クラス（有効同値クラスならびに無効同値クラス）から代表値を 1 つ取り出してテストデータとして，テストケースを構成する.

▲1 本書では，動的テストについてのみ述べ，静的テストについては取りあげない.

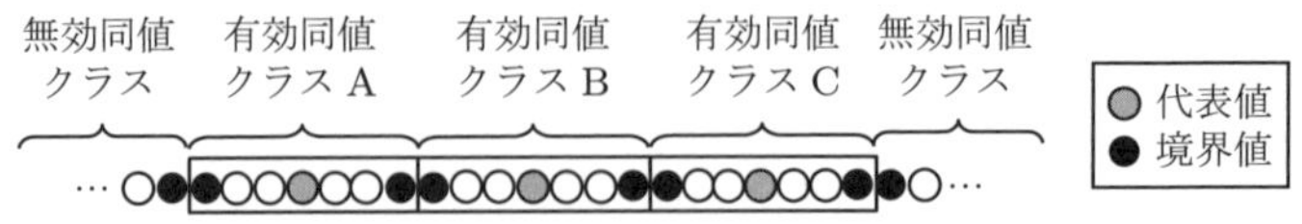

図 8.3　同値分割法と境界値分析法によるテストデータの生成例

例 8.2　同値分割法の例

「光センサによる照度の計測」のプログラム `CdS_LED.ino` ▶▶6.3.3項の場合，`analogRead()` によって 0〜1023 の範囲の値が得られること，11 行目の `if` 文の条件式 `CdS_val` ≧ 512 の真偽に応じて出力（LED の点灯/消灯）が定まることから，有効同値クラスは「0〜511（LED 消灯）」と「512〜1023（LED 点灯）」である．■

8.3.2　境界値分析法

条件式で，`x >= 0` とすべきところを `x > 0` としたり，`x > 1` とすべきところを `x > 0` としたりしたバグを発見するには，テストデータとして，0 や 1 を入力とするとよい．これらの値は**境界値** (boundary value) とよばれ，境界値をもとにテストをする方法を**境界値分析法**という．

一般に，境界値は，入力データを同値クラスに分割したときの各同値クラスの境界（最小値，最大値）にあたる値（閾値）に相当することから，境界値分析法によるテストケースの生成手順は次のとおりである．

① 入力データの集まりを，有効同値クラスと無効同値クラスに分割する．有効同値クラスは，必要に応じてさらに小さな同値クラスに分割する．

② 各同値クラスの境界値（最小値，最大値）をテストデータとして，テストケースを構成する．

8.4　ホワイトボックステスト

8.4.1　制御パステスト

ホワイトボックステストの 1 つが**制御パステスト**であり，対象とするプログラムから生成された**制御フローグラフ** (control flow graph)（単に**制御フロー**ともよぶ）[4] の各アークをたどることによりバグを見つけ出す方法である．制御フローのノードは逐次処理される複数の文（**基本ブロック**とよぶ）▼1，アークは基本ブロック

▲1　基本ブロックの最後の文は条件分岐文である．

間の実行順序の関係をそれぞれ表す．制御フローのアークの列を**実行パス**として，すべてあるいは一部の実行パスを実行する検査が制御パステストである．

例 8.3　制御パステストの実行パスの例

スイッチ制御のプログラム `SW.ino` ▶▶6.3.1項の関数 `loop()` の制御フローを図 8.4 に示す．12 行目の条件式の真偽によって分岐が行われる．`loop()` の場合，関数中の文が繰り返し実行されるため，分岐後は最初の基本ブロックに戻る．

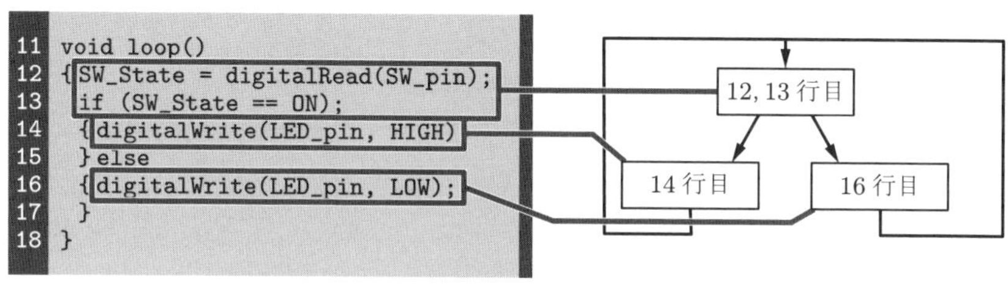

11 void loop()
12 {SW_State = digitalRead(SW_pin);
13 if (SW_State == ON);
14 {digitalWrite(LED_pin, HIGH)
15 }else
16 {digitalWrite(LED_pin, LOW);
17 }
18 }
12, 13 行目
14 行目
16 行目

図 8.4　SW の制御（`SW.ino`）の制御フロー

8.4.2　テストケースの生成法

一般に，制御パステストのテストケースの生成は次の手順による．

① 対象プログラムの制御フローを作成する．

② 制御フローのなかからテスト対象とすべき実行パスを網羅基準▶▶8.4.3項をもとにして（複数）選択する．

③ 選択した実行パスごとに，その実行パスを通ることができる入力データと期待される出力データをテストケースとする．分岐を含む実行パスの場合，その分岐に関係する条件式を真（あるいは偽）にする値を境界値分析法によって選ぶことができる．

8.4.3　網羅基準

制御フロー中の繰り返しも含めたすべての実行パスを常に検査対象とすることは現実的ではなく，検査対象を次の網羅基準にもとづいて選択する[5]．

- **命令網羅**：制御フロー中のすべての命令文を網羅するために，制御フローの各節点（基本ブロック）を少なくとも 1 回は通る実行パスを選ぶ．
- **分岐網羅**：制御フロー中のすべての分岐において，分岐後の各実行パスを網羅するために，制御フローの各アークを少なくとも 1 回は通る実行パスを選ぶ．

- **条件網羅**：制御フロー中の分岐後の実行パスを決める条件式（分岐条件）ごとに，条件式を構成する各条件が真の場合と偽の場合がテストされる．
- **複数条件網羅**：条件網羅と同様に，制御フロー中の分岐後の実行パスを決める条件式（分岐条件）ごとに，条件式を構成する各条件の真理値の組合せを網羅するとともに，分岐後の各実行パスを網羅するために，制御フローの各アークを少なくとも 1 回は通る実行パスを選ぶ．

命令網羅では命令が含まれていない，すなわち，基本ブロックがない実行パスは通らなくてもよい．これに対して，分岐網羅では基本ブロックの有無に関わらず，分岐後の各実行パスを少なくとも 1 回は通るようにしなければならない．そのため，分岐網羅でテスト対象となる実行パスのなかに，命令網羅でテストされるべき実行パスが含まれる．

たとえば，条件式が x||y の場合，x と y，それぞれが真の場合と偽の場合が含まれる．分岐網羅では x||y が真と偽の場合だけを考慮すればよいため，たとえば，「x が真，y が偽」と「x が偽，y が偽」であればよく，y が真の場合は試さなくてもよい．

一方，条件網羅では各条件が真の場合と偽の場合がテストされるが，分岐網羅のように分岐後のすべての実行パスを網羅するとは限らない．たとえば，「x が真，y が偽」と「x が偽，y が真」は，いずれも x||y が真であり，x||y が偽の場合に分岐する実行パスはテストしない．

なお，x||y の場合には，テストデータを「x が真，y が真」と「x が偽，y が偽」とすれば，条件網羅と分岐網羅をともに満たすことができるが，一般に，条件網羅のテストデータが常に分岐網羅を満たすとは限らない．

複数条件網羅では，4 通り「x が真，y が真」，「x が真，y が偽」，「x が偽，y が真」，「x が偽，y が偽」の組合せについてテストする．これにより，x と y の真理値のすべての組合せをテストデータとして，x||y が真の場合の実行パスと，偽の場合の実行パスを網羅することになる．これらをテストデータとすることにより，仮にコーディングミスなどによって x&&y と記述してしまったときにも，プログラムの動きで不具合に気づくことができる．

一般に，複数条件網羅のテストデータは，分岐網羅と条件網羅のいずれも満たす．

例 8.4　制御パステストの網羅基準例

次のソースコードについて 4 つの網羅基準をあてはめてみる.

```
st1;
if (x>1 && y>0 )
{ st2;
}
if (z==0)
{ st3;
}
st4;
```

「命令網羅」では, 4 つの命令文 st1, st2, st3, st4 が実行される実行パスを選ぶ. 一方,「分岐網羅」では, 条件式 x>1 && y>0 が真の場合の実行パスと偽の場合の実行パス, および, 条件式 z==0 が真の場合の実行パスと偽の場合の実行パスをそれぞれ少なくとも 1 回は通るためのテストデータを選ぶ. そして, 条件網羅では, 条件式を構成している 3 つの条件 x>1, y>0, z==0 のそれぞれが真と偽になる場合を含むテストデータを構成する. さらに, 複数条件網羅では, 3 つの条件の真理値の組合せを考慮しつつ, すべての実行パスをテストする.

各網羅基準に対応するテストデータの例を表 8.1 に示す.

表 8.1　テストデータの生成例

網羅基準	テストデータ	実行される命令文
命令網羅	x=2, y=1, z=0	st1,st2,st3,st4
分岐網羅	x=2, y=1, z=0	st1,st2,st3,st4
	x=2, y=0, z=1	st1,st4
条件網羅	x=1, y=1, z=0	st1,st3,st4
	x=2, y=0, z=1	st1,st4
複数条件網羅	x=2, y=1, z=0	st1,st2,st3,st4
	x=2, y=1, z=1	st1,st2,st4
	x=2, y=0, z=0	st1,st3,st4
	x=2, y=0, z=1	st1,st4
	x=1, y=1, z=0	st1,st3,st4
	x=1, y=1, z=1	st1,st4
	x=1, y=0, z=0	st1,st3,st4
	x=1, y=0, z=1	st1,st4

8.5 モデルのテスト

8.5.1 状態遷移テスト

図 8.1 のモデルとしての順序機械の状態遷移図のふるまい，すなわち，初期状態からのいくつかの実行をもとにテストデータを生成し，プログラムがモデルと同じふるまいをするかどうかを調べるのが**状態遷移テスト**である．

8.5.2 テストケースの生成法

仕様をもとに作成された状態遷移図や状態遷移表に対して，次の網羅基準をもとにいくつかのテストケースが作成される．

- ノード網羅：状態遷移図の全状態へ可達な実行を網羅するために，「各ノードに少なくとも一度は遷移する」テストケースを設ける．
- リンク網羅：状態遷移図の隣接している 2 つの状態間の全状態遷移にあたる実行を網羅するために，「各アークを少なくとも一度は通る」テストケースを設ける．

なお，状態遷移の要因となる入力の種類は考慮しないため，不具合を見逃すことがある．

例 8.5　状態遷移テストの例

SW のトグル動作▶▶6.3.2項の状態遷移図の場合，ノード網羅のためのテストケースは，初期状態 q_0 から q_1 へ状態遷移するための「SW を押す (ON)」である．また，リンク網羅において，4 つのアークに対するテストケースは，それぞれ次のとおりである．

- $q_0 \xrightarrow{\text{OFF}} q_0$：状態 q_0 で SW を押さないでいる (OFF)
- $q_0 \xrightarrow{\text{ON}} q_1$：状態 q_0 で SW を押す (ON)
- $q_1 \xrightarrow{\text{OFF}} q_1$：状態 q_1 で SW を押さないでいる (OFF)
- $q_1 \xrightarrow{\text{ON}} q_0$：状態 q_1 で SW を押す (ON)

このことから，「初期状態で少し時間をおいてから SW を押し，少し時間をおいてからもう一度押す」という操作により，$q_0 \xrightarrow{\text{OFF}}_* q_0 \xrightarrow{\text{ON}} q_1 \xrightarrow{\text{OFF}}_* q_1 \xrightarrow{\text{ON}} q_0$ というすべての状態遷移が行われる． ■

8.6 実装時のよくある誤り

テストを通じて明らかにされたバグのいくつかは，電子回路の実装時あるいはプログラムの実装時の「よくある誤り」が要因となっていることがある．この節では，不具合の要因となる実装上の誤りやプログラムのデバッグ時に注意すべきポイントについて述べる．

8.6.1 電子回路実装時によくある誤り

- DIGITAL ピン (Dx) と ANALOG ピン (Ax) の挿し違い：同じ 1 番ピンでも D1 と A1 を間違わずに使用する▶▶4.1.1項．
- LED の接続方向の挿し違い（リード線の長いほうが＋▶▶2.4.4項）．
- タクトスイッチの挿し違い（4 本足の接続の仕方）：図 6.5 のように片側 2 本を利用する．また，ブレッドボードの穴にきちんと挿し込まれていないと，スイッチを押しても電気的に接続されない．
- ブレッドボードの各穴の電気的な接続関係の勘違い：図 4.13 をもとに配線する．また，4.6.2 項も参考にする．
- GND をきちんと接続していない：Arduino と回路の GND を合わせることで，Arduino からの HIGH の出力が電子回路への 5 V 入力となる．そのために，Arduino の GND ピンと回路の − を接続する▶▶4.6.1項．
- 抵抗器のカラーコードの読み違い：適切な抵抗値の抵抗器を使用しないと望みの動作が得られないだけでなく，電子部品が壊れることもある．カラーコード▶▶2.4.7項を正しく理解し，利用する．
- 電子回路の配線ミス：部品が十分に挿し込まれていない，または，接続位置にずれ（たとえば，1 つ隣に間違って挿している）があると正しく動作しない．配線のチェックは，電源 (+) から GND (−) に向かって回路図の部品や配線を指でなぞって，対応するブレッドボード上の部品や配線の接続が正しいかどうかを確認していく．とくに，リード線の端子の挿し込み具合は，リード線を軽く引っ張っても，抜けないことで確かめる．
- 電子部品の破損，選定ミス：電子部品は使用法を間違えると壊れるので，資料などの注意書きをよく読む．とくに，LED は過電流による破損がよく起こる．電流の大きさは，LED と直列に接続する抵抗器の値に関係するので，カラーコード▶▶2.4.7項を確認して抵抗値が適切であることを確かめる．

8.6.2 プログラム実装時によくある誤り

- 計測値と関数のディジタル，アナログの対応：アナログ値を読み取るのに `digitalRead()` を利用したり，ディジタル値を読み取るのに `analogRead()` を利用したりすると入力データを正しく読み取れない．
- INPUT, OUTPUT の設定ミス：`digitalRead()` や `digitalWrite()` の引数として与えるピン番号が正しく INPUT や OUTPUT に設定されていることを確かめる．
- IDE のシリアルポートの設定ミスによるアップロード失敗：アップロード時のエラーの対応策▶▶4.3.2項を参考にする．Windows を利用している場合，COM 番号 (ID) がわからないときには，コントロールパネルのデバイスマネージャで確認する[▼1]．
- ライブラリ利用のための準備：たとえば，`MsTimer2` を利用するには，ライブラリをあらかじめダウンロードしておく[▼2]．ダウンロードしたファイルは，Arduino をインストールしたフォルダの下に `libraries` フォルダを設けて，そのなかに保存する．適切なフォルダに保存し，ライブラリのヘッダファイルをインクルードすることでダウンロードしたライブラリを利用できる．
- 不具合を発見しやすくするための段階的実装法：規模が大きくなればなるほど，不具合の発生箇所の特定が難しくなる．そこで，回路やプログラムの全体をすべて組み立ててからテストを行うのではなく，全体のうちの一部分だけを実装して動作確認をしてから，残りの一部分を付け加えてテストするということを繰り返す．このように，段階的に実装することによって，不具合が確認された段階と，それ以前の段階との違いをもとに不具合の原因を特定すればよく，調べるべき範囲を限定できる．

▲1 COM 番号を合わせても書き込みエラーが発生する場合には，USB ケーブル用のドライバあるいは Arduino のブートローダに問題がある場合がある．

▲2 IDE の［スケッチ］→［ライブラリをインクルード］→［ライブラリを管理...］を選択して，`MsTimer2` を検索してもよい．

章末問題

8.1 ブラックボックステストだけの場合のデメリット，ホワイトボックステストだけの場合のデメリットをそれぞれ答えよ．

8.2 同値分割法と境界値分析法は，いずれも同値クラスに分割する手順を含み，両者に共通なテストデータも多い．しかし，一方だけで済ませるのではなく，両者をもとにテストを行うことが望ましい．両者を実施するメリットを述べよ．

8.3 変数 `x`，`y` が `int` 型で，条件式が `y < 3-x` であるとき，境界値分析法にもとづき，テストデータを生成せよ．

8.4 例 5.3 で取りあげた状態遷移図の状態遷移テスト（ノード網羅，リンク網羅）のテストデータを作成せよ．

第 III 部

実践的な組込みシステム開発

9 組込みシステムとPCの協調動作

9.1 組込みシステムとPC

9.1.1 概　要

自然環境の観測，工場での品質管理などでは，組込みシステムによるデータの自動収集が行われ，それらはPCなどの管理用コンピュータに送られて保存される．また，PCなどから送信されたデータに従って監視作業や映像・音楽の再生を行う組込みシステムもある．いずれの場合も，組込みシステムとPCの間でのデータ通信が行われる．さらに，組込みシステムによる対象システムの制御や稼働状況の監視にあたっては，マウス，キーボード，モニタを活用したGUI機能が活用される．

このように，組込みシステムはPCと連携して運用されることが多いため，本章では，

- 組込みシステムとPCとの間でのデータ通信
- GUIによる組込みシステムの操作

について，Arduinoとのデータ通信ならびにGUI機能をもつアプリケーションの1つであるProcessingを取りあげて述べる．

9.1.2 組込みシステムとPCの間の通信

ArduinoとPCの間のデータ通信は，図9.1に示すようにUSBポートを通じて，1バイト（値の範囲は0～255）単位で行われる．通信のための準備として，ArduinoとPCで利用するシリアルポート（図中COM1）を設定する．これにより，通信用のバッファ（サイズ64バイト）が用意される．

ArduinoからPCへのデータ`val`の送信は，`Serial.write(val)`によって行われる．送信されたデータは，バッファに格納され，Processingの`port.read()`によってバッファから1バイトのデータが読み込まれる．一方，PCからArduino

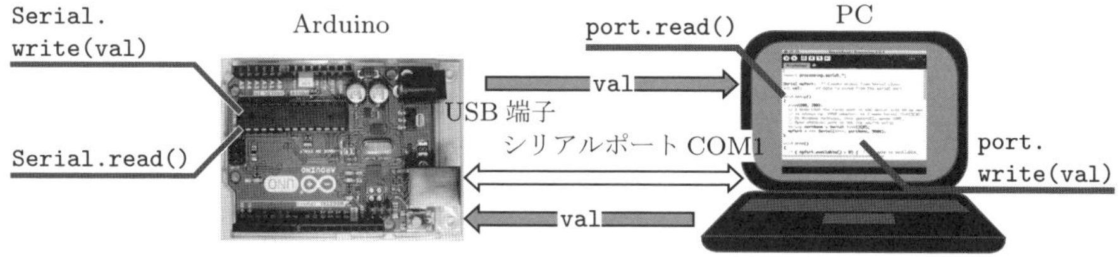

図 9.1　Arduino と PC 間の通信

へのデータ val の送信は，Processing の port.write(val) で行われ，Arduino の Serial.read() によりバッファから 1 バイトのデータが読み取られる．

9.1.3　通信のための準備

データ通信のために，まず，Arduino と Processing，それぞれのプログラムにおいて同一のシリアルポート名（識別名）を指定する必要がある．シリアルポート名は OS によって異なり，Windows の場合は COM1 などが，macOS では /dev/cu.usbmodem-1420 などがそれぞれ用いられる．シリアルポート名は Arduino の IDE のウィンドウ▶▶図4.5の右下で確認できる．具体的な指定方法は次のとおりである．

(1) Arduino の場合　関数 setup() のなかで，次のように通信速度を設定する．

```
Serial.begin(9600);  // 9600 は通信速度 [bps]
```

(2) Processing の場合　プログラムの 1 行目に次の行を挿入して，ライブラリをインポートする▼1．ここで，processing.serial.* はライブラリ名である．

```
import processing.serial.*;
```

次に，setup() のなかで，Arduino が利用しているシリアルポート名をもとに Serial 型の変数 port に値を代入する▼2．たとえば，シリアルポート名が COM1 のときの代入文は次のとおりである．

```
Serial port;
port = new Serial(this,"COM1", 9600);
```

ここで，9600 は Arduino で指定したのと同じ通信速度である．

▲1　挿入するファイルを指定するインクルードと異なり，インポートではプログラムのなかで利用するクラスを特定するためのライブラリ名が指定される．

▲2　この port は，クラス Serial のインスタンスに相当する．

シリアルポート名が不明である場合，あるいは，移植性を考慮して異なる OS のもとで利用できるようにするためには，シリアルポート名の一覧が文字列の配列として格納されている関数 Serial.list() を利用する．一覧の先頭要素のシリアルポートを使用する場合の例を次に示す▼1．

```
Serial port;
String arduinoPort = Serial.list()[0];
port = new Serial(this, arduinoPort, 9600);
```

9.1.4　通信の方式

バッファに格納されているデータ数の確認と，データの読み込みを，Serial 型の変数 port を用いて次の方法によって行う．

(1) Arduino の場合　Serial.available() によってバッファ中のデータ数がわかる．そのため，Serial.available() > 0 であるときに，Serial.read() によって 1 バイト読み込む．

(2) Processing の場合　port.available() によってバッファ中のデータ数がわかるため，port.available() > 0 のときに，port.read() によって 1 バイト読み込む．

実際のデータ通信の方式には，送信するタイミングと受信するタイミングに関して次の 2 種類がある．

- **同期通信**：送信側と受信側でタイミングを合わせてデータを送信，受信する．たとえば，受信側が受入可能な状態になったときに送信側へデータを要求する合図を送り，その合図が来たときに送信側はデータを送る．
- **非同期通信**：送信型と受信側は合図を交わさず，送信側の準備ができしだい，データ送信を開始する．送信側はデータが受信されたかどうかに関わらず，一方的にデータを送り続ける．

同期通信は，送信側に比べて受信側の処理能力が低い場合などに適しており，送信ミスを防ぐことができる．これに対して，非同期通信は受信側の処理能力が高いときや送信の間隔が長い場合に適している．

▲1　通信に失敗するときには，[0] を [1]，[2] と変えてみるとよい．

9.1.5 PC による GUI の実現

PC のマウス，キーボード，モニタを使った GUI によって，組込みシステムを操作するためには，次の機能が必要である．

- マウス操作の検出：カーソルの現在位置，ボタンが押された，ボタンが離された，マウスが動かされたなどの検出
- キー入力の検出：入力文字の検出
- モニタへの描画：図形や文字の描画

Processing プログラムは，図 9.2(a) に示すように `setup()` と `draw()` からなる．`setup()` はプログラムの実行が開始されたときに最初に実行される関数であり，その後，`draw()` の本体に含まれている各文が繰り返し実行される▼1．この繰り返しは 1 秒間に 60 回行われ，その都度，**フレーム**（frame）とよばれる画面が描画される▼2．

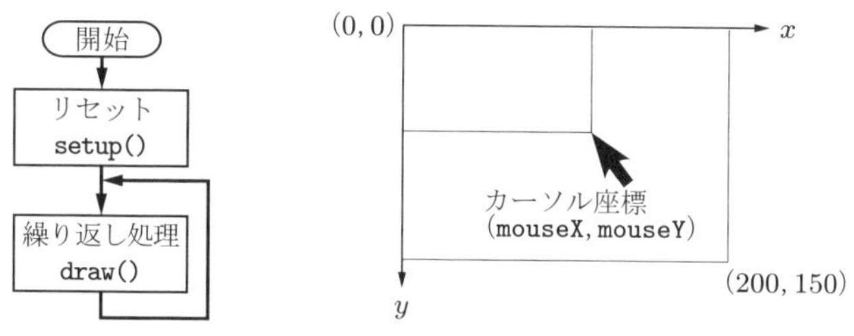

（a）プログラムの処理の流れ　（b）描画ウィンドウの座標

図 9.2　Processing の描画ウィンドウとプログラム

GUI 機能は，図 9.2(b) の座標系のもとで実装される．そのための変数や関数が用意されており，たとえば，変数 `mouseX` と `mouseY` の値は，それぞれカーソルの原点 (0, 0) からの水平方向の距離と垂直方向の距離である．このほかの変数や関数については，付録 A.3 節を参照してほしい．

9.1.6 イベント駆動とイベントルーチン

割込みイベントが発生した場合，**割込みルーチン**が実行される▶▶3.4節．マウスのクリック，キーの入力，ウィンドウの新規生成などもまたイベントの発生としてとらえ，イベント発生のたびに必要とされる処理（**イベントルーチン**とよぶ）を実行す

▲1　`setup()` のなかで `noLoop()` を呼び出しておけば，`draw()` の各文は繰り返されない．

▲2　関数 `frameRate()` によってフレームの更新回数を変更できる（付録 B 参照）．

る方式が**イベント駆動** (event driven) である．発生したイベントはイベントキューに格納され，イベントの発生順，あるいは，優先順位に従って順番に実行される．ただし，割込みイベントと異なり，実行中の処理は中断されず，実行中のイベントルーチンが終わりしだい，イベントキューの先頭の要素を取り出して処理する．

イベント駆動は，GUI の操作のように，マウスやキーボードを使った操作順序があらかじめ予想できない場合，あるいは，操作順序をあらかじめ限定したくない場合に適した方式である．

Arduino のイベントルーチンには，データが送信されたときのための `serialEvent()` がある．また，Processing には GUI やデータ通信のためのイベントルーチンとして次のものがある．

- マウスのボタンの押下：`mousePressed()`
- マウスのボタンのクリック：`mouseClicked()`
- キーの押下：`keyPressed()`
- データのバッファへの格納：`serialEvent()`

これらのイベントルーチンで行うべき処理内容はユーザが記述する．なお，イベントルーチンは当該イベントが発生したときに処理系から自動的に呼び出されるため，`draw()` のなかで呼び出す必要はない．

9.2 組込みシステムと PC による計測

9.2.1 概　要

組込みシステムが計測したデータの PC への送信，計測データの PC のモニタへの表示，計測データのハードディスクへのファイルとしての保存の仕方について，光センサによる照度の計測を例に述べる．

この例は図 9.3 のようになり，具体的には次のようにする．

① Arduino から PC への計測データの送信（Arduino）：Arduino は 0.1 秒間隔で測定値（0〜255）を PC へ送信する．

② 計測値の保存と視覚化（Processing）：PC 上の Processing が，受信したデータをリアルタイムにモニタに表示するとともに，1 秒ごとにハードディスクにファイルとして保存する．

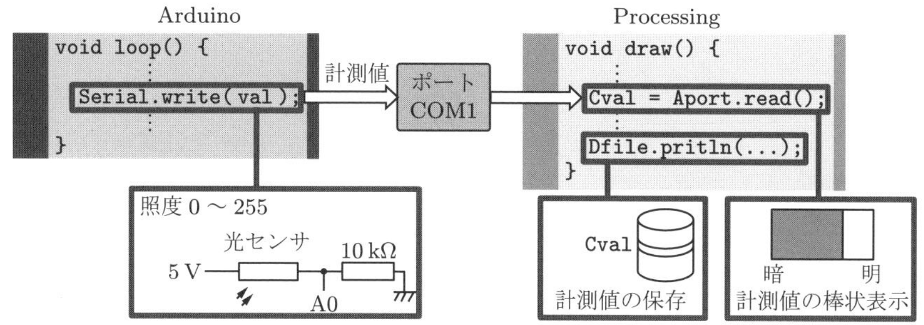

図 9.3 Arduino から PC へのデータ通信とファイルへの保存

9.2.2 Arduino から PC への計測データの送信 Arduino

次の CdS_serial.ino は，Arduino から PC へ光センサにより計測したデータを送信するプログラムである．

CdS_serial.ino

```
1 const int Sensor_pin = 0; // 光センサを A0 に接続
2 void setup()
3 { Serial.begin(9600);                    // シリアルポートの準備
4 }
5 void loop()
6 { int val = analogRead(Sensor_pin) ; // A0 からの入力
7   Serial.write(val);                     // 1 バイト分を PC へ送信
8   delay(100);                            // サンプリング周期を 100 ミリ秒
9 }
```

このプログラムは**非同期通信**による実現例であり，6 行目で光センサによって照度 val を A0 から計測し，7, 8 行目でサンプリング間隔 100 ミリ秒で送信する．もし，Arduino が送るデータのいくつかが，Processing で正しく読み取られていない場合には，Arduino のサンプリング間隔を 100 ミリ秒から 200, 400 ミリ秒などと長くしてみるとよい．

9.2.3 計測値の保存と視覚化 Processing

データのファイルとしての保存は，Processing では次のようにして実現される．

① 書き込み用のファイルの用意：クラス PrintWriter の変数を pw，書き込み用ファイル名を xxx.dat とするとき，次のようにしてファイルを開く．

```
pw = createWriter("xxx.dat")
```

② データの書き込み：データ val のファイル pw への書き込みには，次の関数を用いる．なお，データは書き込み用バッファに蓄えられたのち，ファイルに書

き込まれる.

```
pw.print(val)    // 改行なし
pw.println(val)  // 改行あり
```

③ 書き込み用ファイルを閉じる：書き込み用バッファにデータが残っている場合もあるので，次の pw.flush() によってデータをすべてファイル pw に書き込む．その後，pw.close() によってファイル pw を閉じる．

```
pw.flush()
pw.close()
```

次のプログラム CdS_rect.pde は，データ val を受信するたびに，照度を長方形の幅（明るいほど長い）としてリアルタイムに描画するとともに，1 秒ごとのデータをファイル CdS.dat に保存する．なお，プログラムの終了は任意のキーが入力されたときとする．

CdS_rect.pde

```
1 import processing.serial.*;
2 Serial Aport;
3 int Cval = 0;           // 光センサで計測された照度
4 PrintWriter Dfile;      // ファイル操作のための変数宣言
5 void setup()
6 { size(300, 100);             // 描画ウィンドウのサイズ設定
7   background(192);            // 背景色の設定（黒：0～255：白）
8   fill(0);                    // 塗りつぶしの色を黒に設定
9   String arduinoPort = Serial.list()[0];  // 必要であれば 1, 2 に変更
10  Aport = new Serial(this, arduinoPort, 9600);
11  text(0, 20, 22);
12  text(100, 110, 22);
13  text(200, 210, 22);
14  Dfile = createWriter("CdS.dat"); // ファイルの生成
15 }
16 void draw()
17 { if (Aport.available() > 0)   // 受信データの有無確認
18   { Cval = Aport.read();         // 1 バイト分のデータ読み込み
19   }
20   fill(255);                   // 塗りつぶしの色を白に設定
21   rect(25,25,255,50);          // 長方形の描画
22   fill(0);                     // 塗りつぶしの色を黒に設定
23   rect(25,25,Cval,50);         // 横幅を Cval とした長方形の描画
24   if ((frameCount % 60) == 0)  // サンプリング周期（1 秒間隔）
25   { Dfile.println(frameCount/60+" "+Cval); // ファイルへの保存
26   }
27 }
28 void keyPressed()       // イベントルーチン：キー押下
29 { Dfile.flush();        // 未保存のデータの書き込み
30   Dfile.close();        // ファイルのクローズ
31   exit();               // プログラムの終了
32 }
```

リセットのために実行される関数 setup() のなかでは，6～8 行目でそれぞれ

描画ウィンドウのサイズを 300 × 100，背景色を灰色，図形の塗りつぶしの色を黒に設定している．さらに，9, 10 行目で通信用のポート通信速度を設定[▼1]し，14 行目で書き込み用ファイル `CdS.dat` を開く．なお，このプログラムでのクラス `PrintWriter` の変数は `Dfile` である．

関数 `draw()` のなかでは，17 行目で Arduino から非同期通信で送られてくるデータの有無をポーリングによって判断し，通信用のバッファにデータが 1 個以上あれば，18 行目でデータ `Cval` を読み込む．20, 21 行目で図 9.3 の計測値を棒状表示するための長方形の枠を描画したのち，22, 23 行目で `Cval` の大きさに応じた位置までを長方形で黒に塗りつぶす．この `Cval` の描画は 1 秒間に 60 回の頻度で更新される．その更新回数は変数 `frameCount` によって参照できるので，24 行目の条件式 `(frameCount % 60) == 0` によって，`frameCount` が 60 増加するタイミングを判定している．条件が成立したときが 1 秒経過したときであり，25 行目で `Cval` を `CdS.dat` に保存する．

任意のキーが押されたときにデータを保存して終了するために，イベントルーチン `keyPressed()` のなかの 29〜31 行目で，それぞれ未保存のデータを書き込み，ファイルを閉じ，プログラムを終了する．

9.3 PC による組込みシステムの制御

9.3.1 概　要

PC のハードディスクにあからじめファイルとして保存されているデータを Arduino に送信する方法を，楽譜の再生を例に取りあげながら述べる．

この例は図 9.4 のようになり，具体的には次のようにする．

① 楽譜のコード化：楽譜をコード化してファイルに保存する．

② 操作量のファイルからの読み込み（Processing）：Processing がファイルから行単位でデータを読み込む．

③ 操作量の Arduino への送信（Processing）：Processing が読み込んだデータを Arduino へ送信する．

④ スピーカによる音楽の再生（Arduino）：Arduino がデータを受信するたびに対応する音をスピーカを使って一定時間鳴らす．

▲1 通信用ポートの設定は 9.1.3 項参照のこと．

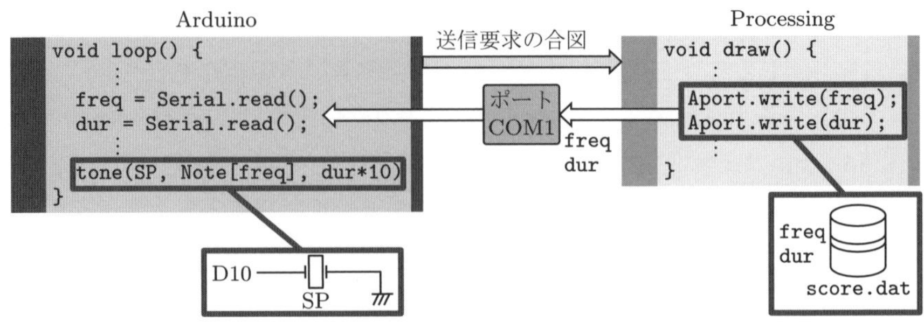

図 9.4　ファイルからの読み込みと Arduino へのデータ送信

このとき，Arduino が 1 つの音を鳴らし終える時間に比べて，Processing のデータ送信の時間が著しく短いことから，Arduino からの送信要求が来てから Processing が次のデータを送信する**同期通信**により実現する．

9.3.2　楽譜のコード化

音符は「音の高さと長さ」で指定できる．このうち，音の高さは周波数で表され，音階ドレミファソラシドの音の高さは，それぞれ周波数 262, 294, 330, 349, 392, 440, 494, 523 Hz に対応する．Arduino と PC 間でやりとりされる値は，0〜255 の範囲であることから，周波数を数値として送信することはそのままではできないため，ドレミファソラシドを「0〜7」にコード化し，受信後に Arduino のもとで対応する周波数に変換することとする．

また，音の長さは，たとえば，テンポが 120 の場合の 2 分音符，4 分音符，8 分音符，16 分音符は，それぞれおおむね 1000, 500, 250, 125 ミリ秒である．これらについても，送信時には 0〜255 の範囲にする必要があるため，1/10 の大きさにして送信する．

以上のことより，たとえば，「ドレミドレミソミレドレミレ」からなる音譜（下線音は 2 分音符，そのほかは 4 分音符）のコード化の例が次の `score.dat` である．このファイルのデータが Arduino に対する操作量になる．

score.dat
```
0 50
1 50
2 100
0 50
1 50
2 100
```

```
4 50
2 50
1 50
0 50
1 50
2 50
1 100
```

【重要】ファイル score.dat は，プログラム score_Read.pde が保存されているフォルダのなかに作った data フォルダに入れておく．

9.3.3 操作量のファイルからの読み込み　Processing

ファイルに保存されているデータを読み込む手順の一例を図 9.5 に示す．なお，ファイルの各行には 2 個のデータが空白で区切られて格納されているものとする．

① ファイルのオープンとデータの一括読み込み：ファイル名は score.dat であるとき，次の loadStrings() によって，score.dat のすべての内容が行単位で String 型の配列 Fsline[] に格納される．

```
Fsline = loadStrings("score.dat")
```

すなわち，配列のインデックスが行番号になり，総行数は Fsline.length で参照できる．

② 1 行中のデータへの分割：読み込んだファイルの Ni 行目，すなわち，Fsline[Ni] には空白で区切られた 2 個のデータが文字列として格納されている．そこで，次の関数によって，String 型の配列 str に格納する．

```
str = splitTokens(Fsline[Ni]);
```

なお，区切り文字が空白以外の c であるときには，この関数を次のように用いる．

```
splitTokens(Fsline[Ni], c);
```

③ データ型の変換：str[0] と str[1] はともに String 型なので，Arduino に数値として送信するために，int() によって，たとえば int 型の変数 freq，dur

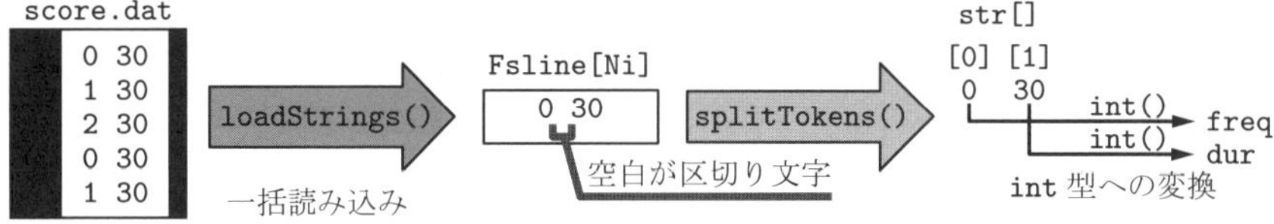

図 9.5　ファイルからのデータの読み込み手順

に変換する.

```
freq = int(str[0]);  dur = int(str[1]);
```

■ 9.3.4 操作量の Arduino への送信 Processing

ファイル score.dat に格納されているデータを読み込み▶▶9.3.3項, Arduino に送信する Processing プログラムが, 次の Score_Read.pde である.

Score_Read.pde

```
1  import processing.serial.*;
2  Serial Aport;
3  String Fsline[];   // ファイルの内容をすべて保存する配列
4  int Ni = 0;
5  boolean Request = false;  // 送信要求の有無を表す変数
6  void setup()
7  { Fsline = loadStrings("score.dat");      // ファイルの内容の読み込み
8    if (Fsline == null) { exit(); }         // ファイルが空ならば終了
9    String arduinoPort = Serial.list()[0]; // ポートの選択
10   Aport = new Serial(this, arduinoPort, 9600);
11 }
12 void draw()
13 { int freq = 0;                 // 音の周波数
14   int dur = 0;                  // 音の長さ
15   String str[];                 // 1 行のなかのデータを保存する配列
16   if (Request == true)          // 送信要求の有無の判定
17   { Request = false;            // 次の送信要求のための設定
18     if (Ni < Fsline.length) // ファイルの最後の行の判定
19      { str = splitTokens(Fsline[Ni]);  // データの分割
20        freq = int(str[0]); // int 型への変換
21        Aport.write(freq);  // 周波数を Arduino へ送信
22        dur = int(str[1]);  // int 型への変換
23        Aport.write(dur);   // 音の長さを Arduino へ送信
24        Ni = Ni+1;
25      }
26     else
27     { exit(); }  // ファイルを読み終えたら終了
28   }
29 }
30 void serialEvent(Serial p)  // イベントルーチン
31 { int c = p.read();          // バッファから送信要求の読み込み
32   Request = true;            // 送信要求があったことを設定
33 }
```

setup() のなかでは, 7 行目でファイル score.dat を開いたあと, 8 行目でその内容が空かどうか, あるいはファイルが存在するかどうかを判定している[▼1]. この判定は, ファイルを開いた直後に必要な処理であり, もしファイルが空であったときにはプログラムを終了する. その後, 9, 10 行目で通信用のポートを設定する.

▲1 エラー発生時には, score.dat の保存先(9.3.2 項参照)を確かめてみるとよい.

draw() では，16 行目で送信要求の有無を判定し，送信要求が届いたら，19〜23 行目でファイルから操作量にあたる音の周波数 freq と長さ dur を読み込んで Arduino へ送信する．このとき，18 行目でファイルの最後の行まで読み込み終えているかを判定し，最後の行の場合は 27 行目でプログラムを終了する．

serialEvent() は通信用のバッファにデータが送られてきたときに呼び出されるイベントルーチンであり，送信要求が届いたことを表すために 32 行目で変数 Request に true を代入する．これにより，draw() のなかの 16 行目の条件式が真になり，ファイルから 1 音分の操作量を読み取り，Arduino に送信する．その後は，Arduino からの送信要求が来るたびにデータを送信する．

9.3.5 スピーカによる音楽の再生 Arduino

PC から送られてきたデータをもとに音の周波数と長さを算出し，スピーカを鳴らすプログラムが次の SP_arduino.ino である．

SP_arduino.ino

```
1  const int SP_pin = 10;
2  int Note[] = {262, 294, 330, 349, 392, 440, 494, 523};
3  void setup()
4  { Serial.begin(9600);
5    pinMode(SP_pin, OUTPUT);  // D10 を出力設定
6    Serial.write(10);         // 送信要求
7  }
8  void loop()
9  { byte freq, dur;
10   if (Serial.available() > 1) // データ有無確認
11   { freq = Serial.read();     // 1 バイト分の読み込み
12     dur = Serial.read();      // 1 バイト分の読み込み
13     tone(SP_pin, Note[freq], dur*10);
14     delay(dur*10);
15     Serial.write(10);         // 送信要求
16   }
17  }
```

配列 Note[] にはドレミファソラシドに対応する周波数が格納されている．たとえば，「ミ」は Note[2] の 330 Hz である．setup() のなかの 6 行目で，最初のデータを受信するための送信要求を PC へ送信する[1]．PC から音の周波数と長さにあたる 2 個のデータが送られてくると，loop() のなかの 10 行目の条件式が成立するので，11, 12 行目で 2 個のデータを読み込み，13 行目でそのなかの dur を 10 倍して音の長さとし，tone() で鳴らす．14 行目で音の長さ分だけ delay() で遅延したのち，15 行目で次のデータの送信要求を送る．

▲1 この例では 10 としたが，ほかの値でもよい．

9.4 GUI による組込みシステムの制御

9.4.1 概　要

9.3.3 項では，ファイルに保存されている楽譜に従ってスピーカから音を出した．この節では，鍵盤を GUI で実現し，マウスで選択された白鍵に対応した音をスピーカから鳴らす方法について述べる．

この例は図 9.6 のようになり，具体的には次のようにする．

① データ通信のための GUI（Processing）：Processing が，白鍵のみの鍵盤「ドレミファソラシド」をモニタに表示し，マウスのボタンが押された白鍵のデータを Arduino に送信する．

② イベント駆動によるスピーカの制御（Arduino）：Arduino が，PC から送られてきたデータに対応する高さの音をスピーカを使って鳴らす．

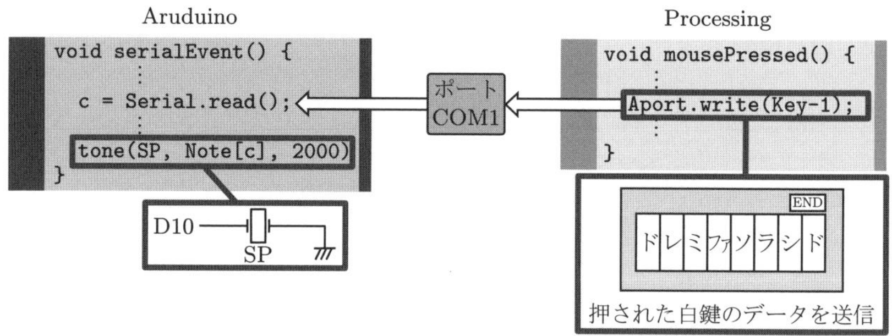

図 9.6　GUI による SP の制御

9.4.2 データ通信のための GUI　Processing

次のプログラム piano_GUI.pde は，鍵盤の描画のほか，マウスのボタンが押された白鍵を音の高さとし，ボタンが押されて離されるまでの時間を音の長さとして，Arduino にデータを送信する機能を実現している．

piano_GUI.pde

```
import processing.serial.*;
Serial Aport;
int MAX_KEY = 8;    // 白鍵の個数
int Key = 0;        // 音の高さ（ド：0〜ド：7）
void init_key()  // ----全白鍵の初期値（0）設定----
{ fill(255);                         // 塗りつぶしの色を白に設定
```

```
 7     for (int i = 1; i <= MAX_KEY; i++)
 8     { rect(25*i, 30, 25, 100);          // 30 × 100 の長方形を描画
 9     }
10     fill(0);                            // 描画の色を黒に設定
11     text("ド",  33, 145);  text("レ",    57, 145); // 音の名を描画
12     text("ミ",  83, 145);  text("ファ", 103, 145);
13     text("ソ", 133, 145);  text("ラ",   157, 145);
14     text("シ", 183, 145);  text("ド",   207, 145);
15     fill(255); rect(180, 5, 45, 20);    // 長方形の描画
16     fill(0); text("END", 190, 20);      // 文字列の描画
17   }
18   void setup()              // ------------ リセット -----------
19   { size(250, 170);         // 描画画面サイズの指定
20     String arduinoPort = Serial.list()[0]; // ポートの選択
21     Aport = new Serial(this, arduinoPort, 9600);
22     frameRate(30);          // フレーム更新頻度の指定
23     textFont(createFont("Osaka", 12)); // 日本語フォントと文字サイズの設定
24     init_key();             // 鍵盤の描画
25   }
26   void draw()
27   { }                     // 処理なし
28   void mousePressed()   // イベントルーチン（マウスのボタンが押された）
29   { int y;
30     Key = mouseX / 25;  y = mouseY / 50;
31     if (0<Key && Key<=10  && 0<y && y<=2)
32     { fill(255, 0, 0);                // 塗りつぶしの色を赤色に設定
33       rect(25*Key, 30, 25, 100);  // 選択された白鍵の塗りつぶし
34       Aport.write(Key - 1);           // 音の高さ（0～7）を送信
35     } else if (180<mouseX && mouseX<=225 && mouseY<25)
36     { exit(); }
37   }
38   void mouseReleased()  // イベントルーチン（マウスのボタンが離された）
39   { fill(255);
40     rect(25*Key, 30, 25, 100);
41     Aport.write(10);
42   }
```

setup() では，20, 21 行目で通信用のポートを設定のあと，22 行目でフレームの更新頻度を 1 秒間に 30 回に設定し，23 行目で日本語のフォントと文字の大きさ（この例では Osaka と 12 pt）▼1を指定したのち，24 行目で init_key() を呼び出して，図 9.6 の鍵盤を描画する．init_key() では，6～9 行目で 8 個の白鍵，10～14 行目で音名，15, 16 行目で [END] ボタンをそれぞれ描画する．[END] ボタンは，プログラムの実行終了のためのボタンである．

piano_GUI.pde では，マウスのボタンが押されたこと，離されたことをイベントとし，それぞれ，mousePressed() と mouseReleased() をイベントルーチンとしたイベント駆動により実現している．そのため，26 行目の draw() の本体は空でよい．

マウスのボタンが押されたら mousePressed() が呼び出される．30 行目で，最

▲1 使用可能なフォント一覧は，printArray(PFont.list()); によって印字できる．

初にボタンが押されたのが左から何番目の白鍵なのかを，mouseX の値を白鍵の幅 25 で割ったときの商 Key（1〜8 の整数）により特定する．ただし，31 行目で，ボタンが白鍵以外の箇所で押されていないかどうかを，mouseY の値を参照しながら確かめている．32, 33 行目で，押し続けている白鍵を赤色となるように塗り，34 行目で 0〜7 にコード化した音の高さを送信する．35, 36 行目で，[END] ボタンが選択されたときにはプログラムを終了する．

マウスのボタンが離されると mouseReleased() が呼び出される．39, 40 行目で，白鍵を白で塗りつぶし，鳴り続けている音を止めるための合図として 41 行目で 10 を送信する．この例では 10 を送信することにしたが，Arduino プログラムとの間で共通のものにすればほかの値でもよい[1]．

9.4.3　イベント駆動によるスピーカの制御　Arduino

次の SPev_arduino.ino は，イベント駆動によって，PC から送られてくるデータに対応する音を鳴らすためのプログラムである．

SPev_arduino.ino

```
 1  const int SP_pin = 10;
 2  int Note[] = {262, 294, 330, 349, 392, 440, 494, 523};
 3  void setup()
 4  { Serial.begin(9600);
 5    pinMode(SP_pin, OUTPUT);  // D10 を出力設定
 6  }
 7  void loop()
 8  { }                         // 処理なし
 9  void serialEvent()
10  { byte c = Serial.read();
11    if(c == 10)
12    { noTone(SP_pin);
13    }
14    else
15    { tone(SP_pin, Note[c], 2000);
16    }
17  }
```

PC の画面上でマウスのボタンを押した白鍵の音の高さに対応したデータ（0〜7）が送られてくる．そのことを，バッファにデータが送られてきたときに呼び出される serialEvent() によって検知する．このため，7 行目の loop() の本体は空でよい．

serialEvent() が呼び出されると，10 行目でデータを読み込む．11 行目でそれが音を停止する合図であるかどうかを判定し，もしそうであれば 12 行目で音を

▲1　この例では 0〜7 は音の高さを表す値として使うので，8 以上の値が適している．

停止し，そうでなければ14行目でデータに対応する音を鳴らす．このとき，音を鳴らせ続ける時間は最長2000ミリ秒であり（全音符に相当する長さ），音を停止する合図がPCから送られてくるまで，あるいは，2000ミリ秒経過するまで鳴らし続ける．

9.5　列車運転制御システム

9.5.1　概　要

複数種類のセンサとモータを活用して，線路を走行する鉄道玩具の列車の運転制御システムを作成する．

この例は図9.7のようになり，具体的には次のようにする．

(1) 計測装置と制御装置（Arduino）：Arduinoが，超音波距離センサ，光センサ，マイクロスイッチを活用して，列車の走行位置を検知し，PCに送信するとともに，PCからの運行指示を受けたら，サーボモータを使って列車を停止あるいは出発させる．

(2) GUI（Processing）：Processingが，ウィンドウ上に走行中の列車の位置をリ

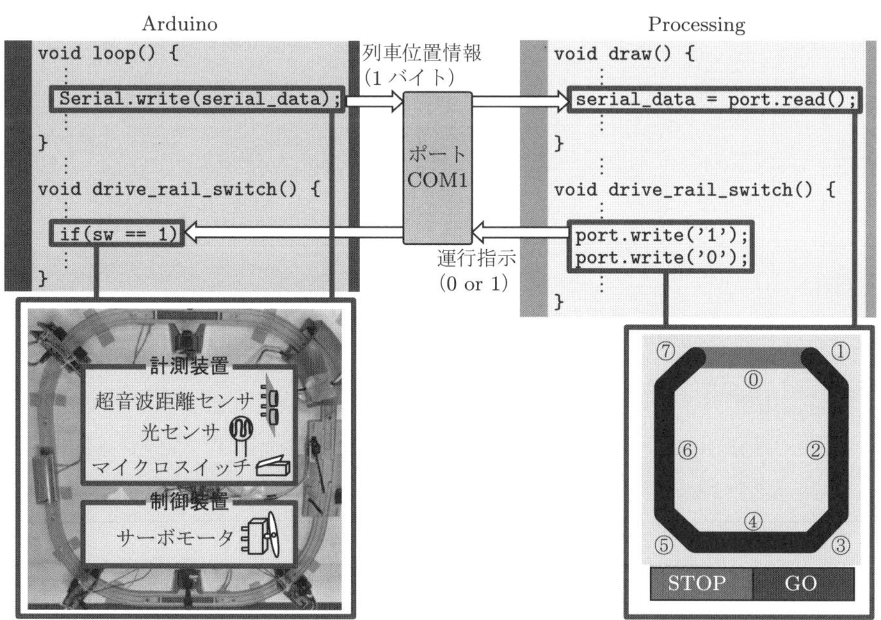

図9.7　列車運転制御システム

アルタイムに表示するとともに，マウス操作によって列車の「停止 (STOP)/出発 (GO)」が指示されたら，そのことを Arduino に送信する．

図 9.8(a) に線路の全体を示す．各区間のレールの長さ（本数）の関係から，列車は 1 両（モータ搭載車両）だけにしている．さらに，列車が進む方向は常に同じものとして，この線路を図 (b) に示すように⓪〜⑦の 8 つの区間に分け，列車がどの区間を走行中なのかを，「列車の通過時に光が遮られる」，「列車が接近時の距離が短くなる」，「列車の通過時に自重で押される」といった物理現象によって検知するために，光センサ，超音波距離センサ，マイクロスイッチを用いる．このうち，光センサはレール（⓪，④，⑥）に埋め込み，超音波距離センサはトンネル（①）や架線柱（③，⑤，⑦）に取り付け，マイクロスイッチは踏切を通過するときに自重でスイッチが押されるようにした．Arduino によって計測された計測値（1 は「列車あり」，0 は「列車なし」）は，図 9.7 のように 1 バイト（⓪〜⑦の 8 区間を 8 ビット表記）で表されて PC に送信される．

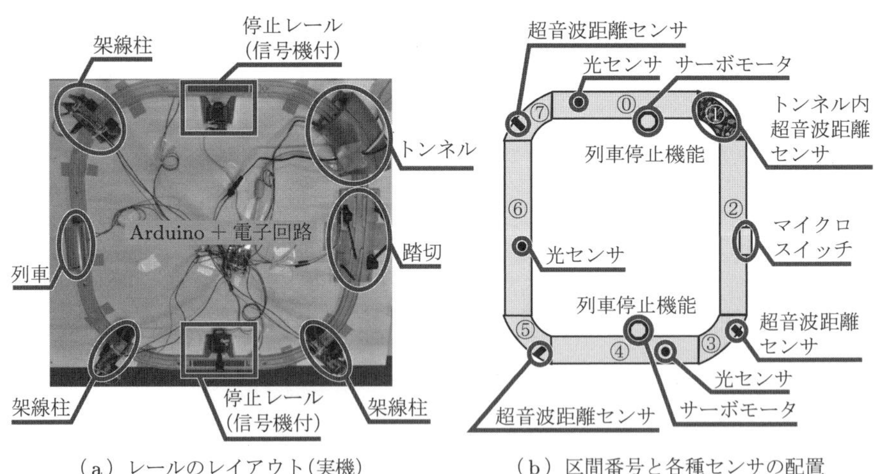

（a）レールのレイアウト（実機）　　（b）区間番号と各種センサの配置

図 9.8　線路のレイアウト

さらに，Processing からの指示（1 ならば「停止」，0 ならば「通過」）に従って，列車を停止させたり，出発させたりするために，列車を制動させることができるレール（⓪，④）のレバーを個別にサーボモータで操作する．

表 9.1 に各区間を構成するレールの種類と，レールに埋め込んだ計測，制御装置の一覧を示す．なお，計測，制御装置の名称は，Arduino プログラムでピン番号を値とする変数（名称の一部）と対応している．

表 9.1 線路の構成部品

区間	種類	計測装置	制御装置
⓪	停止レール	光センサ CDS0	サーボモータ SERVO0
①	曲線レール，トンネル	超音波距離センサ SONIC1	
②	直線レール，踏切	マイクロスイッチ TOUCH2	
③	曲線レール，架線柱	超音波距離センサ SONIC3	
④	停止レール	光センサ CDS4	サーボモータ SERVO1
⑤	曲線レール，架線柱	超音波距離センサ SONIC5	
⑥	直線レール	光センサ CDS6	
⑦	曲線レール，架線柱	超音波距離センサ SONIC7	

9.5.2 計測装置と制御装置 Arduino

(1)大域変数 表 9.2 に，計測装置と Arduino プログラムにおける変数やピン番号との対応を示す．このうち，超音波距離センサの Trig ピンとサーボモータは出力用として，そのほかは入力用として用いられる．

表 9.2 にもとづいて記述された大域変数宣言は次のとおりである．

```
#include <Servo.h>
const int RAIL_MAX = 8;                // 線路の区間数 8
const int CDS0_pin = 5;                // 光センサ 0 A5
const int CDS4_pin = 4;                // 光センサ 4 A4
const int CDS6_pin = 3;                // 光センサ 6 A3
const int SONIC1_TRIG_pin = 13;        // 超音波距離センサ 1 Trig D13
const int SONIC1_ECHO_pin = 12;        //                    Echo D12
const int SONIC3_TRIG_pin = 11;        // 超音波距離センサ 3 Trig D11
const int SONIC3_ECHO_pin = 10;        //                    Echo D10
const int SONIC5_TRIG_pin = 9;         // 超音波距離センサ 5 Trig D9
const int SONIC5_ECHO_pin = 8;         //                    Echo D8
const int SONIC7_TRIG_pin = 7;         // 超音波距離センサ 7 Trig D7
const int SONIC7_ECHO_pin = 4;         //                    Echo D4
const int SERVO0_pin = 6;              // サーボモータ 0 D6(PWM 出力ピン)
const int SERVO1_pin = 5;              // サーボモータ 1 D5(PWM 出力ピン)
const int TOUCH2_pin = 3;              // マイクロスイッチ D3
const int SYS_CYC_TIME_MS = 40;        // センサのサンプリング周期 [ミリ秒]
const int SYS_MOTOR_TIME_MS = 100;     // モータ駆動命令の確認周期 [ミリ秒]
const int CDS_TH = 500;                // 光センサの明暗閾値 [0-1024]
const int SONIC_TH = 5;                // 超音波距離センサの距離閾値 [cm]
int rail_state[RAIL_MAX];              // 全区間のセンサの状態変数
Servo servo0;                          // サーボモータ 0 角度制御用変数
Servo servo1;                          // サーボモータ 1 角度制御用変数
int motor_timer = 0;                   // モータ確認周期のカウンタ
```

ここで，大域変数としては，センサからの計測値を保存するための配列 `rail_state[]`，サーボモータへの動作角度の指示などのための変数 `servo0`, `servo1`, `motor_timer` がある．

表 9.2　入出力装置と Arduino のピン番号の対応

種類	名称	端子	変数	ピン番号	区間
超音波距離センサ▶▶2.4.2項 HC-SR04	SONIC1	Trig	SONIC1_TRIG_pin	D13	①
		Echo	SONIC1_ECHO_pin	D12	
	SONIC3	Trig	SONIC3_TRIG_pin	D11	③
		Echo	SONIC3_ECHO_pin	D10	
	SONIC5	Trig	SONIC5_TRIG_pin	D9	⑤
		Echo	SONIC5_ECHO_pin	D8	
	SONIC7	Trig	SONIC7_TRIG_pin	D7	⑦
		Echo	SONIC7_ECHO_pin	D4	
サーボモータ▶▶2.4.6項 SG-90	SERVO0	pwm	SERVO0_pin	D6	⓪
	SERVO1	pwm	SERVO1_pin	D5	④
マイクロスイッチ▶▶2.4.1項 AV622264	TOUCH2	out	TOUCH2_pin	D3	②
光センサ▶▶2.4.3項 MI1527	CDS0	out	CDS0_pin	A3	⓪
	CDS4	out	CDS4_pin	A4	④
	CDS6	out	CDS6_pin	A5	⑥

(2)超音波距離センサによる列車検知　列車の接近を検知するために，図 9.9 のようにトンネルの壁（図 (a)）と，架線橋の上部（図 (b)）に非接触で物体との距離を計測できる超音波距離センサ▶▶2.4.2項を取り付ける．

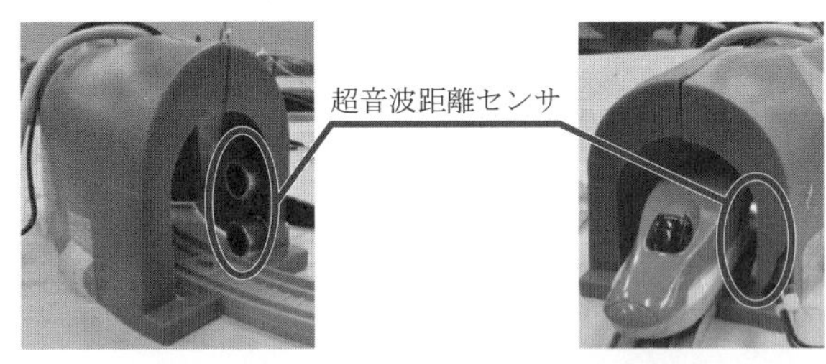

（a）トンネル内の超音波距離センサ（区間①）

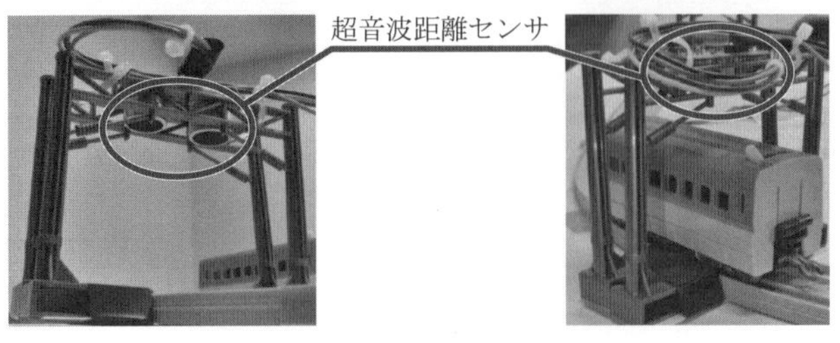

（b）架線柱の超音波距離センサ（区間③，⑤，⑦）

図 9.9　超音波距離センサによる列車検知

超音波距離センサによって，図 9.9 のように列車がセンサの横や下を通過したことを検知するために，物体との距離の算出式 (2.2) をもとにした

$$距離\,[\mathrm{cm}] = 時間 \times 速度 = \mathtt{duration} \times 340 \times 10^{-4}$$

で距離を計算する．ここで，音速は 340 [m/秒] $= 340 \times 10^2 \times 10^{-6}$ [cm/マイクロ秒]，duration は Echo ピンへの入力パルスの時間[▼1]である．この値が SONIC_TH で定義したある閾値以下になったときに「列車あり」と判断する．この方法に従ったのが，次の関数 get_sonic_state() である．

```
int get_sonic_state(int trig_pin, int echo_pin, int rail_num)
{ int duration = 0;
  int distance = 0;
  digitalWrite(trig_pin, HIGH);        // 超音波を発信
  delayMicroseconds(10);               // 10 マイクロ秒間発信のための遅延
  digitalWrite(trig_pin, LOW);         // 超音波の発信を停止
  duration = pulseIn(echo_pin, HIGH); // Echo ピンの入力時間計測
  if (duration > 0)
  { distance = (int)((float)duration*340.0*100.0/1000000.0);
    if(distance <= SONIC_TH) { return 1; } // 戻り値: 列車あり->1
  }
  return 0; // 距離の計測不可能     戻り値: 列車なし->0
}
```

引数の trig_pin と echo_pin は超音波距離センサが接続されているピン番号，rail_num は区間番号である．

(3)光センサによる列車検知　図 9.10(a) のように光センサ[▶2.4.3項]をレールに埋め込んでおけば，真上を列車が走行するとき，センサへの光が遮られて，光センサの抵抗値が大きくなる．

そこで，図 9.10(b) の回路であれば，「列車が通過する」ときには光センサの抵

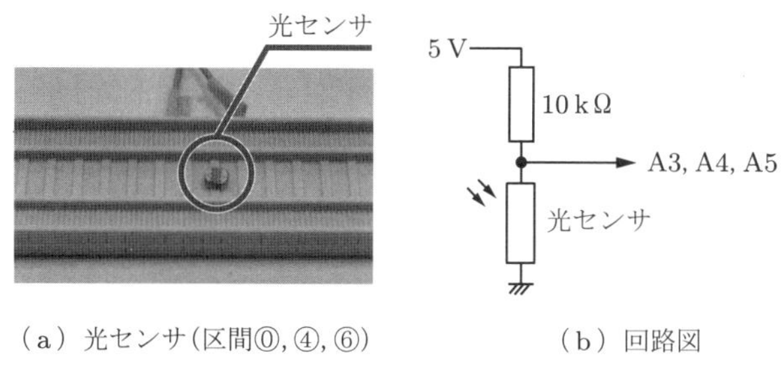

（a）光センサ（区間⓪, ④, ⑥）　（b）回路図

図 9.10　光センサによる列車検知

▲1　Trig ピンから発信された音波が反射されて，Echo ピンで観測されるまでの時間である[▶2.4.2項].

抗値が大きくなるので出力は大きく，「列車が通過していない」ときには（光センサの抵抗値が小さくなるので）出力は小さくなる．これに従って，列車の通過を判定する関数が，次の関数 get_cds_state() である．

```
int get_cds_state(int cds_pin)
{ if (analogRead(cds_pin) >= CDS_TH) { return 1; } // 列車あり->1
  else { return 0; }                               // 列車なし->0
}
```

引数の cds_pin は接続されているピン番号である．

(4)マイクロスイッチによる列車検知　図 9.8 に示すように区間②には踏切がある．このレールを列車が通過するときには，図 9.11(a) のように列車の自重によって遮断機が下りる．そこで，遮断機が下りる力を使ってマイクロスイッチが押されるようにした．

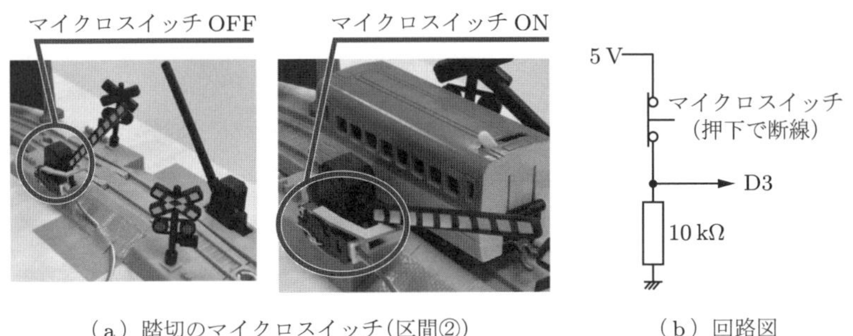

（a）踏切のマイクロスイッチ（区間②）　（b）回路図

図 9.11　マイクロスイッチによる列車検知

使用したマイクロスイッチは b 接点 ▶▶2.4.1項，通常は接点が接触していて，押されたときに接点が離れる．そこで，列車が通過したときにマイクロスイッチが押され，Arduino への入力電圧が 0 になるように，図 9.11(b) の回路を用いて，踏切を通過したかどうかを判定するのが，次の関数 get_touch_pressed() である．

```
int get_touch_pressed(int touch_pin)
{ if (digitalRead(touch_pin) == 0) { return 1; } // 列車あり->1
  else { return 0; }                             // 列車なし->0
}
```

引数の touch_pin は接続されているピン番号である．

(5)サーボモータによる列車制御　列車を停止させたり，停止後に発進させたりするために，区間⓪, ④で，図 9.12 に示す停止レールを用いる．停止レールでは，黄色のレバーを右に倒しておくと列車が通過する（図 (a)）が，レバーを左に倒す

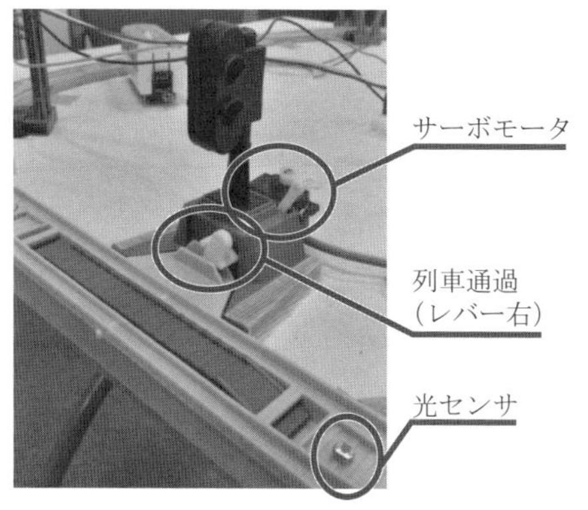

(a) 停止レールと光センサ(区間⓪, ④)

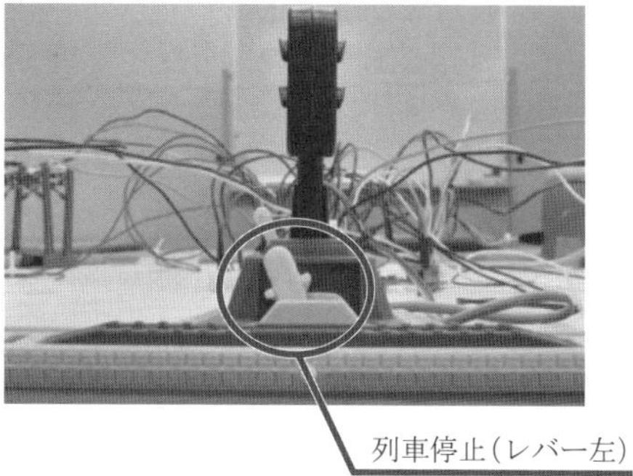

(b) 列車の停止操作(区間⓪, ④)

図 9.12 サーボモータによる列車の停止

とレールの中心にあるグレーの板がせり上がり，列車が制動されて停止する（図(b)）．このレバーの操作を図(a)のようにサーボモータで行う．

そのために，サーボモータを制御するプログラム servo_circuit.pde▶▶例4.5 をもとにして作成した関数が次のプログラム drive_rail_switch() である．

```
void drive_rail_switch(Servo servo, int sw)
{ if (sw == 1)  // 列車を停止させる
  { servo.write(19); }   // 19° 方向にモータを固定
  else           // 列車を通過させる
  { servo.write(180); }  // 180° 方向にモータを固定
}
```

drive_rail_switch() では，Processing からの制御信号をもとにレバーを操作する．引数 servo で指定したサーボモータで，列車を停止させる（値 1），あるいは通過（発進）させる（値 0）かが sw で指定される．

次の check_motor_order() が，Processing 側からのモータ駆動指示を確認する関数である．

```
void check_motor_order()
{ if (Serial.available() > 0)
  { drive_rail_switch(servo0, (Serial.read())-'0'); // SERVO0
    Serial.read(); // カンマ読み飛ばし
    drive_rail_switch(servo1, (Serial.read())-'0'); // SERVO1
  }
}
```

サーボモータ SERVO0，SERVO1 のそれぞれについて，指示（1：駆動，0：駆動なし）が順に送られてくる．

(6)リセット　表 9.2 に従って (1) で定義したピン番号についての入力，出力の指定，シリアル通信のリセットなどを次の setup() で行う．

```
void setup()
{ pinMode(SONIC1_ECHO_pin, INPUT);  // 入力ピンの設定
  pinMode(SONIC3_ECHO_pin, INPUT);
  pinMode(SONIC5_ECHO_pin, INPUT);
  pinMode(SONIC7_ECHO_pin, INPUT);
  pinMode(TOUCH2_pin, INPUT);
  pinMode(SONIC1_TRIG_pin, OUTPUT); // 出力ピンの設定
  pinMode(SONIC3_TRIG_pin, OUTPUT);
  pinMode(SONIC5_TRIG_pin, OUTPUT);
  pinMode(SONIC7_TRIG_pin, OUTPUT);
  servo0.attach(SERVO0_pin);        // サーボモータ 1 のリセット
  servo1.attach(SERVO1_pin);        // サーボモータ 2 のリセット
  Serial.begin(9600);               // シリアル通信のリセット
}
```

(7)メインループ　メインループでは，次の処理❶〜❹を繰り返す．

❶ ポーリングによる列車位置の情報収集：ポーリング▶▶7.1.2項で区間⓪〜⑦の計測装置からのデータを順に rail_state[] に代入する．

❷ 列車位置情報の格納：rail_state[] の 8 個のデータを，rail_state[0] が最上位ビット，rail_state[7] が最下位ビットとなるように，unsigned char 型の変数（8 ビット）に格納する．

❸ 列車位置情報の PC への送信

❹ PC からの列車制御指示の受信：SYS_MOTOR_TIME_MS [ミリ秒] ごとに PC からの列車制御指示の有無を確かめる．

これらの処理が次の loop() である．

```
void loop()
{ unsigned char serial_data = 0;
  int i;
  // -------- ❶ポーリングによる列車位置の情報収集--------
  rail_state[0] = get_cds_state(CDS0_pin);
  rail_state[1] = get_sonic_state(SONIC1_TRIG_pin, SONIC1_ECHO_pin, 1);
  rail_state[2] = get_touch_pressed(TOUCH2_pin);
  rail_state[3] = get_sonic_state(SONIC3_TRIG_pin, SONIC3_ECHO_pin, 3);
  rail_state[4] = get_cds_state(CDS4_pin);
  rail_state[5] = get_sonic_state(SONIC5_TRIG_pin, SONIC5_ECHO_pin, 5);
  rail_state[6] = get_cds_state(CDS6_pin);
  rail_state[7] = get_sonic_state(SONIC7_TRIG_pin, SONIC7_ECHO_pin, 7);
  // -------- ❷列車位置情報の格納 --------
  for (i = 0; i < RAIL_MAX; i++)
  { serial_data = serial_data | (rail_state[i] << i);
  }
  // -------- ❸列車位置情報の Processing への送信 --------
  Serial.write(serial_data);
  // -------- ❹ Processing からの列車制御指示の受信 --------
  if (++motor_timer >= SYS_MOTOR_TIME_MS / SYS_CYC_TIME_MS)
```

```
  { motor_timer = 0;
    check_motor_order();  // PC からの列車制御指示を確認
  }
  delay(SYS_CYC_TIME_MS); // サンプリングのための遅延
}
```

9.5.3 GUI

Processing

図 9.7 の Processing の画面の生成，現在の列車の位置をモニタリング（走行中の区間を赤色表示），運転制御（マウスによる停止 (STOP)/出発 (GO) 指示）をするのが以下に示すプログラム `train_controller.pde` である．

`setup()` では，図 9.8(b) の描画（初期状態）ならびにシリアル通信の設定を行う．また，`draw()` では，次の処理❶～❸を繰り返す．

❶ Arduino からの列車位置情報の受信（8 ビット）

❷ 列車位置情報の更新（配列 `rail_state[]`）

❸ 列車位置情報の描画（走行中の区間は「赤」，それ以外では「黒」）

train_controller.pde

```
import processing.serial.*;
Serial port;
final int RAIL_MAX = 8;
boolean[] rail_state = new boolean[RAIL_MAX];
int train_pos = 0;
// == リセット関数 ================================================
void setup()
{ size(400, 450);
  for (int i = 0; i < RAIL_MAX; i++)
  { draw_rail(i, false); }
  strokeWeight(1);
  fill(255, 0, 0); rect(0, 400, 200, 450);
  fill(255); textSize(40); text("STOP", 50, 440);
  fill(0, 0, 255); rect(200, 400, 400, 450);
  fill(255); textSize(40); text("G O", 270, 440);
  String arduinoPort = Serial.list()[1];
  port = new Serial(this, arduinoPort, 9600);
}
// == メインループ ================================================
void draw()
{ // -- ❶ Arduino からの列車位置情報の受信 -------------------------
  if (port.available() > 0)    // received serial data
  { int serial_data = port.read();
    println(serial_data);
    for (int i = 0; i < RAIL_MAX; i++)
    { if(((serial_data>>i) & 0x01) == 0) { rail_state[i] = false; }
      else { rail_state[i] = true; }
    }
  }
  // -- ❷列車位置情報の更新 --------------------------------------
  if(   (train_pos+1<RAIL_MAX && rail_state[train_pos+1]==true)
     || (train_pos+1==RAIL_MAX && rail_state[0]==true))
```

```
33   { train_pos++;
34     if (train_pos >= RAIL_MAX) { train_pos = 0; }
35   }
36   // -- ❸列車位置情報の描画 ------------------------------------
37   for (int i = 0; i < RAIL_MAX; i++)    // update rail state
38   { if (i == train_pos) { draw_rail(i, true); }
39     else { draw_rail(i, false); }
40   }
41 }
42 // == 列車制御指示の入力関数（イベント処理）==============================
43 void mouseReleased()
44 { if (mouseX>=0 && mouseX<200 && mouseY>=400 && mouseY<450)
45   { println("STOP click");
46     drive_rail_switch(false, false);
47   }
48   else if(mouseX>=200 && mouseX<400 && mouseY>=400 && mouseY<450)
49   { println("GO click");
50     drive_rail_switch(true, true);
51   }
52 }
53 // == 列車制御指示の Arduino への送信関数 ===============================
54 void drive_rail_switch(boolean servo0_sw, boolean servo1_sw)
55 //  servo0_sw：区間⓪のサーボモータ，servo1_sw：区間④のサーボモータ
56 { if (servo0_sw == true) { port.write('1'); } // 出発
57   else { port.write('0'); }                    // 停止
58   port.write(',');        // 区切り文字送信
59   if (servo1_sw == true) { port.write('1'); } // 出発
60   else { port.write('0'); }                    // 停止
61 }
62 // == 列車位置の描画関数 ==========================================
63 void draw_rail(int rail_num, boolean red_flag)
64 // rail_num：区間番号（0〜7），red_flag：走行中だと true，不在だと false
65 { if (red_flag == true) {stroke(255, 0, 0); } // 赤色指定
66   else { stroke(0, 0, 0); } // 黒色指定
67   strokeWeight(20);
68   switch (rail_num)
69   { case 0: line(100,  50, 300,  50); break;
70     case 1: line(300,  50, 350, 100); break;
71     case 2: line(350, 100, 350, 300); break;
72     case 3: line(350, 300, 300, 350); break;
73     case 4: line(300, 350, 100, 350); break;
74     case 5: line(100, 350,  50, 300); break;
75     case 6: line( 50, 300,  50, 100); break;
76     case 7: line( 50, 100, 100,  50); break;
77   }
78 }
```

`drive_rail_switch()` は，図 9.7 のように Processing の列車の運転制御のための信号を送る関数である．2 台のサーボモータ（区間⓪，④）に対して「出発ならば 1」または「停止ならば 0」を，引数 `servo0_sw`（区間⓪）と `servo1_sw`（区間④）にそれぞれ割り当てる．

23 行目で Arduino から送られてくる列車位置情報を受信し，25〜28 行目にかけて 8 個のセンサの値を `rail_state[]` に代入する．現在の走行位置の特定は，「❷

列車位置情報の更新」で行っており，31〜33 行目にかけて，前回観測したときの走行位置 `train_pos` から見て進行方向（⓪ → ① → ··· → ⑦ → ⓪ → ···）に隣接する区間 `train_pos+1` のセンサからの信号が `true` であれば最新の走行位置を `train_pos+1` としている．前回の走行位置が⑦のときには，34 行目で最新の走行位置を⓪とする．

もし，列車の走行速度複数台の車両からなる列車にした場合や，2 台の列車を同時に走行させる場合などでは，最新の走行位置の特定方法は工夫する必要がある．

章末問題

9.1 Arduino から 0.1 秒間隔で送られてくる照度を，図 9.13 のように横軸を時間（0〜2 秒），縦軸を照度（0〜255）としたグラフ上に描画する Processing プログラムを作成せよ．ただし，横軸は 200 ピクセルで 2 秒間を表すこととし，2 秒経過するたびに，描画された点を削除し，再び 0 秒から描画をはじめるものとする．

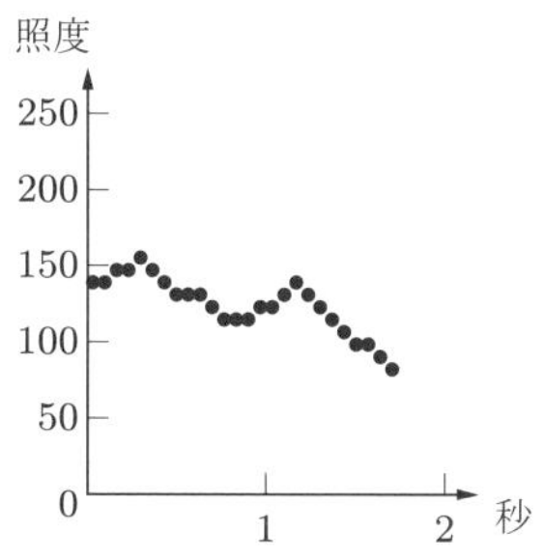

図 9.13　照度のグラフ表示

9.2 ファイルに保存されているデータをもとに，3 個の LED の点灯/消灯を制御する Processing，Arduino プログラムを作成せよ．ただし，データの保存法などは次のとおりとする．

- LED を点灯と消灯を，それぞれ 1 と 0 で表し，ファイルには図 9.14 のように空白を区切りとして 1 行に 3 個の数を書く．

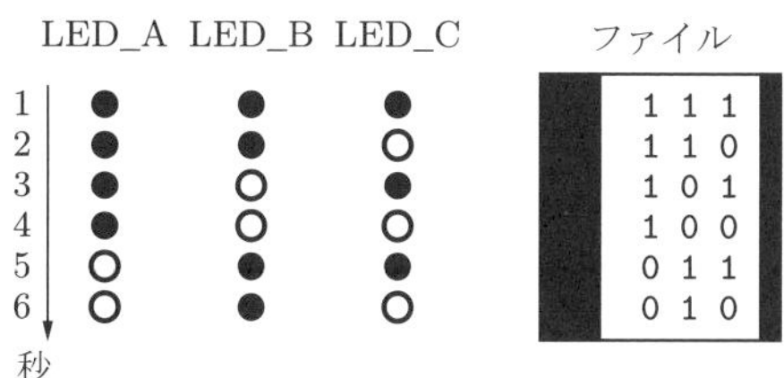

図 9.14　3 個の LED の点滅

- LED の点灯/消灯は 1 秒間隔とする.
- ファイルの i 行目が $(i-1)$~i 秒まで LED の点灯/消灯の状態とする.
- ファイルのなかのデータをすべて読み込むと終了する.

9.3 図 9.6 の白鍵に対応させて 8 個の LED を設け，白鍵が選択され，音が鳴っている間は該当する LED が点灯し続けるように，`SPev_arduino.ino` ▶▶9.4.3項を修正し，プログラムおよび電子回路を作成せよ.

9.4 列車運転制御システムにおいて，次の機能を実現せよ.

- 列車の制御（停止/出発）を，区間 ⓪，④でそれぞれ独立に行える.
- 停止レールに付いている信号機が，列車を停止させるときには「赤」に点灯するが，そうでないときには消灯している.

10 組込みシステムとインターネット

10.1 組込みシステムと通信

10.1.1 無線による通信

組込みシステムで用いられている主な無線通信技術・規格を通信距離と通信速度の観点から相対的に配置したのが図 10.1 である．

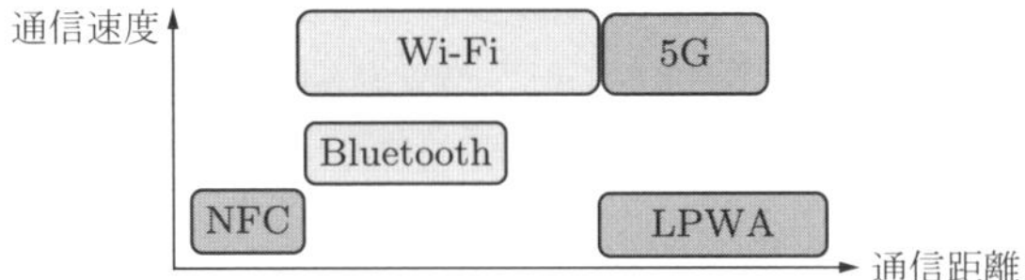

図 10.1 代表的な無線通信技術・規格の位置付け

NFC (near field communication) は，10 cm 程度の近距離無線通信技術であり，規格として Felica（例：交通系 IC カード，電子マネーカード），Type B（例：マイナンバーカード，運転免許証）がある．NFC と同様に低消費電力でありながら，通信距離が 100 m を超える技術として **LPWA** (low power wide area) がある．

Wi-Fi は，無線 LAN に関する国際標準規格 IEEE 802.11 シリーズに準拠し，業界団体 Wi-Fi Alliance から認証を受けた機器の総称である．無線 LAN に接続する機器の多くが認証を受けていることから Wi-Fi は無線 LAN と同義で用いられる．Wi-Fi は，たとえば，PC やスマートフォンがインターネット上のサービスを利用する際に，アクセスポイント（ルータ）への接続で使われている

一方，**Bluetooth** は IEEE 802.15.1 に準拠した無線通信であり，10 m 程度の通信距離がカバーされる．Wi-Fi と比べて通信距離が短く通信速度も遅いものの，低消費電力で済む．たとえば，PC やスマートフォンと周辺装置（キーボード，マウス，スピーカなど）との通信で用いられている．

5G は次世代移動通信システムとして開発が進められており，今後，IoT の基盤となると期待されている．

本章では，計測値の送信，アクチュエータの遠隔操作などのためにサーバなどと通信する組込みシステムの実装を想定し，通信機能を搭載したマイクロコンピュータの入手と，通信用ソフトウェアの開発環境の利用のしやすさの観点から通信方式としては Bluetooth と Wi-Fi を，マイクロコンピュータとしては ESP32-DevKitC を用いる．

10.1.2　ESP32 の概要

Bluetooth と Wi-Fi の無線通信機能をもつ ESP32-DevKitC（以下，ESP32 とよぶ）には，図 10.2 に示すように，2 つの 32 ビット CPU (Xtensa LX6) と無線通信機能からなる ESP32-WROOM-32 モジュールが搭載されている．

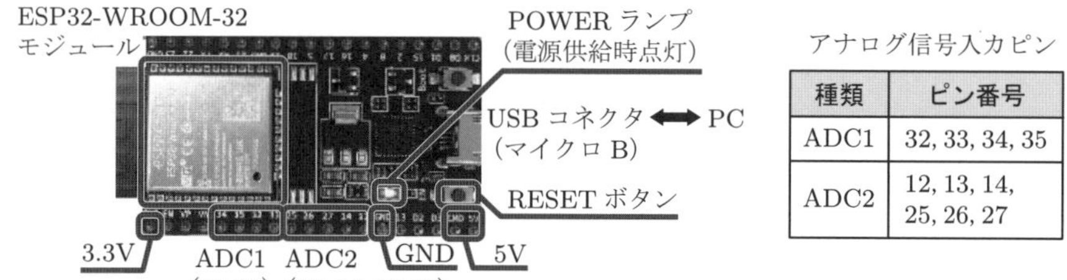

種類	ピン番号
ADC1	32, 33, 34, 35
ADC2	12, 13, 14, 25, 26, 27

図 10.2　ESP32 の外観とピン配置

ESP32 の入出力ピンのうち，数字が振られているピンはディジタル入出力のために利用できる（34，35 は入力専用）．そのなかでも，同図の表にある ADC1 と ADC2 に該当するピンはアナログ入力に対応している．なお，Wi-Fi を利用しているときは ADC1 を利用するとされている[▼1]．

ESP32 のプログラムは Arduino と互換性があり，IDE が利用できる[▼2]．そのために，PC と接続するための USB ケーブル（ESP32 側の端子はマイクロ B）と，ESP32 用の各種ライブラリやボード情報のインストールが必要である（詳細は付録 A.4 節参照）．IDE で作成したプログラムを ESP32 へアップロードを済ませたあとで，ESP32 を PC から切り離して使用する際には，3.3 V ピンに乾電池（たと

▲1　ADC は analog-to-digital converter の略．詳しくは次の URL 参照のこと．
https://docs.espressif.com/projects/esp-idf/en/latest/esp32/api-reference/peripherals/gpio.html

▲2　一部のライブラリ関数は代用する必要がある（たとえば，`analogWrite()`）．

えば，単三 2 個）を接続すればよい．

10.1.3 無線通信を利用する組込みソフトウェア

無線通信を利用する組込みシステムであっても，基本的な動作では，図 3.1 のフローチャートと同様の手順，すなわち，「入力，処理，出力」を繰り返す．ただし，入力と出力の際には通信機能（データの送受信）を利用することから，具体的な手順は，図 10.3 に示す 2 通りに大別される．

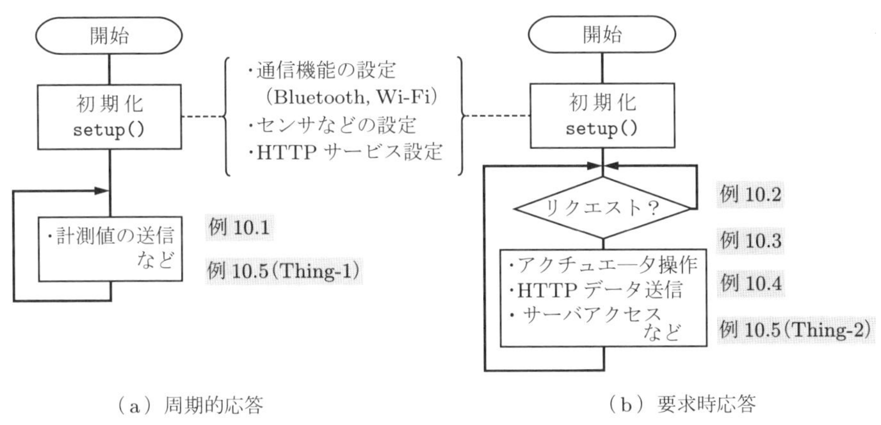

図 10.3 無線通信をともなう組込みシステムの基本動作

図 10.3(a) は計測値をサーバに周期的に送信する場合である．一方，図 (b) はクライアントなどからの要求に応答する場合である．いずれの場合にも setup() では，通信機能 (Bluetooth，Wi-Fi)，センサ機能，HTTP サービスなどの初期設定を行う．その後に繰り返される処理については，10.2 節以降の例題（例 10.1～10.5）で示す．

10.2 Bluetooth による通信

10.2.1 通信準備と送受信方法

ESP32 と PC が近距離に配置され両者で通信する場合には，Bluetooth によるシリアル通信が利用できる．図 10.4 に示すように，センサでの計測値は，PC 上の IDE のシリアルモニタあるいはシリアルプロッタでモニタリングされる．

Bluetooth による通信を実装する方法の概要を以下に示す．

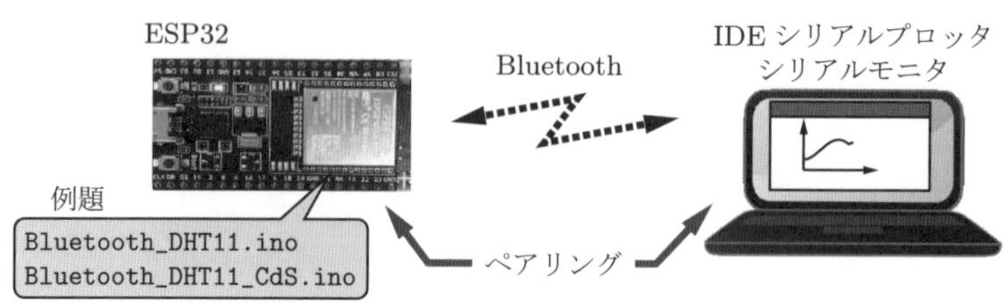

図 10.4　Bluetooth による通信

① シリアルポートの準備［ESP32］

ヘッダファイル `BluetoothSerial.h` をインクルードし，通信に用いるシリアルポートを識別する変数 *BTid* を宣言する[▼1]．

```
BluetoothSerial BTid;
```

さらに，`setup()` のなかで，次のようにして，PC 側で使用する端末名 *term* と通信速度 *speed* を設定する．

```
BTid.begin("term", speed);
```

② データ通信のためのライブラリ関数［ESP32］

字列 *str* の PC への送信（改行なし）	*BTid*.`print(`*str*`)`
文字列 *str* の PC への送信（改行あり）	*BTid*.`println(`*str*`)`
PC からの送られたバイト数	*BTid*.`available()`
PC から 1 バイトの受信	*BTid*.`read()`
PC からの文字列の受信	*BTid*.`readString()`

③ ペアリングとシリアルポートの選択［PC］

ESP32 上でプログラムを実行してから，PC と ESP32（端末名 *term*）とを接続（ペアリング）したのち，IDE のシリアルポートを適切に選び，「シリアルモニタ」あるいは「シリアルプロッタ」のウィンドウを開く．なお，ペアリングする PC は，ESP32 用のプログラムを編集・アップロードするものと別でもよい．もし，同じ PC の場合には，プログラムのアップロード時と実行時で，そのたびに適切なシリアルポートを選択する[▼2]．

▲1　クラス `BluetoothSerial` のインスタンスに相当する．

▲2　macOS の場合は，ペアリングの際には `/dev/cu.`*term* を選び，アップロード時には USB ケーブルが接続されている `/dev/cu.usbserial-`*nn* を選ぶ（*nn* は接続時に割り当てられる）．

10.2.2 実装例

例 10.1 温度・湿度センサによる計測（ESP32⟹ PC）

温度と湿度を同時に測定できるセンサの一種である DHT11（DFR0067）を取りあげ，3 秒ごとに計測した温度と湿度をシリアルプロッタで時系列に描画しよう．

DHT11 の 3 本のピン（赤，緑，黒）は，次のように ESP32 と接続する．

赤（VDD）⟶`5V`，　緑（DATA）⟶`GPIO 26`，　黒（GND）⟶`GND`

ESP32 のプログラムのなかで DHT11 を使うために，あらかじめ IDE に DHT 関連のライブラリをインストールしておく．プログラムでは，クラス DHT の変数（オブジェクト）*Did* をポート番号 *port* と型番 *type* とともに宣言する．

```
DHT Did(port, type);
```

そして，温度と湿度を計測するためには次の 2 種類の関数を使用する．

湿度：*Did*`.readHumidity()`，　湿度：*Did*`.readTemperature()`

次のプログラムでは，Bluetooth 用の変数として `BlueSerial`，DHT 用の変数として `dht` をそれぞれ用い，3 秒ごとの温度と湿度を PC へ送信する．

Bluetooth_DHT11.ino
```
1  #include <BluetoothSerial.h>
2  #include "DHT.h"
3  const int DHT_pin = 26;       // DHT センサのピン番号 26
4  BluetoothSerial BlueSerial;   // Bluetooth 通信用の変数の宣言
5  DHT dht(DHT_pin, DHT11);      // センサ DHT11 のための変数
6  void setup()
7  { BlueSerial.begin("ESP32"); // 端末名 ESP32
8    dht.begin();                // センサ起動
9  }
10 void loop()
11 { delay(3000);  // 3 秒遅延
12   float Hval = dht.readHumidity();     // 湿度の計測
13   float Tval = dht.readTemperature(); // 温度の計測
14   BlueSerial.print(String(Hval));     // 湿度の送信
15   BlueSerial.print(",");              // 区切り文字の送信
16   BlueSerial.println(String(Tval));   // 温度の送信
17 }
```

14〜16 行目で，温度 `Hval` と湿度 `Tval` をそれぞれ文字列に変換し，コンマを区切り文字として送信する．このプログラムを ESP32 へアップロードしたのち，モニタリングする PC 上で IDE のシリアルプロッタを開くと，観測値が図 10.5(a) のように 2 種類の折れ線グラフが得られる．

なお，14 行目と 16 行目を次のようにすれば，シリアルプロッタの凡例表示位置に「Temp, Humid」が表示される．

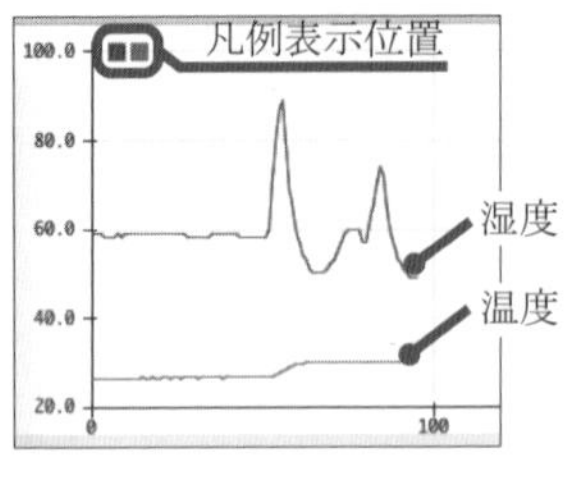

（a）シリアルプロッタの出力

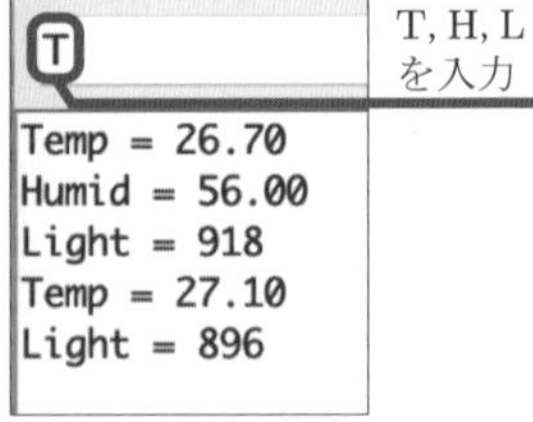

（b）シリアルモニタでの入出力

図 10.5　温度と湿度の計測例

```
14 BlueSerial.print("Humid:"+String(Hval));   // 凡例 Humid
```

```
16 BlueSerial.println("Temp:"+String(Tval));  // 凡例 Temp
```

例 10.2　温度・湿度・照度の計測（ESP32⟺PC）

例 10.1 の温度と湿度に加えて照度も計測できるように，光センサを図 6.8(a) と同様に ESP32 に接続し（35 ピンを使用），PC から指定された種類の計測値を送信するプログラムを作成する．そのために，温度・湿度・照度を「T, H, L」で区別し，ESP32 は PC から受信した文字に応じた種類の計測値を送信する．

Bluetooth_DHT11_CdS.ino

```
1  #include <BluetoothSerial.h>
2  #include "DHT.h"
3  const int DHT_pin = 26;       // DHT センサのピン番号 26
4  const int CdS_pin = 35;       // 光センサのピン番号 35
5  BluetoothSerial BlueSerial;   // Bluetooth 通信用の変数の宣言
6  DHT dht(DHT_pin, DHT11);      // センサ DHT11 のための変数
7  void setup()
8  { BlueSerial.begin("ESP32");   // 端末を ESP32 として起動
9    dht.begin();                 // センサの起動
10 }
11 void loop()
12 { char ch;
13   while (!BlueSerial.available());  // 文字が入力されるまで待つ
14   ch = BlueSerial.read();           // 1 文字の読み込み
15   if (ch == 'H')                    // 湿度？
16   { BlueSerial.println("Humid = " + String(dht.readHumidity()));
17   } else if (ch == 'T')             // 温度？
18   { BlueSerial.println("Temp = " + String(dht.readTemperature()));
19   } else if (ch == 'L')             // 照度？
20   { BlueSerial.println("Light = " + String(analogRead(CdS_pin)));
21   }
22 }
```

13 行目で PC からの入力を待ち（ビジーウェイト），入力があれば 14 行目で読み取る．15～21 行目にかけて，入力された文字 (H, T, L) に応じた計測値を PC へ送信する．こ

のプログラムを ESP32 上で実行し，PC の IDE のシリアルモニタを開いて，文字を送信すると図 10.5(b) のように指定された計測値が表示される．

10.3 Wi-Fi による通信

10.3.1 Web サーバを立ち上げるまでの手順

ESP32 が比較的離れた場所に設置されていたり，PC やスマートフォンで同時に計測値をモニタリングしたりしたいときには，Wi-Fi を利用した通信が有効である．そのためには，図 10.6 に示すように ESP32，PC，スマートフォンを同じ Wi-Fi のアクセスポイントに接続し，ESP32 のもとで Web サーバ用のプログラムを起動すれば，クライアント（PC やスマートフォン）のブラウザでセンサの計測値をモニタリングできる．そのための手順を以下に示す．

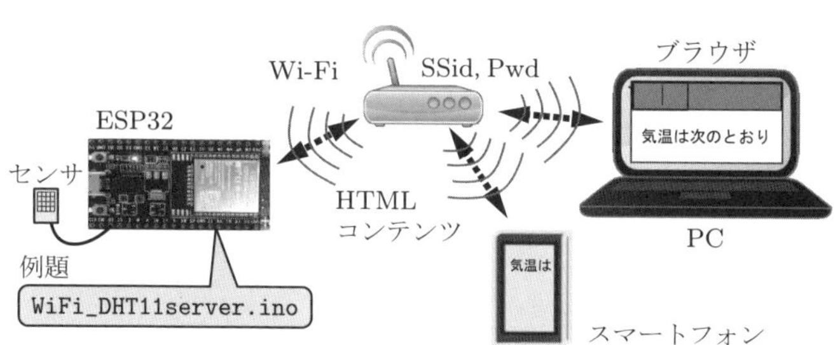

図 10.6 Wi-Fi による通信

① Wi-Fi への接続［ESP32］

Wi-Fi のアクセスポイントのネットワーク名（*SSid*）と暗号化キー（*Pwd*）を指定して次の関数を呼び出す．

```
WiFi.begin(SSid, Pwd);
```

接続に成功したかどうかは，`WiFi.status()` で確かめられる．また，割り振られた IP アドレスは `WiFi.localIP()` で確かめられる．

② Web サーバの起動［ESP32］

Web サーバを識別する変数 *Server* をポート番号 *port* とともに宣言する．

```
WebServer Server(port);
```

`setup()` のなかでは，次のようにして，クライアントからアクセスされるパ

ス *path* と Web ページ（HTML 形式のコード）を生成するための関数 *func* を指定し，Web サーバを起動する．

```
Server.on(path, func);
Server.begin();
```

そして，関数 `loop()` のなかで，次の関数を呼び出せば，クライアントからリクエストがあるたびに処理される．

```
Server.handleClient();
```

③ HTML コンテンツ（Web ページ）の作成［ESP32］

センサが計測した温度 `NN.NN` を含む HTML のコードを図 10.7(a) としたとき，図 (b) の Web ページが生成される．そこで，この HTML のコードを変数 `page` に String 型として代入しておけば，次の関数によってクライアントへ送信される．

```
Server.send(st, "text/html", page);
```

ここで，*st* はステータスコード▼1，`text/html` は HTML コンテンツを表す MIME タイプ▼2である．

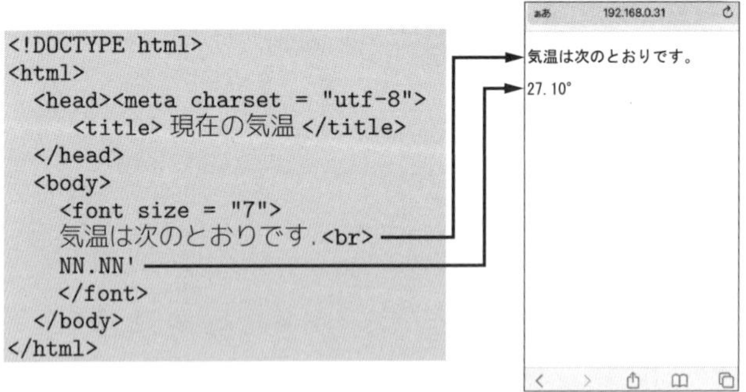

（a）HTML のコード　　（b）スマートフォンでの表示例

図 10.7　HTML による Web ページの作成例

▲1　200 は正常状態，400 番台はエラー状態を表す．たとえば，404 は「Web ページが見つからない」．

▲2　テキストを表す `text/plain`，JavaScript ファイルを表す `text/javascript` などがある．

10.3.2 実装例

例 10.3 温度をクライアントへ送信する Web サーバ

ESP32 とスマートフォンを同じ Wi-Fi のアクセスポイントに接続し，ESP32 で計測した温度をスマートフォンで参照するためのプログラムを以下に示す．ここでは，Web サーバを識別する変数を `ESP32server` とし，センサは例 10.2 と同様に DHT11 を用いる．

WiFi_DHT11server.ino

```
1  #include <WiFi.h>
2  #include <WebServer.h>
3  #include "DHT.h"
4  const int DHT_pin = 26;
5  const char* SSid = "ZZZ-YYY-XXX";   // 右辺はダミー
6  const char* Pwd  = "XXXXXXX01234";  // 右辺はダミー
7  WebServer ESP32server(80); // WebServer クラスの変数
8  DHT dht(DHT_pin, DHT11);   // センサ DHT11 のための変数
9  void setup()
10 { Serial.begin(115200);    // シリアルポートの初期化
11   dht.begin();             // センサ DHT11 の起動
12   WiFi.begin(SSid, Pwd);   // Wi-Fi による接続
13   while (WiFi.status() != WL_CONNECTED) //Wi-Fi の接続状態確認
14   { delay(500);
15   }
16   Serial.print("DHT11server IP = "); // IP アドレス確認用
17   Serial.println(WiFi.localIP());    //      同上
18   ESP32server.on("/", HTML_Temp);    // URL と HTML コード送信関数の設定
19   ESP32server.begin();               // Web サーバを起動
20 }
21 void loop()
22 { ESP32server.handleClient(); // クライアントからのリクエスト処理
23 }
24 void HTML_Temp() // HTML コード送信関数：気温を含めて送信
25 { String pageStr;
26   pageStr = "<!DOCTYPE html><html><head><meta charset=\"utf-8\">\
27     <title>現在の気温</title></head><body><font size=\"7\">\
28     気温は次のとおりです．<br>"
29     +String(dht.readTemperature())+"° </font></body></html>";
30   ESP32server.send(200, "text/html", pageStr);
31 }
```

5，6 行目で，`SSid` と `Pwd` に利用するアクセスポイントの設定値を記入し，12 行目で接続を試みる．18 行目で Web サーバとして稼働するためのパス「/」やクライアントに HTML のコードを送信する関数 `HTML_Temp()` を指定する．`HTML_Temp()` のなかで図 10.7(a) のコードに計測した温度が挿入され（29 行目），クライアントに送信される（30 行目）．ここで，26, 27 行目の行末「\」は行の継続を表す．

このプログラムを ESP32 上で実行したのち，スマートフォンでブラウザを起動し，ESP32 に割り振られた IP アドレスをもとにした「http://192.xx.yy.zz/」を URL としてページを開くと図 10.7(b) が表示される．ページを再読み込みするたびに気温が更新される．なお，IP アドレスは，17 行目により PC 上のシリアルモニタに印字される（印字

がなければ ESP32 の RESET ボタンを押す).

10.4 インターネットへつながる組込みシステム

10.4.1 インターネット上のサーバへの接続

インターネットへのルータ（Wi-Fi のアクセスポイント）に接続した ESP32 は，インターネット上のサーバを利用したり，ほかの ESP32 ともデータ通信が行える．サーバへ接続するための主な手順と，日本標準時を配信している NTP (network time protocol) サーバの利用の仕方を以下に示す．

① サーバへの接続［ESP32］

サーバに接続するクライアントを識別するための変数 *Client* を宣言する．

```
HTTPClient Client;
```

URL が *hpurl* であるサーバへは次のようにして接続する．

```
Client.begin(hpurl)
```

② サーバとの通信［ESP32］

コンテンツの入手	*Client*.GET()
入手内容（文字列）の参照	*Client*.getString()
サーバとの接続解除	*Client*.end()

③ NTP サーバからの時刻の入手

関数 configTime() で，NTP サーバの時刻と ESP32 の時刻とを同期させる．

```
configTime(9*3600, 0, "ntp.nict.jp", "ntp.jst.mfeed.ad.jp");
```

最初の引数 9*3600 は日本標準時にするための調整時間（9 H），2 番目の 0 はサマータイムの調整時間，3 番目以降は NTP サーバの URL である（複数個可）．同期された時刻は次の関数 getLocalTime() によって変数 *ltm* に代入される．

```
getLocalTime(&ltm);
```

ltm のデータ型は構造体 tm であり，「年（西暦）・月・日・時・分・秒」はそれぞれ次のように構造体のメンバーで参照される．

ltm.tm_year+1900,　ltm.tm_mon+1,　ltm.tm_mday
ltm.tm_hour,　ltm.tm_min,　ltm.tm_sec

10.4.2 実装例

例 10.4 インターネットのサーバへの接続と利用

図 10.8 に示すように，2 台の ESP32 を温度計測用サーバ ESP32server1 と照度計測用サーバ ESP32server2 とし，計測した「温度と照度」とともに NTP サーバから入手した「時刻」をクライアント（PC やスマートフォン）に送信するプログラムを作成する．

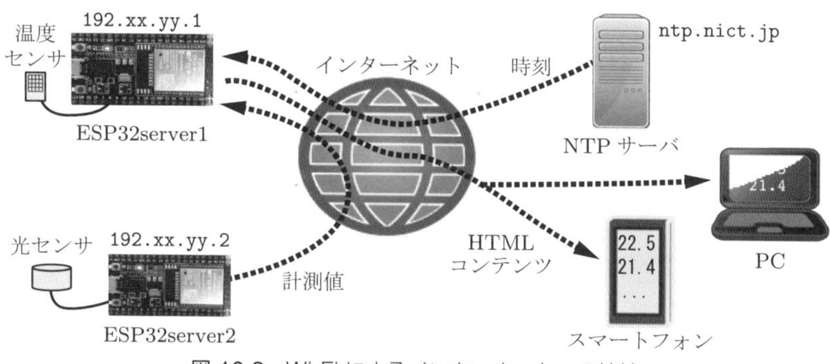

図 10.8 Wi-Fi によるインターネットへの接続

クライアントからブラウザを使って ESP32server1 へアクセスすると，ESP32server1 は NTP サーバと ESP32server2 から時刻と測定値（照度）をそれぞれ入手し，図 10.9 の画面を表示するための HTML のコードをクライアントに送信する．このために，ESP32server1 と ESP32server2 でそれぞれ動かすプログラムが，`WiFi_TempServer.ino` と `WiFi_LightServer.ino` である．

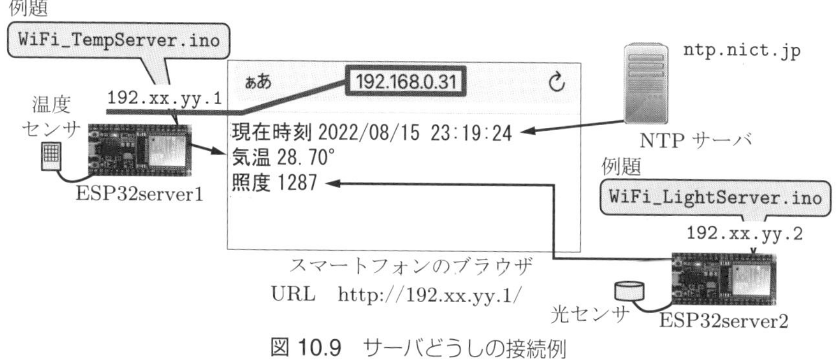

図 10.9 サーバどうしの接続例

WiFi_TempServer.ino では，10.3.2 項と同様に Web サーバとしてのクライアントへ HTML コンテンツを送信する機能に加えて，NTP サーバや ESPserver2 へクライアントとしてアクセスする機能を実装している．

WiFi_TempServer.ino

```
#include <WiFi.h>
#include <WebServer.h>
#include <HTTPClient.h>
#include "DHT.h"
const int DHT_pin = 26;              // 温度計測用センサ DHT11 のピン番号
const char* SSid = "ZZZ-YYY-XXX";    // 右辺はダミー
const char* Pwd  = "XXXXXXX01234";   // 右辺はダミー
const char* Light_URL = "http://192.xx.yy.2/";//
HTTPClient LightServer;  // ESP32sever2 へ接続するための変数
WebServer server(80);    // WebServer クラスの変数
DHT dht(DHT_pin, DHT11); // センサ DHT11 のための変数
void setup()
{ Serial.begin(115200);        // シリアルポートの初期化
  dht.begin();                 // センサ DHT11 の起動
  WiFi.begin(SSid, Pwd);       // Wi-Fi による接続
  while (WiFi.status() != WL_CONNECTED)
  { delay(500);
  }
  Serial.print("TempServer IP = "); // IP アドレス確認用
  Serial.println(WiFi.localIP());   //      同上
  server.on("/", tempHP);  // URL と HTML コード送信関数の設定
  server.begin();          // Web サーバを起動
  configTime(9*3600L, 0, "ntp.nict.jp", "ntp.jst.mfeed.ad.jp");
  LightServer.begin(Light_URL);
}
void loop()
{ server.handleClient();  // クライアントからのリクエスト処理
}
void tempHP() // 気温と照度を HTML テキストとして送信
{ String pageStr;
  pageStr = "<!DOCTYPE html><html><head><meta charset=\"utf-8\">\
    <title>現在の気温・照度</title></head><body>\
    <font size=\"7\">現在時刻 "+getTimeServer()
    +"<br>気温 "+String(getTemp())+"° <br>照度 "+getLightServer()
    +"</font></body></html>";
    server.send(200, "text/html", pageStr);
}
String getTimeServer() // 内部時刻を「年/月/日 時:分:秒」に整形
{ struct tm timeNTP ;  // 時刻格納用変数
  char tmChars[25];
  getLocalTime(&timeNTP); // 内部時刻の入手
  sprintf(tmChars, " %04d/%02d/%02d %02d:%02d:%02d",
    timeNTP.tm_year+1900, timeNTP.tm_mon+1, timeNTP.tm_mday,
    timeNTP.tm_hour, timeNTP.tm_min, timeNTP.tm_sec);
  return String(tmChars);
}
double getTemp() // センサからの温度の計測
{ return dht.readTemperature();
}
String getLightServer() // ESP32server2 からの照度の取得
{ String getData;
```

```
52     if (LightServer.GET() == HTTP_CODE_OK)
53     { getData = LightServer.getString();
54     }
55     LightServer.end();
56     return getData;
57   }
```

8, 9 行目で，照度を入手するために ESP32server2 へのアクセスに必要な URL と変数 `LightServer` を定義し，24 行目でこのサーバにアクセスする．8 行目の IP アドレスは `WiFi_LightServer.ino` の実行結果をもとに記入する．21, 22 行目で，ESP32server1 を Web サーバとして起動し，23 行目で NTP サーバと時刻の同期をはかる．クライアント（スマートフォンなど）からアクセスがあれば，関数 `tempHP()` によって「時刻，温度，照度」を含む HTML データをクライアントへ送信する．このとき，33 行目で `getTiemServer()` を呼び出し，時刻を「YY/MM/DD HH:MM:SS」の形式に整形し（33〜35 行目），34 行目で `getLightServer()` を呼び出して，ESP32server2 から照度を取得する（53 行目）．

次の `WiFi_LightServer.ino` は，クライアントからの要求に対して観測値（照度）を返信する ESP32server2 のプログラムである．

WiFi_LightServer.ino

```
1  #include <WiFi.h>
2  #include <WebServer.h>
3  const int CdS_pin = 35;                  // センサ CdS のピン番号
4  const char* SSid = "ZZZ-YYY-XXX";        // 右辺はダミー
5  const char* Pwd = "XXXXXXX01234";        // 右辺はダミー
6  WebServer server(80);                    // WebServer クラスの変数
7  void setup()
8  { Serial.begin(115200);   // シリアルポートの初期化
9    WiFi.begin(SSid, Pwd); // Wi-Fi による接続
10   while (WiFi.status() != WL_CONNECTED)
11   { delay(500);
12   }
13   Serial.print("LightServer IP = "); // IP アドレス確認用
14   Serial.println(WiFi.localIP());    //     同上
15   server.on("/", lightHP);           // URL と HTML コード送信関数の設定
16   server.begin();                    // Web サーバを起動
17 }
18 void loop()
19 { server.handleClient();   // クライアントからのリクエスト処理
20 }
21 void lightHP() // 照度を HTML テキストとして送信
22 { server.send(200, "text/html", String(getLight()));
23 }
24 int getLight() センサからの照度の計測
25 { return analogRead(CdS_pin);
26 }
```

15, 16 行目で，ESP32server2 を Web サーバとして起動する．クライアント（この例では ESP32server1）からアクセスがあれば，関数 `lightHP()` によって照度が送信される．なお，14 行目は ESP32server2 が Wi-Fi に接続したときに割り当てられた IP アドレスの確認用である．このIP アドレスを `WiFi_TempServer.ino` の 8 行目で利用する．■

10.5 クラウドへつながる組込みシステム

10.5.1 クラウドへの登録

クラウドとして Arduino Cloud (https://cloud.arduino.cc) を例に取りあげながら，ESP32 をモノ（thing）として接続し，計測値の収集などの方法について述べる．Arduino Cloud の場合，図 10.10 に示すように，PC には専用のアプリケーション（プラグイン）Arduino Create Agent が必要であり，登録されたモノに関する情報はアカウントごとにクラウド上で管理される．

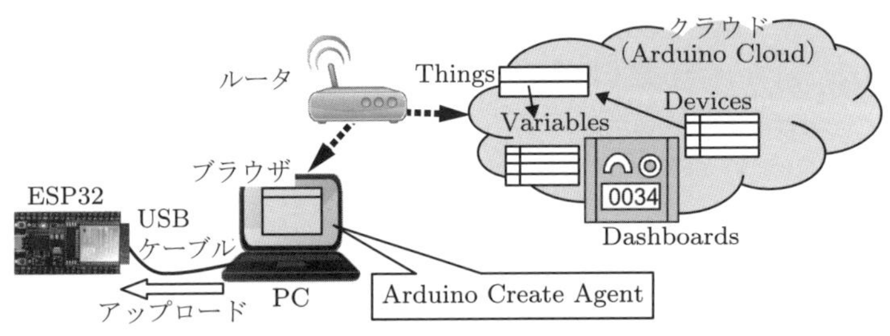

図 10.10 クラウドへの接続方法

以下にクラウドを利用するための手順の概要を示す（詳細は付録 A.5 節を参照のこと）．なお，以下ではクラウドといえば，Arduino Cloud を指すものとする．

① https://cloud.arduino.cc へのアクセスと，ログイン

② アプリケーションのインストール

クラウドに接続する ESP32 用のプログラムは，ブラウザを使ってプログラムを作成し，USB ポート経由でアップロードする．そのために次の URL をもとにアプリケーション Arduino Create Agent[▼1] をインストールする．

③ クラウドへのモノ (Things) の登録

クラウド上のアプリケーション IoT Cloud を使い，最大 2 台のデバイス (ESP32) をモノ (Thing) として登録する[▼2]．モノの登録にあたっては「変数，デバイス，ネットワーク」を入力する．センサの計測値，アクチュエータの操作量などを代入するための変数 (Variables) は最大 5 つ使用できる．デバイスの新規登録では ID と Secret Key が割り当てられる．Secret Key は，Wi-Fi

▲1 https://create.arduino.cc/getting-started/plugin/welcome

▲2 無料プランの場合であり，そのほかのプランは https://cloud.arduino.cc/plans を参照のこと．

のアクセスポイントの名前とパスワードとともにネットワーク情報として入力する.

④ プログラム (Sketch) の編集とアップロード

モノの登録時の入力情報をもとにプログラムの雛形が自動生成されるので, 周辺装置（センサなど）を制御するためのコードを追記する. USB ケーブルを介してプログラムをモノへアップロードする.

⑤ ダッシュボード (Dashboards) の設定

計測値の表示や操作量の入力をするための計器盤であり, 各種ウィジェット (widget) を配置して構成される. ダッシュボードは複数個登録できる.

10.5.2 適用例

例 10.5 クラウドへの接続とサービスの利用

図 10.11 に示すクラウドに接続された 2 台の ESP32(Thing-1, Thing-2) のセンサや LED を, ダッシュボードを通じて操作するプログラムを作成する.

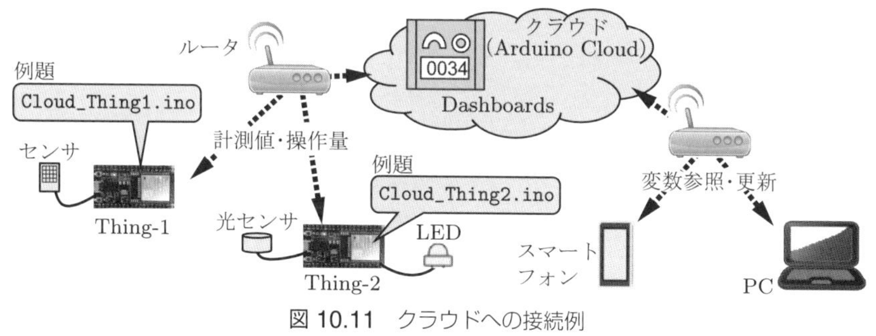

図 10.11 クラウドへの接続例

Thing-1 では温度・湿度の計測を, Thing-2 では照度の計測と LED の点灯/消灯を行う. そのために, 表 10.1 の情報をクラウドに登録する.

Thing-1 と Thing-2 の変数は, それぞれ「`temp, hum`」と「`light, led`」とし, 各変数には同表の属性を指定する. ここで, 属性の種類は次のとおりである.

Read Only	読み取り専用	Periodically	周期的
Read & Write	読み書き	On change	変更時

Thing-1 と Thing-2, それぞれにデバイスとネットワークを関連付ける際には, デバイス登録時に割り当てられた「ID, Secret Key」を用いる.

表 10.1　クラウドの利用例「Cloud-Eg1」

モノ	変数		デバイス/ネットワーク
Thing-1	型	`int temp;` （温度の記録用）	ID: aaaa-bbbb-0000
	属性	Read Only, Periodically 30s	Wi-Fi Name: xxxxxxxx
	型	`int hum;` （湿度の記録用）	Password: *********
	属性	Read Only, Periodically 30s	Secret Key : *********
Thing-2	型	`int light;` （照度の記録用）	ID: aaaa-bbbb-1111
	属性	Read Only, Periodically 30s	Wi-Fi Name: xxxxxxxx
	型	`bool led;` （true：点灯，false：消灯）	Password: ********
	属性	Read & Write, On change	Secret Key : ********

入力された情報をもとに自動生成されるプログラムにセンサやアクチュエータを操作するコードを追加する．次の Cloud_Thing1.ino のうち，コメントに###を含む行が追加したコードである．

Cloud_Thing1.ino

```
1  #include "arduino_secrets.h"
2  #include "thingProperties.h"
3  #include "DHT.h"              // ### センサ DHT11 用のヘッダファイル
4  const int DHT_pin = 26;       // ### センサ DHT11 のピン番号
5  DHT dht(DHT_pin, DHT11);      // ### センサ用の変数
6  void setup()
7  { dht.begin();                // ### センサの起動
8    Serial.begin(9600);
9    delay(1500);
10   initProperties();  // Defined in thingProperties.h
11   ArduinoCloud.begin(ArduinoIoTPreferredConnection);
12   setDebugMessageLevel(2);
13   ArduinoCloud.printDebugInfo();
14 }
15 void loop()
16 { ArduinoCloud.update();
17   temp = dht.readTemperature(); // ### 温度の計測
18   hum = dht.readHumidity();     // ### 湿度の計測
19 }
```

3~5 行目にかけてはセンサ DHT11 の使用に関するコードであり，17, 18 行目は属性が Read Only の変数「temp, hum」への計測値の代入文である．これらの変数の値はダッシュボードで表示される．

次の Cloud_Thing2.ino は Thing-2 のプログラムへ追加するコードである．

Cloud_Thing2.ino

```
#include "arduino_secrets.h"
#include "thingProperties.h"
const int LED_pin = 25;           // ### LED のピン番号
const int CdS_pin = 35;           // ### センサ CdS のピン番号
void setup()
```

```
6  { Serial.begin(9600);
7    delay(1500);
8    pinMode(LED_pin, OUTPUT);        // ### ピン番号の出力指定
9    initProperties(); // Defined in thingProperties.h
10   ArduinoCloud.begin(ArduinoIoTPreferredConnection);
11   setDebugMessageLevel(2);
12   ArduinoCloud.printDebugInfo();
13 }
14 void loop()
15 { ArduinoCloud.update();
16   light = analogRead(CdS_pin);    // ### 照度の計測
17 }
18 void onLedChange()   // --- Read&Write 変数 led のための関数 ---
19 { if (led)                        // ### led の値 (true, false)?
20   { digitalWrite(LED_pin, HIGH); // ### LED の点灯
21   }                               // ###
22   else                            // ###
23   { digitalWrite(LED_pin, LOW);  // ### LED の消灯
24   }                               // ###
25 }
```

3, 4 行目は LED と CdS センサのピン番号を指定するため，16 行目は Read Only の属性の変数 **light** へ計測値を代入するためのコードである．さらに，19〜24 行目で，Read & Write の属性をもつ変数「**led**」の値が更新されたときに呼び出される関数 **onLedChange()** の定義をする．

図 10.12 は，ダッシュボードとして，属性が Read Only の変数「**Chart, Gauge, Value**」については表示専用のウィジェット「Chart, Gauge, Value」を，Read & Write の変数「**led**」については値の変更が可能な「Switch」をそれぞれ割り当てた例である．

Thing-1 と Thing-2 でプログラム **Cloud_Thing1.ino** と **Cloud_Thing2.ino** をそれぞれ動かしたあと，PC とスマートフォンのそれぞれのブラウザでダッシュボードを表示したのが図 10.12 の画面例である▼1．なお，各変数の更新履歴をファイルとしてダウン

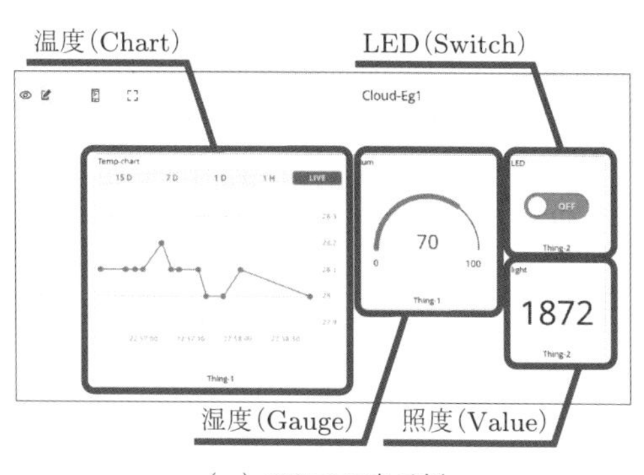

（a）PC での表示例

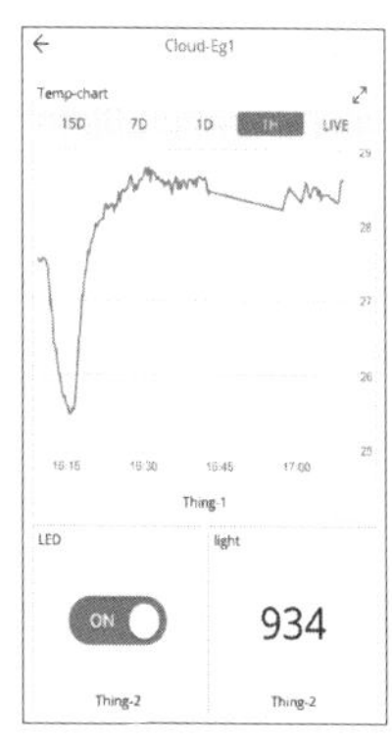

（b）スマートフォンでの表示例

図 10.12 ダッシュボードの作成と表示例

▲1 iOS の場合は「IoT Remote」をインストールする．

ロードできる[▼1]．ダウンロードされたファイルには次の例のように計測値（value は湿度）が記録されており，必要に応じてデータ分析を行える

```
time,value
2022-08-30T11:53:28.668Z,72
2022-08-30T11:53:33.99Z,69
2022-08-30T11:53:39.427Z,68
```

章末問題

10.1 Bluetooth_DHT11_CdS.ino▶▶10.2.2項 を，次のように修正せよ．

- PC からは文字列「Light, Humid, Temp」を送信する．
- ESP32 は受信した文字列に応じた測定値を送信する．

Light→ 照度，　Humid→ 湿度，　Temp→ 温度

10.2 例 10.4 において，ESP32server2 にクライアント（ブラウザ）が接続すると，時刻と照度が，たとえば「2022/7/22/xx:xx の照度は NNNN です．」と返信されるように WiFi_LightServer.ino を修正せよ．

なお，ESP32server2 へ接続する URL は，http://192.xx.yy.zz/CdS/ とせよ．ここで，192.xx.yy.zz は ESP32server2 の IP アドレスである．

10.3 クラウドコンピューティングに関連した用語の 1 つである「エッジコンピューティング」について，クラウドコンピューティングとの違いを調べよ．

▲1　利用プランにより保存期間には制限がある．

付録A インストールと使用法

A.1 Arduinoのインストール

① Arduino 統合開発環境 IDE のダウンロードと展開：次の URL にアクセスして，使用する OS の種類のファイルを選択する．

https://www.arduino.cc/en/software

たとえば，macOS の場合，ダウンロードしたパッケージをダブルクリックする．解凍して表示された `Arduino.app` を「アプリケーション」フォルダにコピーする．

② PC との接続とドライバのインストール：USB ケーブルで，Arduino と PC を接続して，インストールしたアプリケーションを起動する．

③ 基本設定（日本語表示）と動作確認：メニューの [Arduino IDE] → [Preferences...] を選択して Language: の欄の「日本語」を選択し「OK」をクリックする．`Blink.ino` ▶▶例4.1を使って動作確認する．

A.2 Processingのインストール

① Processing の統合開発環境のダウンロード：次の URL にアクセスして，「Download」をクリックする．

https://processing.org/

リンク先の画面において，OS に応じたファイル（Windows，macOS など）を選択する．

② 展開とインストール：ダウンロードしたファイルをダブルクリックする．macOS の場合には，解凍して表示された `Processing.app` を「アプリケーション」フォルダにコピーする．

③ アプリケーションの起動と動作確認：アプリケーションのアイコンをダブルクリックして起動したのち，たとえば，［ファイル］→［サンプル...］→ [Basics] → [Color] → [ColorVariables] を選択して（読み込んだあと），［実行ボタン］▶をクリックして動作確認する．

A.3 Processing の使用法

Processing を起動すると，図 A.1(a) のウィンドウが生成される．

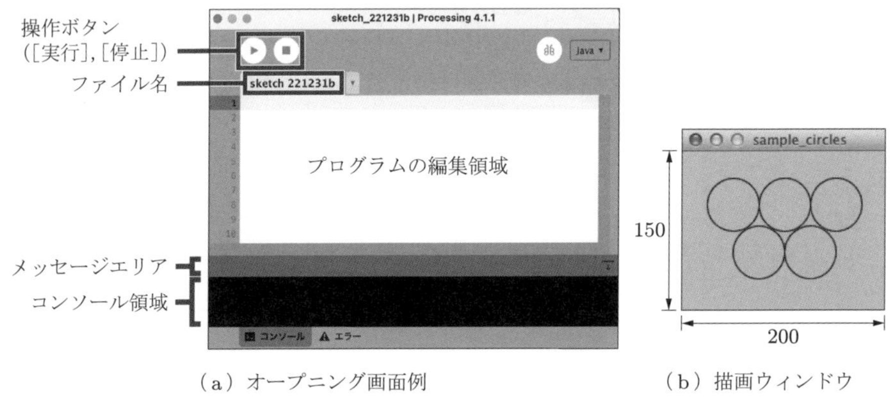

（a）オープニング画面例　　（b）描画ウィンドウ

図 A.1　Processing のオープニング画面（macOS 版）

プログラムは中央の編集領域に入力する．入力したプログラムは，操作ボタンのうち左側の実行▶をクリックすることでコンパイルできる．プログラムに構文エラーがなければ，図 A.1(b) の描画ウィンドウが生成される．エラーが発生したときはメッセージエリアに表示される．実行中の出力の一部はコンソール領域に表示される．操作ボタンの停止■を押すことで，プログラムが終了する．なお，ファイル名の拡張子は《pde》とする．

Processing の GUI 機能実現のための主な変数や関数を表 A.1 に示す．

これらのほかに，`print(str)`（改行なし）と `println(str)`（改行あり）によって，文字列 `str` を図 A.1(b) のコンソール領域に表示できる．また，座標系と図形の指定について図 A.2 に示す．

表 A.1 Processing の GUI 機能実現のための主な変数や関数

操作		説明
マウス操作	マウスの現在位置	原点 (0,0) から水平方向の距離と垂直距離は，それぞれ変数 `mouseX` と `mouseY`.
	マウスの押下	マウスが押されたとき，変数 `mousePressed` は `true`，それ以外では `false`.
キー操作	キーの入力	キーが入力されたとき，変数 `keyPressed` は `true`，それ以外では `false`.
	入力されたキー	入力されたキーの文字の ASCII コードは変数 `key`.
モニタ操作	描画サイズ	ウィンドウの幅と高さをそれぞれ `h` と `w`（ピクセル）とするには，`size(w, h)`. 図 A.1(b) の場合，`size(200, 150)`.
	描画スピード	デフォルトでは，1 秒間に画面（フレームとよばれる）が 60 回更新される．変数 `frameCount` の値はプログラムが起動してからフレームが更新された回数である.
	文字列	文字列 `str` を座標 `(x, y)` への描画は，`text(str, x, y)`.
	文字サイズ	文字のサイズを `s` とするには，`textSize(s)`.
	直　線	座標 `(x1, y1)` と `(x2, y2)` を端点とする直線は，`line(x1, y1, x2, y2)`.
	長方形	座標 `(x, y)` を左上の端点とし，幅 `w`，高さ `h` の長方形は，`rect(x, y, w, h)`.
	楕　円	座標 `(x1, y1)` を中心，横軸の長さ `w`，縦軸の長さ `h` の楕円は，`ellipse(x1, y1, w, h)`.

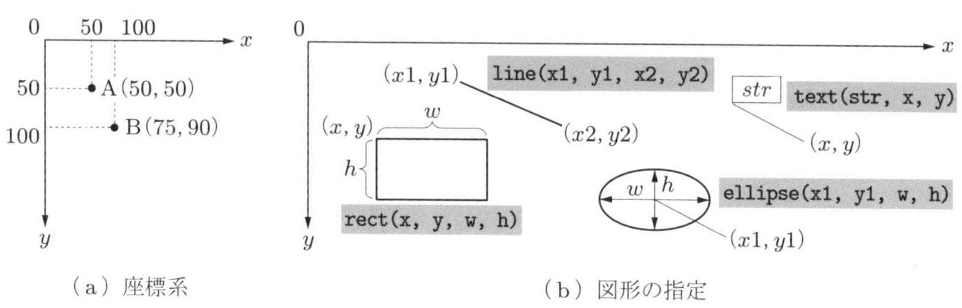

図 A.2 Processing の座標系と図形の指定

A.4 ESP32 使用のための準備

① ボードマネージャの追加：メニューの［Arduino IDE］→［基本設定...］を選択して「追加のボードマネージャの URL」の欄に次の URL を入力し「OK」をクリックする.

https://raw.githubusercontent.com/espressif/arduino-esp32/gh-pages/package_esp32_index.json

② ボードの追加：メニューの［ツール］→［ボード］→［ボードマネージャ...］を選択して検索キーワードの欄に「esp32」を入力する．表示された「esp32」の「インストール」をクリックする．ESP32 を PC に接続して，再び，メニューの［ツール］→［ボード］を選択し，新たに追加された [ESP32 Arduino] → [ESP32 Dev Module] を選ぶ．

③ スケッチ例の確認：メニューの［ファイル］→［スケッチ例］を選択し，新たに「ESP32 Dev Module」用のプログラムが追加されていることを確認する．

④ ライブラリの追加：メニューの［ツール］→［ライブラリを管理...］を選択して，検索キーワードの欄に追加したいライブラリ名を入力し，適切なライブラリをインストールする．

例　`ArduinoBLE`（Bluetooth 通信用），`WiFiNINA`（WiFi 通信用），`DHT sensor library`（DHT11 用）

A.5　Arduino Cloud の利用手順

① https://cloud.arduino.cc/ へアクセスし，アカウト ID を新規登録するか，既存のサービス（たとえば，Apple，Google，Facebook）の ID を利用してログインする．

② クラウドのアプリケーション「IoT Cloud」を起動する．

③ 1 台目のモノ (Thing) を登録：図 A.3 の画面で，タイトルを「Untitled」欄に入力し，変数 (Variables)，デバイス (Associated Device)，ネットワーク (Network) をそれぞれ入力する．

(a) 変数：センサの観測値，アクチュエータの操作量などを代入するための変数を登録する（あとからでも登録可．計 5 個まで）．

(b) デバイス：ESP32 の場合，「Set up a 3rd Party device」をクリックし，「ESP32 Dev Module」を選び，デバイス名（識別のための名前）を入力する．登録したデバイスの「Device ID」と「Secret Key」が自動生成されるので，これらを保存するチェックボックスをクリックし，「CONTINUE」をクリックする．

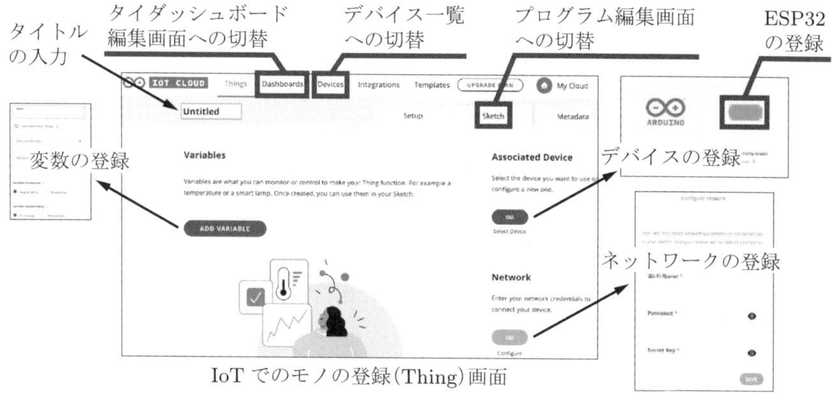

図 A.3 IoT Cloud でのモノの登録

(c) ネットワーク：(b) で登録した ESP32 をクラウドに接続するために使用する Wi-Fi の「ネットワーク名と Password」と (b) で自動生成された「Secret Key」を入力する．

そして，登録したモノのプログラムを編集する画面に切り替えるために図 A.3 のタブ「Sketch」をクリックする．モノに接続される周辺装置の制御用処理を，図 A.4 の画面のもとで，(a) で登録した変数を用いながら雛形のプログラムに追記する．

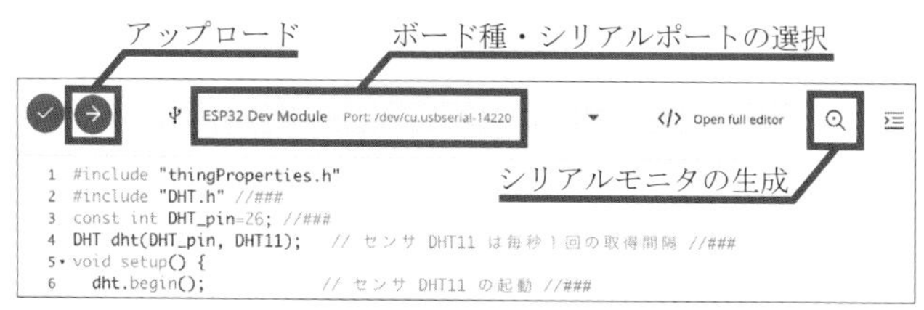

図 A.4 プログラムの編集画面例

プログラムの編集を終えたら，モノが接続されているシリアルポートを選び，アップロードボタンを押す．プログラムのなかでシリアルモニタに印字する処理があるときは，シリアルモニタを生成するボタンをクリックすればよい．

さらに，必要に応じて③と同様の手順で 2 台目を登録する．

④ ダッシュボードの登録：図 A.3 のタブ「Dashboards」をクリックすると，ウィジェットを配置する図 A.5 の編集画面が現れる．

「ADD」のクリックによりウィジェット一覧が表示されるので，そのなか

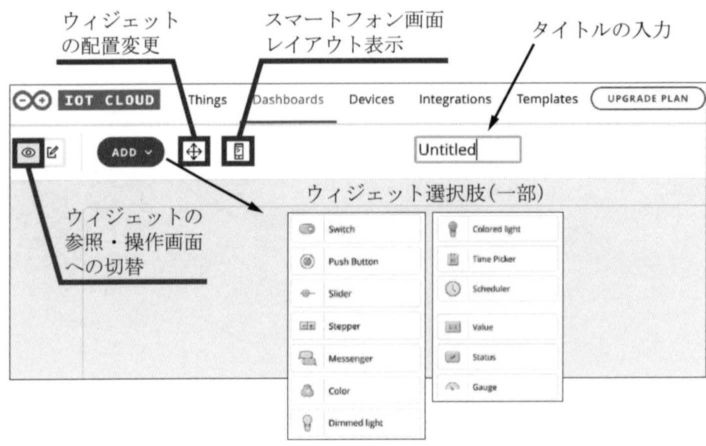

図 A.5　ダッシュボードの編集画面

から各変数に対応付けるものを選ぶ．図 A.6 は主なウィジェットの配置例である．

⑤ ダッシュボードのモニタリング：登録したモノのプログラムを実行し，ダッシュボードを通じて各変数の値をモニタリングする．そのために，PC のブラウザの場合，図 A.5 の左端にある「ウィジェットの参照・操作画面への切替」をクリックする．スマートフォンの場合は専用アプリ（iOS の場合は「IoT Remote」）をインストールしてダッシュボードを表示する．

変数の変更履歴をダウンロードしたければ，図 A.6 のボタンをクリックする．

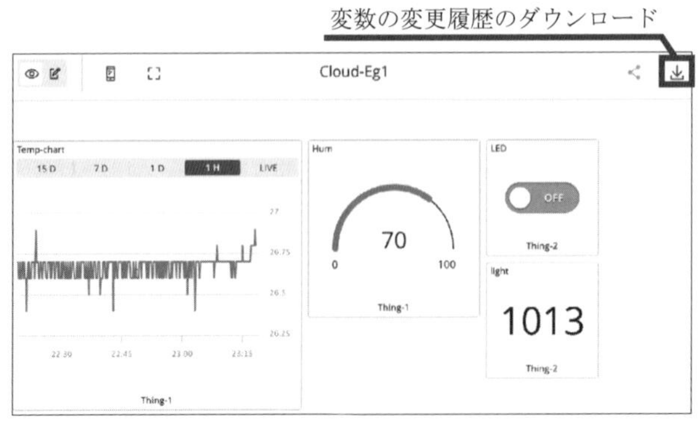

図 A.6　ウィジェットの配置例

付録B Arduino と Processing のリファレンス

表 B.1　Arduino の主な定数と関数

(a) 主な定数

定数	説明	参照
INPUT	ピンを入力端子とする設定	4.4.2 項
OUTPUT	ピンを出力端子とする設定	4.4.2 項
HIGH	入力は 3 V 以上，出力は 5 V	4.4.2 項
LOW	入力は 2 V 以下，出力は 0 V	4.4.2 項
true	真（boolean 型）	4.4.1 項
false	偽（boolean 型）	4.4.1 項

(b) 主な関数

種類	関数	説明	参照
入出力制御（pin：ピン番号，bin：HIGH，LOW，0，1）	pinMode(pin, io)	pin を io (INPUT, OUTPUT) に設定	4.5.2 項
	digitalWrite(pin, bin)	pin に bin を出力	4.5.2 項
	digitalRead(pin)	pin からディジタル値 0, 1 を入力	4.5.2 項
	analogWrite(pin, byte)	pin に byte(0～255) を出力	4.5.3 項
	analogRead(pin)	pin からアナログ値 0～1023 を入力	4.5.3 項
数学的関数	max(x,y)	x と y で大きいほう	
	min(x,y)	x と y で小さいほう	
	abs(x)	x の絶対値	
	pow(x,y)	x の y 乗	
	sqrt(x)	x の平方根	
	sin(x)	x [ラジアン] の正弦 (sine)	
	cos(x)	x [ラジアン] の余弦 (cosine)	
	tan(x)	x [ラジアン] の正接 (tangent)	
時間制御（t：ミリ秒，tm：マイクロ秒）	delay(t)	t ミリ秒遅延（実行停止）	4.2.3 項
	delayMicroseconds(tm)	tm マイクロ秒遅延（実行停止）	6.2.1 項
	millis()	プログラム開始後の経過時間 [ミリ秒]	
	tone(pin, frq)	pin に周波数 frq Hz を出力	6.2.1 項

表 B.1　Arduino の主な定数と関数（続き）

(b) 主な関数（続き）

種類	関数	説明	参照
割込み制御（intf：割込み処理関数）	MsTimer2::set(t, intf)	t ミリ秒ごとに関数 intf を呼び出すためのタイマ割込みの設定	7.3.1 項
	MsTimer2::start()	タイマ割込みの開始	7.3.1 項
	wdt_enable(wt)	ウォッチドッグタイマのカウンタを wt ミリ秒に設定	7.3.3 項
	wdt_reset()	ウォッチドッグタイマのカウンタのリセット	7.3.3 項
通信制御（シリアルポートを利用したデータの送受信）	Serial.begin(bs)	通信速度を bs[ビット/秒] に設定	6.4 節
	Serial.print(val)	val をシリアルポートへ送信（改行なし）	6.4 節
	Serial.println(val)	val をシリアルポートへ送信（改行あり）	6.4 節
	Serial.write(bval)	bval(0〜255) をシリアルポートへ送信	9.1.2 項
	Serial.read()	0〜255 をシリアルポートから受信	9.1.2 項
	Serial.available()	シリアルポートから受信可能なバイト数	9.1.4 項
文字列操作（クラス String 型の変数 str1, str2）	str1+str2	str1 と str2 の連結	
	str1==srt2	str1 と str2 が一致するときには true，そのほかは false.	
	str1.charAt(n)	str1 の先頭から n+1 番目の文字が返値（先頭文字が 0 番目）	
	str1.compareTo(str2)	辞書引順序で，str1 が str2 よりも後ろならば正値，前ならば負値，同じならば 0.	
	str1.length()	str1 の文字数が返値	
	str1.toLowerCase()	str1 の大文字を小文字に変換した文字列が返値	
	str1.toUpperCase()	str1 の小文字を大文字に変換した文字列が返値	

表 B.2　Processing の主な定数と関数

(a) 主な変数

変数	説明	参照
width	ウィンドウの長さ（横幅）	
height	ウィンドウの高さ（縦幅）	
mouseX	マウスの x 座標	9.1.5 項
mouseY	マウスの y 座標	9.1.5 項
mousePressed	マウスのボタン押下の有 (true) 無 (false)	A.3 節
key	押されたキー（文字 char 型）	A.3 節
keyCode	押されたキーのコード	
keyPressed	キーの押下の有 (true) 無 (false)	A.3 節
frameCount	プログラム開始以降のフレームの更新回数	9.2.3 項

表 B.2 Processing の主な定数と関数（続き）

(b) 主な関数

種類	関数	説明	参照
基本図形描画（(x, y)：座標）	point(x, y)	(x, y) に点	
	line(x1,y1,x2,y2)	(x1, y1) と (x2, y2) を端点とする直線	9.5.3 項
	rect(x,y,w,h)	(x, y) を左上とする幅 w，高さ h の長方形	9.2.3 項
	ellipse(x1,y1,w,h)	(x1, y1) を中心とする横軸 w，縦軸 h の楕円	A.3 節
	strokeWeight(x)	線の太さを x	9.5.3 項
色の指定（m：白黒の明暗，r，g，b：三原色（表 B.3 参照））	background(m)	背景色指定（m：0（黒）〜255（白））	9.2.3 項
	background(r, g, b)	背景色指定 (r，g，b：0〜255)	
	fill(m)	図形塗りつぶし色指定（m：0（黒）〜255（白））	9.2.3 項
	fill(r,g,b)	図形塗りつぶし色指定 (r，g，b：0〜255)	9.4.2 項
	stroke(m)	図形輪郭線色指定（m：0（黒）〜255（白））	
	stroke(r,g,b)	図形輪郭線色指定 (r，g，b：0〜255)	9.5.3 項
	noFill()	図形の塗りつぶしなし指定	
	noStroke()	図形輪郭線なし指定	
数学的関数	dist(x1,y1,x2,y2)	点 (x1, y1) と点 (x2, y2) の距離	
	mag(x,y)	原点から点 (x, y) までの距離	
	degree(x)	x [ラジアン] を [°] に変換	
	radians(x)	x [°] を [ラジアン] に変換	
	constrain(x,a,b)	a>x ならば a，x>b ならば b，そのほかは x	
	map(val,a,b,c,d)	a ≦ val ≦ b の val を c ≦ val ≦ d に変換	
文字列出力関数	text(data,x,y)	数値 data を座標 (x, y) に描画	9.2.3 項
	text(str,x,y,w,h)	文字列 str を座標 (x, y) に w × h の領域で描画	9.4.2 項
	textSize(size)	文字の大きさを size [ピクセル] に設定	9.5.3 項
	print(str)	文字列 str をコンソール領域に表示	A.3 節
	println(str)	文字列 str をコンソール領域に表示し，改行	A.3 節
ファイル・文字列操作関数（f：ファイル名，s：文字列（String 型））	createWriter(fn)	ファイル fn を書き込み用で開く	9.2.3 項
	pw.print(str)	String 型 str を pw に書き込む	9.2.3 項
	pw.println(str)	String 型 str と改行を pw に書き込む	9.2.3 項
	pw.flush()	（バッファ）データをすべて pw に書き込み	9.2.3 項
	pw.close()	pw を閉じる	9.2.3 項
	createReader(fn)	ファイル fn を読み込み用で開く	
	rf.readLine()	rf から 1 行だけ読み込む	
	loadStrings(f)	f の読み込み（String 型配列が返値）	9.3.2 項
	saveStrings(f,d)	String 型配列 d[] の f への書き込み	
	splitTokens(s,c)	s を文字 c で単語に分割（String 型配列が返値）	9.3.2 項
	int(s)	s を int 型に変換	9.3.2 項
	str(x)	int 型 x を String 型に変換	

表 B.2　Processing の主な定数と関数（続き）

(b) 主な関数（続き）

種類	関数	説明	参照
入力デバイス制御関数（イベント関数）	`mousePressed()`	マウスのボタンの押下	9.1.6 項
	`mouseClicked()`	マウスのクリック	9.1.6 項
	`mouseMoved()`	マウスの移動（クリックなし）	
	`keyPressed()`	キーの押下	9.1.6 項
	`keyTyped()`	キーの押下（CTRL キーなどを除く）	
通信制御（シリアルポートを利用したデータの送受信）	`Serial(o, p, b)`	シリアルポート名 `p`，通信速度 `b`	9.1.3 項
	`Serial.list()`	シリアルポート名の一覧が返値	9.1.3 項
	`port.write(bval)`	`bval` (0〜255) を `port` へ送信	9.1.2 項
	`port.read()`	0〜255 を `port` から受信	9.1.2 項
	`port.available()`	`port` から受信可能なバイト数	9.1.4 項
そのほか	`frameRate(cnt)`	フレームの 1 秒間あたりの更新回数を `cnt` に変更	9.4.2 項
	`noLoop()`	`draw()` での繰り返しの停止	9.1.5 項
	`loop()`	`draw()` の繰り返し停止後の再開	
	`exit()`	プログラムの強制終了	9.2.3 項

表 B.3　三原色（rgb）による色の指定

色	r	g	b
黒	0	0	0
灰色	127	127	127
白	255	255	255
赤	255	0	0
ピンク	255	0	255
黄色	255	255	0
緑	0	255	0
水色	0	255	255
青	0	0	255

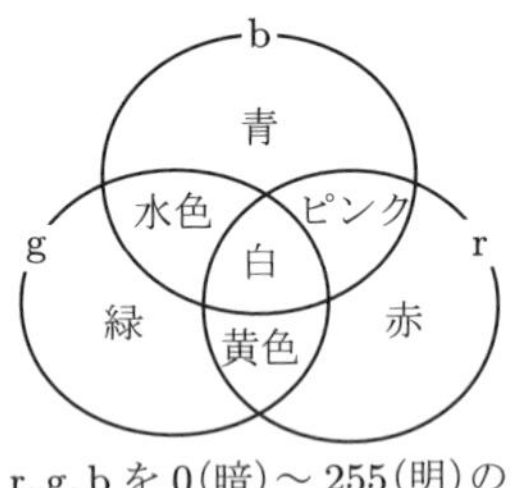

r, g, b を 0(暗)〜 255(明)の値とすることで，モニタ上の色が指定できる.

付録 C 論理演算とビット演算

C.1 論理演算

boolean 型 ▶▶4.4.1項の定数「true」,「false」や変数, int 型の変数や式の値などに対して, 論理積（AND）「&&」, 論理和（OR）「||」, 論理否定（NOT）「!」といった演算が表 C.1 のように定義されている. この表で, p, q は, boolean 型, int 型の定数, 変数, あるいは式を表す.

表 C.1　論理演算の値

p	q	p && q	p || q	!p
true	true	true	true	false
true	false	false	true	false
false	true	false	true	true
false	false	false	false	true

ここで, p, q が int 型の定数, 変数や式の場合, その値が「0」ならば false,「0 以外」であれば true となる. そのため, たとえば, int 型の変数 x に対して,《x-3》は x が 3 のときに false であり, それ以外のときは true になる. また, int 型の変数 x と y に対して《x || y》は x と y がともに 0 であるときのみ false であり, それ以外のときには true になる.

論理演算では, 次の例は, すべて同じ論理値をとる等価な式である.

!(p&&q) = (!p)||(!q),　!(p||q) = (!p)&&(!q),　!(!p) = p

たとえば, p&&q が if 文の条件式として用いられる場合, すなわち if(p&&q) では, p が false のとき q の値は評価されない. 同様に, if(p||q) では, p が true のとき q は評価されない.

C.2 ビット演算

C.2.1　2 進法による数の表現

n 桁の 2 進法を用いれば，2^n 種類の数を表現できる．一般に，非負整数 x は n 桁の 2 進法により，

$$x = \boldsymbol{b_n} \times 2^{n-1} + \boldsymbol{b_{n-1}} \times 2^{n-2} + \cdots + \boldsymbol{b_2} \times 2^1 + \boldsymbol{b_1} \times 2^0$$

に従って「$\boldsymbol{b_n b_{n-1} \cdots b_2 b_1}$」と表される（$b_i = 1$ または 0，$1 \leqq i \leqq n$）．ここで，b_n，b_1 を，それぞれ最上位ビット (most significant bit：MSB) と最下位ビット (least significant bit：LSB) といい，b_i を i ビット目という．

整数の表現法の 1 つに 2 の補数表現がある．これは，負数 $-x$ を，一定の値 2^n を加えた $2^n - x$ によって表現するものである．ここで，n はビット数であり，たとえば，3 ビットの場合，$2^3 = 8$ であり，-3 は $2^3 - 3 = 5$ より 101 と表される．この操作は，3 の 2 進法による表現 011 をビット反転した 100 に 1 を加えることと同じである．このようにして得られたのが図 C.1(a) である．

2 進法	非負整数	整数
000	0	0
001	1	1
010	2	2
011	3	3
100	4	−4
101	5	−3
110	6	−2
111	7	−1

（a）2 進法による数の表現例

（b）2 進法の加算

図 C.1　2 進法による数の表現例（$n = 3$ の場合）

一般に，n ビットによる 2 の補数表現は次の特徴をもつ．

- $-2^{n-1} \sim 2^{n-1} - 1$ の整数が表される．
- 負数の MSB は常に 1 となる．
- 絶対値が等しい数どうしの和は，2^n の 2 進法による表現になる．

たとえば，$n = 3$ の場合，2 と -2 の和，すなわち，010 (=2) と 110 (=−2) の和は図 C.1(b) に示すように 1000 ($= 2^3$) になる．ただし，$n = 3$ なので，下位 3 ビット 000 を和とする．同様にして，011 (=3) と 110 (=−2) の和は，1001 の下

位 3 ビット 001 (= 1) である．

図 C.1(a) の非負整数，整数の 2 進法による表現は，それぞれ unsigned int 型，int 型に対応しており，int 型では $n = 16$ (2 バイト) として $-32768\ (= 2^{15})$〜$32767\ (= 2^{15} - 1)$ の範囲が表現される▶▶4.4.1項．

C.2.2 8 進法，16 進法

プログラムのなかでは，2 進法だけでなく，8 進法や 16 進法による数の表現が用いられることもある．表 C.2 に，0〜15 (10 進法) の 2 進法，8 進法，16 進法による表現を示す．

表 C.2 2 進法，8 進法，16 進法による 0〜15 の表現

10 進法	2 進法	8 進法	16 進法	10 進法	2 進法	8 進法	16 進法
0	0000	00	0	8	1000	10	8
1	0001	01	1	9	1001	11	9
2	0010	02	2	10	1010	12	A
3	0011	03	3	11	1011	13	B
4	0100	04	4	12	1100	14	C
5	0101	05	5	13	1101	15	D
6	0110	06	6	14	1110	16	E
7	0111	07	7	15	1111	17	F

n ビットの 2 進法を 8 進法による表現に変換するには，LSB から 3 ビットごとに表 C.2 に従って 8 進法で表す．たとえば，$n = 8$ の場合，01110101 は 01|111|011 としたのち，173 とする．また，2 進法を 16 進法による表現に変換するには，LSB から 4 ビットごとに 16 進法で表す．01111011 は 0111|1011 としたのち，7B とする．

C.2.3 ビット演算

2 進法表示された数，たとえば，B1100，B1010 の各桁（ビット単位）に対して，ビット単位 AND「&」，ビット単位 OR「|」，ビット単位 XOR「^」，ビット単位 NOT「~」を適用したのが表 C.3 である．

たとえば，B1010, B0011 に対する演算結果は次のようになる．

```
B1010 & B0011 ⟶ B0010
B1010 | B0011 ⟶ B1011
B1010 ^ B0011 ⟶ B1001
        ~B1010 ⟶ B0101
```

表 C.3　ビット単位演算の値

p	q	p&q	p|q	p^q	~p	~q
1	1	1	1	0	0	0
1	0	0	1	1	0	1
0	1	0	1	1	1	0
0	0	0	0	0	1	1

これらの演算はビット単位で行われることから，ビット演算ともよばれる．

論理演算の場合，論理積（AND）や論理和（OR）などの演算結果は `true`, `false` になるが，ビット演算の場合の演算結果はそうとは限らない．また，たとえば，`p&q` が `if` 文で用いられる場合，`p` の値に関わらず，`p&q` が計算される．

C.2.4　シフト演算

2 進法表示の x の各ビットを MSB 方向に m ビットずらす演算を左シフトとよび，「x << m」と表す．また，x の各ビットを LSB 方向に m ビットずらす演算を右シフトとよび，「x >> m」と表す．

たとえば，1 バイト（8 ビット）の場合，次のようになる．

```
B01111111 << 1 ⟶ B11111110
B01111111 << 2 ⟶ B11111100
B11111111 >> 1 ⟶ B01111111
B11111111 >> 2 ⟶ B00111111
```

この例からわかるように，m ビットの左シフトと右シフトによって，m ビットずれて空いた箇所に 0 が埋められ，もとの数は，それぞれ，2^m 倍と 2^{-m} 倍される．ただし，プログラムのなかでシフト演算を行う場合，データ型により期待と異なる結果になる場合があることに注意が必要である．

Arduino の `byte` 型や `unsigned int` 型のように，非負整数を値とするデータ型に対する右シフトの演算結果は上の例のとおりに 2^{-m} 倍となるが，左シフトの場合には 2^m 倍されないこともある．たとえば，プログラムのなかで，0〜255 を値の範囲とする `byte` 型の変数に対して，`byte x = 127 << 2` を実行すると，255 を超えてしまうことから，`x` は 508 $(= 127 \times 4)$ にはならず，上の 2 番目の例のように 252 になる．

また，`int` 型のように負数も値とするデータ型の場合，符号を表す MSB はシフト演算において更新されることはなく，次のように符号は保存される．

$$\texttt{-64 << 4} \longrightarrow \texttt{-1024}$$

$$\texttt{-64 >> 4} \longrightarrow \texttt{-4}$$

ただし，m ビットのシフト演算の結果が，`int` 型が表す範囲 $-32768\ (=2^{15}) \sim 32767\ (=2^{15}-1)$ を超える場合には，2^{-m} 倍や 2^{m} 倍にはならない．

付録 D 抵抗値の算出法

D.1 LED 回路の抵抗値

図 4.13，あるいは，図 D.1 のような LED と抵抗器からなる回路における抵抗値 R は次式で求められる．

$$R = \frac{V - V_{\mathrm{f}}}{I_{\mathrm{f}}} \ [\Omega] \tag{D.1}$$

ここで，V [V]：起動電圧，V_{f} [V]：LED 電圧（降下），I_{f} [A]：順方向電流である．

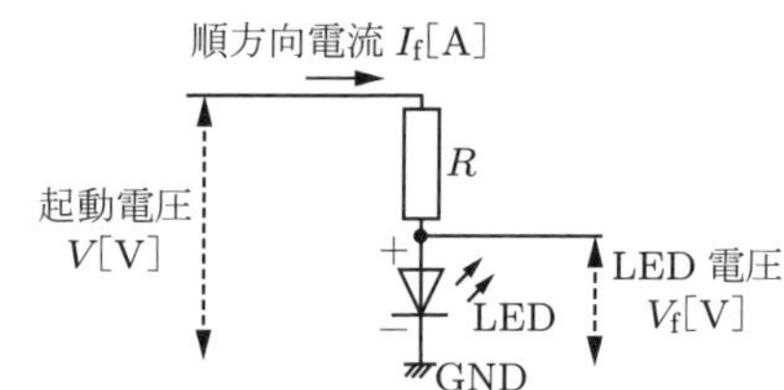

図 D.1　LED と抵抗器の回路

LED 電圧 V_{f} は，LED の発光色に依存する．代表的なものとしては，白と青色が 3.1 V，赤色が 1.8 V である．

順方向電流は定格電流（性能を十分に発揮するために必要な電流）にもとづき，$5\,[\mathrm{mA}] = 5 \times 10^{-3}\,[\mathrm{A}]$ とする．多くの場合，定格電流よりも大きな電流が流れると LED は破損する[▼1]．逆に，小さな電流では明るさが不十分になる．

このことから，抵抗値は次のようになる．なお，起動電圧 V は 5 V とする．

$$白，青色の場合：R = \frac{5 - 3.1}{5 \times 10^{-3}} = 380 \ [\Omega]$$

$$赤色の場合：R = \frac{5 - 1.8}{5 \times 10^{-3}} = 640 \ [\Omega]$$

▲1　熱をもち，煙が出ることもあるので，注意する．

なお，起動電圧が電池の場合には 5 V よりも低い電圧が供給されることから，抵抗値はこれらよりも小さくてもよい．

D.2　抵抗値の作り方

市販の抵抗器の抵抗値は決まった種類しかない．たとえば，300 Ω 台では，330, 360, 390 Ω である．手元に必要な抵抗値の抵抗器がない場合には，図 D.2 のようにして複数の抵抗器を組み合わせて代用できる．

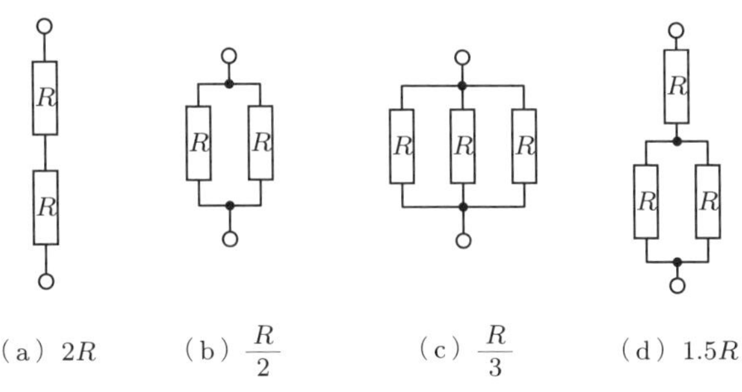

（a）$2R$　（b）$\frac{R}{2}$　（c）$\frac{R}{3}$　（d）$1.5R$

図 D.2　抵抗値の作り方

たとえば，1 kΩ の抵抗器が 2 個あれば，それらを直列接続することで図 D.2(a) のように 2 kΩ ができるし，2 個を並列接続することで図 (b) のように 500 Ω ができる．また，1 kΩ の抵抗器が 3 個を並列接続することで図 (c) のように 330 Ω ができる．

章末問題の解答

紙面の都合上，プログラムの表記法（インデントの仕方など）は本文と異なっている．

1 組込みシステムと Arduino

1.1 たとえば，携帯ゲーム機の場合は，次のとおりである．
計測装置：スイッチ，ボタンなど，制御装置：MCU，制御対象：モニタ，スピーカなど

1.2

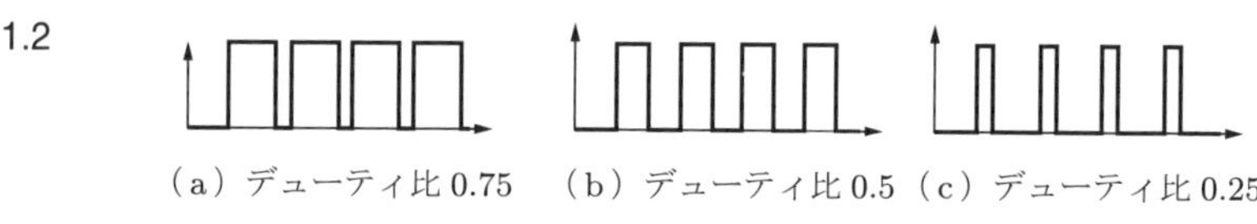

（a）デューティ比 0.75 （b）デューティ比 0.5 （c）デューティ比 0.25

解答図 1

1.3 ［Due］CPU：AT91SAM3X8E (84 MHz)，Digital I/O ピン：54 本，フラッシュメモリ：512 KB
［Fio］CPU：ATmega328P (8 MHz)，Digital I/O ピン：14 本，フラッシュメモリ：32 KB など

1.4 CPU：CPU クロック数，Flash：フラッシュメモリ，A/D：量子化ビット数
［Arduino UNO］CPU：16 MHz，SRAM：2 KB，フラッシュメモリ：32 KB，量子化ビット数：10 ビット，通信機能なし
［ESP32-DevKitC］CPU：240 MHz，SRAM：520 KB，フラッシュメモリ：4 MB，量子化ビット数：12，通信機能あり（Wi-Fi IEEE802.11b/g/n 2.4 GHz, Bluetooth 4.2 BR/EDR&BLE）

2 組込みシステムのハードウェア

2.1 豊富なスリープモードがあり，低消費電力（①），小型パッケージで安価（②，③），割込み実行応答は最小 4 クロック周期（④），ハーバード・アーキテクチャのもとでの一段のパイプライン実行と乗算器回路内蔵による高速計算（⑤），RISC での 131 命令（多くが 1 クロック実行）（⑥）．

2.2 条件分岐やジャンプ命令の多いプログラムの場合，パイプラインの効果は小さくなる．そのため，分岐先の予測をしてあらかじめ実行しておくなどの対策がある．また，キャ

ッシュの場合も，条件分岐やジャンプ命令が多い場合や繰り返して実行される命令がない場合には効果は小さい．対策の 1 つにキャッシュを多段階（1 次キャッシュ，2 次キャッシュなど）にして，実行頻度に応じて保存するキャッシュを替える方法がある．

2.3 上から「レジスタ，キャッシュ，主メモリ，補助記憶装置」で，それぞれのアクセス速度は数ピコ秒，数～数 10 ナノ秒，数 10～数 100 ナノ秒，数 10 ミリ秒である．

3　組込みシステムのソフトウェア

3.1 ミドルウェアには，日本語入力，音声合成，セキュリティ，ネットワークなどのためのソフトウェアがある．RTOS としては，ITRON，T-Kernel，VxWorks，RT-Linux，Windows CE などが各種組込みシステムに利用されている．

3.2

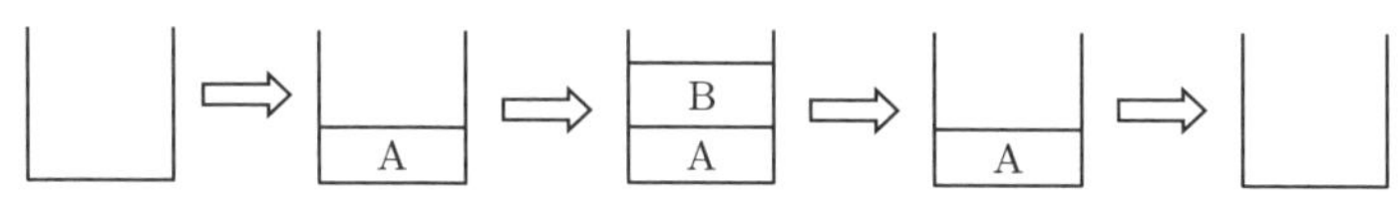

解答図 2

3.3 キューは先入れ先出し方式でデータを管理する．入力の際のバッファ（待ち行列）として用いられることが多い．

4　Arduino によるプログラミング実習

4.1 0.3 秒間隔は以下のとおり．2 行目の 300 を 500 にすれば 0.5 秒間隔となる．

```
1 #define LED 11
2 #define TM 300
3 void setup() { pinMode(LED, OUTPUT); }
4 void loop()
5 { digitalWrite(LED, HIGH); delay(TM);
6   digitalWrite(LED, LOW); delay(TM);
7 }
```

4.2 D2 の出力を LOW にすると LED が点灯することから，次のプログラムとする．

```
#define LED 2
#define TM 1000
void setup() { pinMode(LED, OUTPUT); }
void loop()
{ digitalWrite(LED, LOW); delay(TM);
  digitalWrite(LED, HIGH); delay(TM);
}
```

4.3 2 つの LED を LED1，LED2 とし，それぞれ D11，D12 に図 4.14(a) の回路に準じて接続する．

```
#define LED1 11
#define LED2 12
#define TM 500
void setup()
{ pinMode(LED1, OUTPUT); pinMode(LED2, OUTPUT);
}
void loop()
{ digitalWrite(LED1, HIGH); digitalWrite(LED2, LOW); delay(TM);
  digitalWrite(LED1, LOW); digitalWrite(LED2, HIGH); delay(TM);
}
```

4.4　図 4.15(a) の回路に 3 つ目の LED を D12 に接続し，D10，D11，D12 を LED1，LED2，LED3 とする（LED3 が MSB）．

```
#define LED1 10
#define LED2 11
#define LED3 12
#define TM 1000
int i = 0;
void setup()
{ pinMode(LED1, OUTPUT); pinMode(LED2, OUTPUT);
  pinMode(LED3, OUTPUT);
}
void loop()
{ int j;
  for (int i = 0 ; i < 8; i++)
  { digitalWrite(LED1, i % 2);  j = i / 2;
    digitalWrite(LED2, j % 2);  j = j / 2;
    digitalWrite(LED3, j);
    delay(TM);
  }
}
```

5　組込みシステムのモデリング

5.1　①ハードに依存しない箇所についてはモデルのもとでソフトウェア開発が可能．②モデルのもとで動作テストをあらかじめ行える．④モデルのもとでデバッグを済ませておける．⑤ハードと同時開発が可能．

5.2

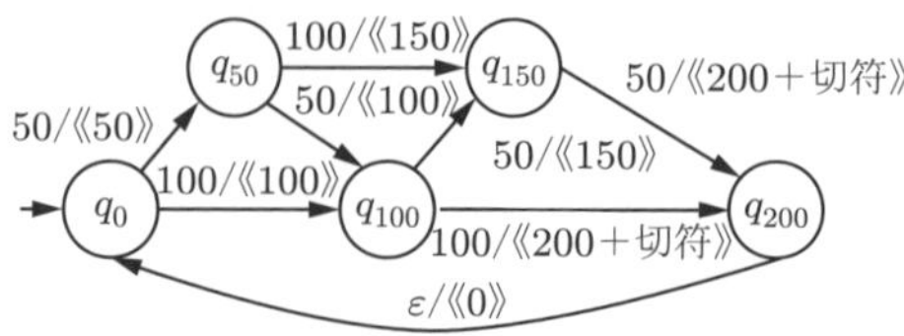

解答図 3　M_2 のミーリー型状態遷移図

5.3

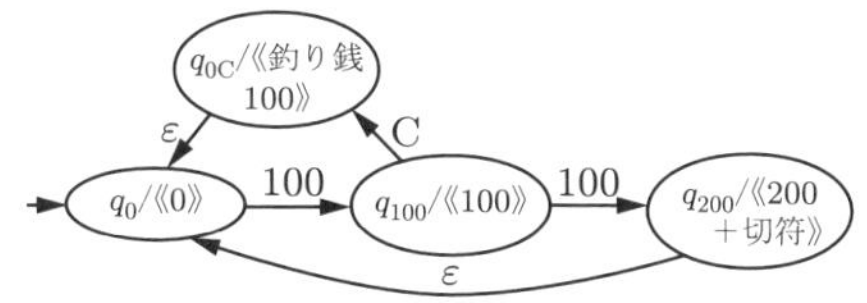

解答図 4　M_4 の状態遷移図

5.4

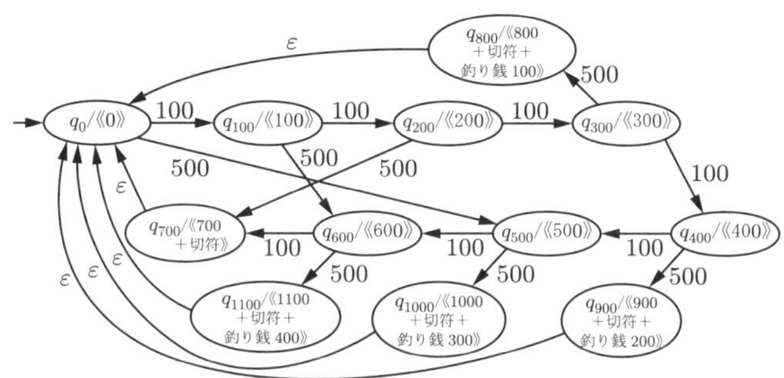

解答図 5　M_5 の状態遷移図

5.5

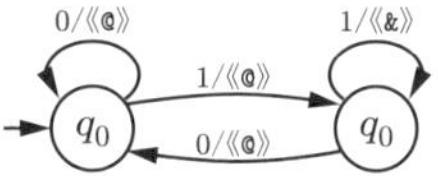

解答図 6　M_6 の状態遷移図

6　組込みシステムの実装法

6.1 const を利用した場合，ソースコードに変数が含まれたままでコンパイルされる．このコンパイル時に const 宣言への値の代入や型の整合性のチェックなどが行われるため不具合を事前に検出できる．さらに，実行ファイルに変数の情報が含まれており，デバッガなどにより変数の利用状況を調べることができる．

これに対して，マクロを利用すると，前処理により該当箇所がすべて定数などに置換され，マクロが残っていないファイルがコンパイルされる．そのため，予期したとおりにマクロが置換されているかどうかなどを確かめることや，デバッガのなかでマクロの使われ方を調べることが困難である．

6.2 SW.ino の 13～17 行目を次の行とする．

```
digitalWrite(LED_pin, SW_State);
```

SW_toggle.ino の 16～23 行目を次の 4 行とする．

```
if (SW_State == ON)                 // SW が HIGH(押されている)?
{ State = 1 - State;                // 状態遷移 (1->0;0->1)
  digitalWrite(LED_pin, State);     // LED への出力
}
```

なお，2 行目は state =! state; でもよい．

6.3 図 6.15 に 2 個の LED と圧電スピーカを追加した回路を用意し，プログラムを次のようにする．

```
const int SW_A_pin = 11; // 50 円玉入力のためのスイッチ
const int SW_B_pin = 10; // 100 円玉入力のためのスイッチ
const int LED_A_pin = 9; // 投入総額 50 円のための LED
const int LED_B_pin = 8; // 投入総額 100 円のための LED
const int LED_C_pin = 7; // 投入総額 150 円のための LED
const int SP_pin = 6;    // 切符発券のためのブザー
const int Q0 = 0;        // 状態：投入総額 0 円の状態
const int Q50 = 1;       // 状態：投入総額 50 円の状態
const int Q100 = 2;      // 状態：投入総額 100 円の状態
const int Q150 = 3;      // 状態：投入総額 150 円の状態
const int Q200 = 4;      // 状態：投入総額 200 円の状態
const int NIL = -1;      // 未定義の意
const int EPS = 0;       // 入力記号：ε
const int Y50 = 1;       // 入力記号：50 円玉
const int Y100 = 2;      // 入力記号：100 円玉
const int State_Num = 5; // 状態数
const int Input_Num = 3; // 入力記号数
int NowSt = Q0;      // 現在の状態を初期状態（投入総額 0 円の状態）に設定
int Eflag = false;   // ε遷移フラグ
int Delta[State_Num][Input_Num]   // 状態遷移関数の配列表現
      = { {NIL, Q50, Q100}, {NIL, Q100, Q150}, {NIL, Q150, Q200},
          {NIL, Q200, NIL}, {Q0, NIL, NIL} };
int Omega[State_Num]              // 出力関数の配列表現
      = { NIL, LED_A_pin, LED_B_pin, LED_C_pin, SP_pin };
void setup()  // -------- リセット --------
{ pinMode(LED_A_pin, OUTPUT); pinMode(LED_B, OUTPUT);
  pinMode(LED_C_pin, OUTPUT); pinMode(SP, OUTPUT);
  pinMode(SW_A_pin, INPUT); pinMode(SW_B, INPUT);
  output(NowSt);        // 初期状態のもとでの出力
}
int input()  // -------- ポーリングによる入力 --------
{ if (digitalRead(SW_A_pin) == HIGH)          // 50 円玉の入力判定
  { return Y50;
  } else if (digitalRead(SW_B_pin) == HIGH)  // 100 円玉の入力判定
  { return Y100;
  } else if (Eflag == true)
  { return EPS;
  } else return NIL; // 未入力
}
int state_func(int st, int c) // -------- 状態遷移 --------
{ return Delta[st][c];         // st: 現在の状態，c: 入力
}
void Beep()   // 矩形波を利用しての音の出力
{ for (int i = 0; i < 500; i++)
  { digitalWrite(SP_pin, HIGH);
    delayMicroseconds(500);  // 500 マイクロ秒：音色の調整
    digitalWrite(SP_pin, LOW);
    delayMicroseconds(500);  // 500 マイクロ秒：音色の調整
```

```
49     }
50   }
51   void output(int st)  // ----出力
52   { digitalWrite(LED_A_pin, LOW); digitalWrite(LED_B_pin, LOW);
53     digitalWrite(LED_C_pin, LOW);
54     switch (st)
55     { case Q0: Eflag = false; break;
56       case Q50: digitalWrite(LED_A_pin, HIGH); break;
57       case Q100: digitalWrite(LED_B_pin, HIGH); break;
58       case Q150: digitalWrite(LED_C_pin, HIGH); break;
59       case Q200: Eflag = true; Beep(); break;
60       default : break;
61     }
62   }
63   void loop()  // -------- メインループ --------
64   { int x = input();  // 計測装置から記号 x の読み込み
65     if (x != NIL)
66     { NowSt = state_func(NowSt, x);  // 状態遷移
67       output(NowSt);                 // 出力
68     }
69     delay(200);
70   }
```

6.4　状態ごとに投入総額を表示するために，章末問題 6.3 のプログラムの 56〜60 行目を次のようにする．なお，`setup()` のなかに `Serial.begin(9600)` を追記しておく．

```
56   { case Q0: Eflag = false; Serial.println(0); break;
57     case Q50: digitalWrite(LED_A_pin, HIGH); Serial.println(50);
          break;
58     case Q100: digitalWrite(LED_B_pin, HIGH); Serial.println(100);
          break;
59     case Q150: digitalWrite(LED_C_pin, HIGH); Serial.println(150);
          break;
60     case Q200: Eflag=true; Beep(); Serial.println(200); break;
```

6.5　LED の明るさを `Fnum` の値（0〜255）で指定

```
const int SW_A_pin = 2; // スイッチ SW_A を D2 に接続
const int SW_B_pin = 3; // スイッチ SW_A を D3 に接続
const int LED_pin = 11; // LED を D11 に接続
int Fnum = 0;          // 明るさ (0〜255)
void setup()  // -------- リセット --------
{ Serial.begin(9600);   //デバッグ用
  pinMode(SW_A_pin, INPUT); pinMode(SW_B_pin, INPUT);
  Serial.print(Fnum); Serial.println(" "); // デバッグ用に Fnum を表示
}
void loop()
{ if (digitalRead(SW_A_pin) == HIGH)
  { if(Fnum < 255) Fnum++; // 最大値を 255 として徐々に明るく
  } else if (digitalRead(SW_B_pin) == HIGH)
  { if (Fnum > 0) Fnum--;  // 最小値を 0 として徐々に暗く
  }
  analogWrite(LED_pin, Fnum);
  Serial.print(Fnum); Serial.println(" ");  // デバッグ用
}
```

7　組込みソフトウェアの作成技法

7.1 Cval は，delay(100) の実行による経過時間を表す．一方，Dval には，割込み処理時の Cval の実行にともなう遅延時間が代入される．

7.2 Cval の値が定期的に表示されるのは，タイマ割込みの発生による．表示された値が増加している間は，SW による割込みは発生していない．Cval の値が 0 になった場合には，SW による割込みが発生したことがわかる．

7.3 Flag の値 (2,3) より，次の動作が行われたことがわかる．
　2：setup() が実行された（ウォッチドッグタイマの起動）
　3：SW が前回から 2 秒以内に再び押された（ウォッチドッグタイマのリセット）
すなわち，Flag が「3」であれば正常動作である．また，強制リセットされると setup() が実行される．

7.4 ［ポーリング］メリット：デバッグがしやすい．デメリット：反応までの時間が一定しない（信号入力と入力チェックのタイミングが合わないときには，次の入力チェックのタイミングまで（1 周期）待たされることもある）．
［割込み］メリット：反応までの時間が一定，センサを増減しやすい．デメリット：デバッグが難しい．

8　組込みシステムのテスト技法

8.1 ［ブラックボックステスト］テストで一度も実行されなかったソースコードが含まれる可能性がある．
［ホワイトボックステスト］ある機能を実装したソースコードが存在していない可能性がある（未実装の機能の確認はできない）．割込みに関するデバッグが困難，ループのチェックが難しい．

8.2 両者を実施することで，テストに失敗した原因が境界値にある（境界値分析法の結果による）のか，境界値以外の同値クラスの値にある（同値分割法の結果による）のかを明らかにできる．

8.3 (0, 0)，(0, 2)，(1, 2)，(2, 2)，(3, 0)

8.4 ノード網羅：「50, 50, 50, 50」（初期状態 q_0 から 4 つの状態に遷移）
リンク網羅：「50, 50, 50, 50」，「100, 100」，「50, 100, 50」

9　組込みシステムと PC の協調動作

9.1 Processing プログラムは，次の CdS_graph.pde とする．

CdS_graph.pde

```
import processing.serial.*;
int TmLimit = 300;
int Ox = 35;
int Oy = 260;
Serial Aport;
int Cval = 0;
int Tm = 0;
void setup()
{ size(350, 300);
  String arduinoPort = Serial.list()[0];
  Aport = new Serial(this, arduinoPort, 9600);
  draw_axis();
}
void draw_axis()
{ background(192);          // 背景色の設定 (白：0～255：黒)
  fill(0);                  // 塗りつぶしを黒に設定
  line(Ox, 10, 35, Oy); line(Ox, 260, 340, Oy);
  text(0, 25, 270); text(50, 15, 220); text(100, 10, 170);
  text(150, 10, 120); text(200, 10, 70); text(250, 10, 20);
  line(Ox+100, Oy, 135, 255); line(Ox+200, Oy, 235, 255);
  line(Ox+300, Oy, 335, 255);
  text(1, 131, 274); text(2, 232, 274); text(3, 332, 274);
}
void draw()
{ int x = 0; int y = 0;
  if (Aport.available() > 0)  // 受信データの有無確認
  { Cval = Aport.read();      // 1バイト分のデータ読み込み
    Tm++;
    if(Tm > TmLimit)
    { Tm = 0; draw_axis();}
      x = Ox + Tm; y = Oy - Cval;
      strokeWeight(1.5);  // 点の大きさ
      point(x,y);
  }
}
void keyPressed()     // イベントルーチン：キー押下
{ exit();             // プログラムの終了
}
```

9.2 Processing プログラムは，次の `CdS_Pattern_Read.pde` とする．

CdS_Pattern_Read.pde

```
import processing.serial.*;
Serial Aport;
String Fsline[];  // ファイルの内容をすべて保存する配列
int Ni = 0;
boolean Request = false; // 送信要求の有無を表す変数
void setup()
{ Fsline = loadStrings("LED.dat");  // ファイルの内容の読み込み
  if (Fsline == null) { exit(); }   // ファイルが空ならば終了
  String arduinoPort = Serial.list()[0];  // ポートの選択
  Aport = new Serial(this, arduinoPort, 9600);
}
void draw()
{ int LED_A = 0;
  int LED_B = 0;
```

```
  int LED_C = 0;
  String str[];               // 1 行分のデータを保存する配列
  if (Request == true)        // 送信要求の有無の判定
  { Request = false;          // 次の送信要求のための設定
    if (Ni < Fsline.length)  // ファイルの最後の行の判定
    { str = splitTokens(Fsline[Ni]); // データの分離
      LED_A = int(str[0]);    // int 型への変換
      Aport.write(LED_A);     // LED_A の状態を Arduino へ送信
      LED_B = int(str[1]);    // int 型への変換
      Aport.write(LED_B);     // LED_B の状態を Arduino へ送信
      LED_C = int(str[2]);    // int 型への変換
      Aport.write(LED_C);     // LED_C の状態を Arduino へ送信
      Ni = Ni+1;
    }
    else
    { exit(); }  // ファイルを読み終えたら終了
  }
}
void serialEvent(Serial p) // イベントルーチン
{ int c = p.read(); // バッファから送信要求の読み込み
  Request = true;    // 送信要求があったことを設定
}
```

Arduino プログラムは，次の LED_control.ino とする．

LED_control.ino

```
void setup()
{ Serial.begin(9600);  // シリアルポートの準備
  Serial.write(10);
}
void loop()
{ if(Serial.available() > 2)
  { int LED_A = Serial.read();  // A0 からの入力
    int LED_B = Serial.read();
    int LED_C = Serial.read();
    digitalWrite(11, LED_A);
    digitalWrite(12, LED_B);
    digitalWrite(13, LED_C);
    delay(1000);
    Serial.write(10);
  }
}
```

9.3 図 9.6 の電子回路に 8 個の LED を追加する．使用するピン番号を，たとえば，D2〜D9 として，Arduino と接続する．そして，SPev_arduino.ino▶▶9.4.3項に次の追加をする．

- D2〜D9 を出力として使用することを設定する．
- 初期状態では，D2〜D9 をすべて消灯しておく．
- 変数 c に代入される値 0〜7 を D2〜D9 のピン番号を対応させる．
- Processing からデータが送られてきて，関数 serialEvent() が呼び出されたときに，D2〜D9 をすべて消灯する．
- Processing からデータが送られてきてブザーを鳴らすときに，変数 c に対応する LED を点灯する．

9.4　それぞれ，次のようにする．

① Processing の画面構成を「区間⓪, ④」の選択もできるように変更したうえで，Processing の `drive_rail_switch()` では，選択された区間と制御操作 (STOP, GO) に応じた値を引数の `servo0_sw`, `servo1_sw` として個別に指定する．

② Arduino の入出力ピンのうち，未使用なのは「D0, D1, A0, A1, A2」である．このうち，D0, D1 は通信用のポート (RX,TX) でもあるので，シリアル通信している間は入出力用としては用いられない．そこで，次の対応のようにする．

・A0, A1, A2 をディジタル入出力用の D14, D15, D16 として用いる．

・D14, D15 を，それぞれ，区間⓪, ④の LED への出力として用いる．

・Arduino の `drive_rail_switch()` では，引数 `servo` で指定された区間の（停止レールの）LED を，引数 `sw` が 0 ならば点灯，そうでなければ消灯する．

10　組込みシステムとインターネット

10.1　文字列を受信するためにクラス `BluetoothSerial` の関数 `readString()` を用いる．

```
#include <BluetoothSerial.h>
#include "DHT.h"
const int DHT_pin = 26;       // DHT センサのピン番号 26
const int CdS_pin = 35;       // 光センサのピン番号 35
BluetoothSerial BlueSerial;   // Bluetooth 通信用の変数の宣言
DHT dht(DHT_pin, DHT11);      // センサ DHT11 のための変数
void setup()
{ BlueSerial.begin("ESP32");   // 端末を ESP32 として起動
  dht.begin();                 // センサの起動
}
void loop()
{ String str;
  while (!BlueSerial.available()) ;        // 文字が入力されるまで待つ
  str = BlueSerial.readString();           // 文字列の読み込み
  str = str.substring(0, str.length()-2); // 改行文字と EOS の 2 文字削除
  if (str == "Humid")                      // 湿度？
  { BlueSerial.println("Humid = " + String(dht.readHumidity()));
  } else if (str == "Temp")                // 温度？
  { BlueSerial.println("Temp = " + String(dht.readTemperature()));
  } else if (str == "Light")               // 照度？
  { BlueSerial.println("Light = " + String(analogRead(CdS_pin)));
  }
}
```

10.2　`WiFi_LightServer.ino` の `setup()` に URL の設定と時刻の同期のためのコードを追加する．時刻と照度を含めた Web ページの送信のために `lightTimeHP()` と `getTimeServer()` を追加する．

```
void setup()
{    ...  略 ...
  server.on("/CdS/",lightTimeHP);// URL http://192.xx.yy.zz/CdS/
  configTime(9*3600L,0,"ntp.nict.jp","ntp.jst.mfeed.ad.jp");
}
void lightTimeHP() // HTML コードの送信
{ String pageStr;
  pageStr = "<!DOCTYPE html><html><head><meta charset=\"utf-8\">\
    <title>現在の照度</title></head><body><font size=\"7\">"
    + getTimeServer() + "の照度は" + String(getLight())
    + "です．</font></body></html>";
    server.send(200, "text/html", pageStr);
}
String getTimeServer() // WiFi_Tempserver.ino と同じ関数
{... 略 ... }
```

10.3 クラウドコンピューティングでは，多数のデバイス（モノ）からのデータがサーバへ送信・収集・分析されるため，通信時間や通信量の増加にともない，デバイスへの応答に遅延が生じる．これに対して，（クラウド上のサーバよりも）デバイスに近い場所にサーバ（複数台）を設け，素早くデバイスに応答するようにしたのがエッジコンピューティングである．これにより，通信時間や通信量が削減され，デバイスのデータ送信から応答受信までの遅延を短くできる．

参考文献

本書全般

[1] B. Massimo, S. Michael 著，船田巧 訳：Arduino をはじめよう 第 3 版，オライリー・ジャパン (2015)

[2] 阪田史郎，高田広章 著：組込みシステム，オーム社 (2006)

[3] W. Wolf 著，安浦寛人 監訳：組込みシステム設計の基礎，日経 BP 社 (2009)

2 組込みシステムのハードウェア

[4] D. A. Patterson, J. L. Hennessy 著，成田光彰 訳：コンピュータの構成と設計 第 5 版，日経 BP 社 (2014)

[5] 中條直也，井上雅裕，山田圀裕 著：組込みシステム，共立出版 (2013)

3 組込みシステムのソフトウェア

[6] 中田育男 著：コンパイラの構成と最適化 第 2 版，朝倉書店 (1999)

5 組込みシステムのモデリング

[7] 当麻善弘，内藤祥雄，南谷崇 著：順序機械，岩波書店 (1983)

[8] 富田悦次，横森貴 著：オートマトン・言語理論 第 2 版，森北出版 (2013)

6 組込みシステムの実装法

[9] 井村順一，東俊一，増淵泉 著：ハイブリッドシステムの制御，コロナ社 (2014)

7 組込みソフトウェアの作成技法

[10] 情報処理推進機構 編：組込みソフトウェア開発向けコーディング作法ガイド［C 言語版］Ver. 2.0（電子版），情報処理推進機構 (2015)

[11] MISRA-C 研究会 編：組込み開発者におくる MISRA-C:2004—C 言語利用の高信頼化ガイド，日本規格協会 (2006)

[12] https://www.jpcert.or.jp/sc-rules/

[13] SESSAME 編：組込み現場の「C」プログラミング，技術評論社 (2007)

8 組込みシステムのテスト技法

[14] G.J. Myers 著，長尾真，松尾正信 訳：ソフトウェア・テストの技法 第 2 版，近代科学社 (2006)

[15] 沢田篤史，平山雅之 編：組込みソフトウェア開発技術，CQ 出版社 (2011)

9 組込みシステムと PC の協調動作

[16] C. Reas, B. Fry 著，船田巧 訳：Processing をはじめよう 第 2 版，オライリー・ジャパン (2016)

10 組込みシステムとインターネット

[17] 坂村健 監修：コンピューターがネットと出会ったら，角川学芸出版 (2015)

[18] 藤本壱：ESP32 & Arduino 電子工作プログラミング入門，技術評論社 (2020)

索 引

数字・欧文

2 進数　7
2 進法　7, 184
2 値　7
5G　156
ALU　18
analogRead()　56, 84, 124
analogWrite()　56, 81
ANALOG ピン　11, 45, 84, 123
API　31
Arduino　10, 45, 173, 179
Arduino Cloud　168, 176
Arduino Create Agent　168
attachInterrupt()　101
a 接点　26
BIOS　33
Bluetooth　13, 155, 157
boolean　53
BUILTIN　54
byte　53
b 接点　26
char　53
CISC　20
const　48, 79
CPU　15
createWriter()　133
delay()　48, 78, 102
detachInterrupt()　104
DHT11　159
digitalRead()　56, 124
digitalWrite()　48, 56, 124
DIGITAL ピン　10, 45, 55, 123
DMA　23
DMA コントローラ　23
draw()　131
ESP32　13, 156, 175
false　7, 53, 54, 87
float　53
HIGH　7, 48, 54, 87
HTTP　157
IDE　10, 13, 49, 124, 156
INPUT　54, 124
int()　137
int　53
interrupts()　105
IoT　13
I/O マップド I/O　25
IP　18
keyPressed()　132
LED　27, 56, 123, 188
LED_BUILTIN　54
LIFO　39
loadStrings()　137
long　53
loop()　47, 62
LOW　7, 54, 87
LPWA　155
MCU　5, 15
millis()　102
mouseClicked()　132
mousePressed()　132, 141
mouseReleased()　141
mouseX　131, 142
mouseY　131, 142
MPU　15, 21
MsTimer2　105, 124
NFC　155
noInterrupt()　105
NTP　164

OFF 7, 26
ON 7, 26
OS 33
OUTPUT 54, 124
PC (personal computer) 2
PC (program counter) 18
pinMode() 48, 54, 56
pop 命令 39
port.available() 130
port.read() 128
port.write() 129
PrintWriter 133
Processing 12, 128, 173, 180
push 命令 39
PWM 9, 28, 56, 80
RAM 23
RESET 46
RFID 13
RISC 20
ROM 22
ROM ライタ 36
RTOS 33
Serial 85, 129
Serial.available() 130
serialEvent() 132, 139, 142
Serial.list() 130
Serial.read() 129
Serial.write() 128
Servo 60
setup() 47, 62, 131, 157
SP 40
splitTokens() 137
String 54
tone() 80, 139
true 7, 53, 54, 87
USB 25, 46, 52
wdt_enable() 109
wdt_reset() 108
Web サーバ 161
Wi-Fi 13, 155, 161
δ 72, 77, 88
ε 遷移 69
ω 72, 77, 88

あ 行

アーキテクチャ 17
アキュムレータ 19
アクチュエータ 6
圧電スピーカ 28, 59, 78
アップロード 10, 36, 46, 52
アナログ値 7
アプリケーション 30, 34
イベント駆動 132
イベントルーチン 131
インターネット 13, 164
ウィジェット 169, 171, 178
ウォッチドッグタイマ 33, 108
エラーメッセージ 35
エンディアン 38
オートマトン 76
オブジェクトモジュール 34
オープンソース 10
オペレーティングシステム 33
温度センサ 159

か 行

外部バス 24
可達 73
カーネル 31, 34
カラーコード 28, 58, 123
偽 7
起動電圧 55
基本ブロック 118
キャッシュ 23
キャッシュヒット 23
キャッシュミス 23
境界値 118
境界値分析法 118
組込みシステム 2
組込みソフトウェア 3, 30
クラウド 14, 168
クラウドコンピューティング 14
繰り返し遷移 43
クロス開発 11
計測装置 4, 81
計測値 5

コーディング規約　112, 115
コンテキスト　40
コンパイラ　16, 34, 46
コンパイル　51

さ　行

サーボモータ　28, 60, 148
算術論理演算装置　18
算術論理演算命令　19
サンプリング　8
サンプリング間隔　99
実行　73
実行順序の制御　43
実行制御命令　19
実行パス　119
実行ファイル　35, 46
湿度センサ　159
シフト演算　111, 186
シミュレーション　115
出力関数　72, 77, 88
出力記号　69
出力系列　73
主メモリ　15
順序機械　69, 88, 114, 122
条件網羅　120
仕様書　66, 114
状態　68
状態遷移　42, 68
状態遷移関数　72, 77, 88
状態遷移系列　73
状態遷移図　70, 75, 122
状態遷移テスト　122
状態遷移表　71, 122
消費電力　17, 21
初期状態　68
シリアルインタフェース　25
シリアル通信　85
シリアルプロッタ　159
シリアルモニタ　50, 85, 161
真　7
シンク電流　87
スイッチ　26, 56
スケッチ　47
スタック　39
スタックオーバーフロー　41
スタックポインタ　19, 39
スタック領域　19, 40
スタートアップルーチン　33
ステータスレジスタ　19
スーパースカラ　21
制御装置　4
制御対象　5, 78
制御パステスト　118
制御フロー　118
制御フローグラフ　118
静的テスト　116
正論理　87
セルフプログラミング　37
ソースコード　34, 43, 46
ソース電流　87
ソースファイル　46
ソースプログラム　34
ソフトウェア割込み　41

た　行

代表値　117
タイマ割込み　105
タクトスイッチ　26, 81, 123
多重割込み　104
タスク　31
ダッシュボード　169, 171, 177
遅延素子　72
逐次遷移　43
チャタリング　100
超音波距離センサ　26, 146
抵抗器　28, 188
ディジタル化　8
ディジタル値　7
定数　53
テスト　114
テストケース　116
デバイスドライバ　31, 35
デバッグ　42, 114
デューティ比　81
同期式シリアル通信　25
同期通信　130, 136

動作周波数　17, 20, 21
到達可能　73
同値クラス　117
同値分割法　117
動的テスト　116
トグル動作　83

な　行

内部状態　68
内部遷移　69
内部バス　24
入力記号　69
入力系列　73
ノイマン型　17, 23, 38
ノンマスカブル割込み　41

は　行

パイプライン処理　21
パイプラインハザード　21
ハイブリッドシステム　96
配列　54
バウンス　100
バグ　114
バス　24
パーソナルコンピュータ　2
発光ダイオード　27
ハーバード型　18, 23, 38
パラレルインタフェース　25
パルス幅変調　9
ハンドラ　41
汎用レジスタ　19
光センサ　27, 84, 147
ビジーウェイト　100, 160
ビッグエンディアン　38
ビット演算　111, 185
ビット単位 AND　111, 185
ビット単位 NOT　111, 185
ビット単位 OR　111, 185
ビット単位 XOR　111, 185
非同期式シリアル通信　25
非同期通信　130, 133
ファームウェア　23, 33
フォン・ノイマン・ボトルネック　18
複数条件網羅　120
ブートローダ　22, 33, 36, 37
ブラックボックステスト　117
フラッシュメモリ　22, 37
プルアップ抵抗　86, 100
プルダウン抵抗　86, 100
ブレッドボード　10, 57, 61, 123
フレーム　131
プログラムカウンタ　18, 34
プログラム内蔵方式　18
プログラムの状態　42
負論理　87
分岐遷移　43
分岐網羅　119
ポーリング　90, 100
ホワイトボックステスト　117, 118

ま　行

マイクロコントローラ　5
マイクロコンピュータ　2, 15
マイクロスイッチ　26, 148
マイクロプロセッサ　15
マイコン　2
マクロ定義　47, 62
マージン　8
マスキング　111
マスク ROM　22
マルチタスク　31
ミドルウェア　33
ミーリー型　74
ムーア型　74
無効同値クラス　117
無線 LAN　155
命令解読　19, 21
命令コード　19, 24, 34
命令実行　20
命令実行サイクル　19
命令セット　16, 19
命令フェッチ　19, 21
命令網羅　119
命令レジスタ　18
メモリ　17, 18
メモリアクセス命令　19

メモリ空間 25
メモリマップ 25, 35, 38
メモリマップド I/O 25
網羅基準 119
モータ 28
モデリング 66
モデル 66, 77, 114, 122
モデルベース開発 66, 114
モノ 13, 168

や 行

有効同値クラス 117

ら 行

ライブラリ 46
リアルタイムオペレーティングシステム 33
リアルタイムシステム 4
リアルタイム性 4, 16
離散値 7
リトルエンディアン 38
量子化 8
量子化ビット数 8
リンカ 35
例外割込み 41
レジスタ 18
連続値 7
論理積 183
論理否定 183
論理和 183

わ 行

割込みイベント 24, 41, 101, 131
割込みコントローラ 24
割込み処理 16, 24, 41, 101
割込みベクタテーブル 41
割込みルーチン 41, 101, 131

著者略歴
猪股俊光（いのまた・としみつ）
1984 年　豊橋技術科学大学工学部生産システム工学課程卒業
1986 年　豊橋技術科学大学工学研究科生産システム工学専攻修士課程修了
1989 年　豊橋技術科学大学工学研究科システム情報工学専攻博士後期課程修了
1989 年　豊橋技術科学大学工学部助手
1992 年　静岡理工科大学理工学部講師
1995 年　静岡理工科大学理工学部助教授
1998 年　岩手県立大学ソフトウェア情報学部助教授
2007 年　岩手県立大学ソフトウェア情報学部教授
現在に至る　工学博士

Arduino で学ぶ組込みシステム入門（第 2 版）

2018 年 3 月 30 日　第 1 版第 1 刷発行
2022 年 2 月 10 日　第 1 版第 4 刷発行
2023 年 5 月 30 日　第 2 版第 1 刷発行

著者　猪股俊光

編集担当　加藤義之（森北出版）
編集責任　富井　晃・宮地亮介（森北出版）
組版　ウルス
印刷　創栄図書印刷
製本　同

発行者　森北博巳
発行所　森北出版株式会社
〒102–0071　東京都千代田区富士見 1–4–11
03–3265–8342（営業・宣伝マネジメント部）
https://www.morikita.co.jp/

© Toshimitsu Inomata, 2023
Printed in Japan
ISBN978–4–627–81832–3